本书由暨南大学“211 工程”项目“传媒产业与新闻传播研究”暨“教育部特色专业新闻学”重点资助出版

新闻传播学精品文库

成舍我新闻学术论集

上

刘家林 王明亮 陈龙 李时新 编著

暨南大学出版社
JINAN UNIVERSITY PRESS
中国·广州

图书在版编目（CIP）数据

成舍我新闻学术论集（上册）/刘家林，王明亮，陈龙，李时新编著．—广州：暨南大学出版社，2012.5
（新闻传播学精品文库）
ISBN 978-7-5668-0163-0

Ⅰ．①成…　Ⅱ．①刘…②王…③陈…④李…　Ⅲ．①新闻学—文集　Ⅳ．①G210-53

中国版本图书馆CIP数据核字（2012）第056022号

……………………………………………………………………………………

成舍我新闻学术论集（上册）

刘家林　王明亮　陈　龙　李时新　编著

出　　版　　人：徐义雄
策　划　编　辑：杜小陆　史学英
责　任　编　辑：史学英　梅　兰
责　任　校　对：何　力

地　　　　　址：中国广州暨南大学
电　　　　　话：总编室（8620）85221601
营销部（8620）85225284　85228291　85228292（邮购）
传　　　　　真：（8620）85221583（办公室）　85223774（营销部）
邮　　　　　编：510630
网　　　　　址：http://www.jnupress.com　http://press.jnu.edu.cn
排　　　　　版：广州市广海照排设计中心
印　　　　　刷：佛山市浩文彩色印刷有限公司
开　　　　　本：787mm×960mm　1/16
印　　　　　张：41.5
字　　　　　数：608千
版　　　　　次：2012年5月第1版
印　　　　　次：2012年5月第1次
上下册总定价：98.00元

（暨大版图书如有印装质量问题，请与出版社总编室联系调换）

总 序

关于构建中国风格中国气派的新闻传播学理论的圆桌对话

在2012年度国家社科基金项目评审工作会议上，中共中央宣传部部长刘云山同志强调要着力建设具有中国特色、中国风格、中国气派的哲学社会科学，这为全国社科界的理论创造工作描绘了一种新的可能性。那么，新闻传播学是否可以建构立足本土的具有自主创新色彩的新理论和新知识？又该如何进行学术上的突破？围绕这一话题，暨南大学新闻与传播学院的蔡铭泽教授、申启武教授、支庭荣教授展开了一场圆桌讨论。

中国的新闻传播学理论有待新突破

支庭荣：我们今天关注的是，有没有可能产生带有鲜明中国特色，又能被国际学术界所重视的新闻传播学理论？

申启武：关于中国特色的新闻传播学理论创新问题，可以用媒介生态研究作为例证。事实上，正如许多学者指出的，国内的媒介生态学研究与西方的媒介生态学（Media Ecology）有很大的区别。有人将西方的此类研究改称为媒介环境学，这是有一定道理的。因为他们的研究主要关注环境、文化和技术方面的媒介命题，称之为媒介生态学，显得十分牵强。反过来，从交叉学科的角度看，国内的媒介生态学研究关注生态因子、生态关系，才更符合生态学的本意，才是扎根于生态学的。因此，媒介生态研究，是很有中国特色的一个领域，这方面的研究，可以说正走在正确的道路上。

蔡铭泽：中国新闻史不用说，自然具有中国特色。从新闻学理论来讲，这方面的研究确实没有好好地、认真地做起来。我们现代报业的源头、我们新闻和传播理论的源头，来自国外的东西太多了，甚至是照抄照搬西方的东西。举例来说，中国新闻学最早受美国的影响，也许是间接通过日本人的介绍和引进。19 世纪 90 年代松本君平的《新闻学》，专门讲到了欧美的新闻事业，1903 年被译介到中国。从 1917 年开始，美国密苏里大学新闻学院就参与到中国的新闻教育中来，与燕京大学有很多合作。我们中国共产党的新闻事业受苏联模式的影响一度很深，新中国成立后，向《真理报》学习成为热潮。总之，我国在学习整理国外的新闻学理论方面，做了很多工作。改革开放后，通过反思和引进西方的传播学，在理论上有所进步。但是，我们取得了多大的突破，实在很难评价，基本上处于收集、介绍、整理的阶段，仍然缺乏非常好的非常深入的研究。

传统文化和价值观值得深入开掘

蔡铭泽：其实，办报作为人类传播信息的一种方式，中国人很早就开始了。古老的《易经》，本质上是通过信息的传递来考察如何作出正确的决策，它包含了很多数理传播的内容。当然《易经》里面还有很多关于矛盾的思想、势的思想，遗憾的是，后来的研究要么装神弄鬼，要么一味批判，没有很好地传承下去。我们中国的道家、儒家、程朱理学，恰恰是很有分量的精神遗产，中国文化是新闻传播学的源头活水，但是目前我们的工作做得还不够。

申启武：讲到中西文化，在本质上确实有很多差异，比如接受媒介的习惯；像数字电视的普及，就遇到消费习惯的瓶颈问题。

蔡铭泽：在中国人的办报传统中，还有很多舆论管理的思想。宋代的官报和小报，涉及消息来源、发行渠道等舆论管理的种种举措。现代的舆论控制和舆论引导，其实古代也非常讲究。言论自由、互相监督等，在历朝历代都有不同程度的体现，比如谏议大夫这个角色，就是言官，起监督作用。

联系到我们改革开放这三十多年新闻传播的实践，或者说从媒介生态来看，与以前相比不可同日而语。如果我们沉下去认真总结，可能出现非常有价值的理论成果。

申启武：说到当下的媒介生态，不能忽视的是生态恶化的一面。有一小部分节目和栏目，在不健康地经营着。媒体作为党和政府的喉舌，不能影响到自身的公信力。

蔡铭泽：现在“忽悠”一词相当流行。从积极的方面来看，社会在逐步法治化，政府的执政理念不断地与时俱进，国家各项事业蓬勃发展。从消极的方面来看，问题也不少，存在着一切向钱看的不良社会风气，人际关系变得紧张、淡漠，职业规范和伦理也受到了冲击。媒体不仅要考虑舆论的引导，也要考虑价值的传承，不能一手硬、一手软。

申启武：其实，这也是中国社会发展必须经历、必须跨越的一个阶段。

破除西方新闻传播理论的“霸权”才能掌握话语主动权

支庭荣：从广东传媒界的实践来看，有没有在理论上值得总结的地方？

蔡铭泽：广东的开放，尤其是观念的开放，走在全国的前面。广东的媒体，总的来说表现出色，既要满足意识形态的要求，获得各级政府的支持，又要让受众满意，还要走市场化道路，在新闻操作上不推波助澜，但是能够反映民众的疾苦。这种游刃有余，没有一套行之有效的成功经验，是很难持久的。最为高明的是，媒体让领导满意，不仅仅是听命于领导，还得取得领导的认同。这里需要去总结概括。

支庭荣：具体到广播的“珠江模式”，是否具有特别的理论意义？

申启武：“珠江模式”对中国广播业具有里程碑的意义。它首要的一条是按广播的规律办广播，改变了传统的单向的我播你听的宣传模式，开创了专业台、类型台的先河。它在制度上也有创新，实行自收自支的运行机制。“珠江模式”其实就是在市场化过程中，广东广播业的一种自我救赎，因为1986年之前，香港广播在广东市场上占据70%的份额，本地广播严重倒挂，形势逼人，不得不然，所谓“师夷长技以制夷”。“珠江模式”一出，大板块、主持人、大直播很快风靡全国，起到了一种思想解放的作用。

在今天看来，广播电视学术界还有一个非常突出的倾向，“言必称西方”，往往用西方的理论、案例来解释、指导中国的实践。这其实是一柄双刃剑，有值得商榷之处。中国的改革开放，当然吸收了包括西方国家在内的人类文明的许多优秀成果，在很多领域与国际惯例接了轨，但有一点不太可取，即如果纯粹按照西方的模式，不考虑中国本土的根基，那就是一种削足适履的做法。比如广播电视的集团化问题，一方面，集团化是必要的，在西方也是相当成功的，但拿到中国来就未必很合适。西方的广播电视集团，其基础是“自由恋爱”，中国的集团化，很多是“父母之命，媒妁之言”。所以集团化也好，垂直管理也好，官办分离也好，要考虑中国的实际情况。中国媒体与西方媒体相比，性质不一样，使命不一样，自不能一概而论。中国实行的是“事业单位，企业化管理”，如何能照搬西方的模式而获成功？单靠西方的各种“主义”，是解决不了中国的真问题的。因此，在借鉴西方理论的过程中，要考虑西方理论提出来的背景，看看与中国的情形是否有差距，这种差距是否足以颠覆对照抄照搬的质疑。

本土实践是学术创新鲜活的源泉

蔡铭泽：有人误以为西方的新闻传播理论非常系统和成熟，其实大谬不然，其很多理论是零散的。另外，西方人研究传播学理论，通常有各自的专业、各自的学术背景。比如心理学的、符号学的、管理学的、经济学的，等等。不能把这种背景截然割裂开来。

申启武：做学术研究，要特别注意深入业界第一线，认真做调研，真正了解媒体的运作。比如研究全媒体，就需要深入业界的最前沿。有的媒体网站，甚至远远不如姚晨的微博的影响力。不深入媒体，就很难理解这一切背后的原因。

蔡铭泽：理论要与实践相结合。关注和深入实践，应该成为高校新闻传播学教学研究者的必修课。改革开放三十多年，国内媒体有大量的创新实践。比如湖南卫视的娱乐和新闻，都有创新。全国各地的媒体，大多数也在体制内尽可能地创新。在师资培养上需要特别注意这一点。

另外，学术腐败现象不仅有学术不端问题，也有学术泡沫问题。要做真正的大学问，必须“疯、迷、精”，扎扎实实做下去。举个例子，现在研究生的论文，都要技术查重，设想一下，如果学术著作也进行查重，会出现什么情景？从百年大计着眼，不宜提倡过度迎合不良的社会风气。一篇文章、一本书，至少要有20%以上的独家观点或创见，从长远来看，这才能真正立得住脚。

（本文由支庭荣、胡甜甜于2012年5月11日记录整理）

目 录

总 序 /001

“报纸大众化”与“大众化报纸”(代序) /001

成舍我新闻学术论著 /001

在伦敦所见——英国报界之新活动 /003

英法报纸之比较——我所见之巴黎各报 /016

就算是我的感想(节录) /023

中国报纸之将来(一九三二年四月二十九日在燕京大学新闻学系“新闻讨论周”的讲演) /028

我们的两个目的(北平《世界日报》《新闻学周刊》发刊词) /049

报纸其“神龙”乎——续“报学琐谈” /052

世界经济衰弱中之新西兰报业 /054

南京《民生报》停刊经过如此!!! 敬请全国国民公判 /056

罗斯福欢迎报纸指责政府——报学琐谈之六 /067

巴黎之《无敌晚报》——报学琐谈之七 /069

国难期间政府与报纸（欧战时鲁意乔治新闻政策之回忆）——报学琐谈之八 /070

新闻史料述评 /072

谈晚报 /074

一个真正的报人 /078

“报纸救国” /081

如何使报纸向民间去（在北平新闻专科学校开学典礼上的讲话） /085

我所理想的新闻教育 /091

我们的宣言（上海《立报》发刊词） /099

三种报纸的出路 /103

报人为什么有人不看报 /113

新闻来源与报馆责任 /114

增进探访部效率之一法 /115

“纸弹”亦可歼敌——抗战宣传应与军事并重 动员民众应先使报纸到乡村去 /116

上海《立报》奋斗的经过——贯彻我们“报纸大众化”的主张使《立报》走进上海社会的每个角落（上海《立报》“被迫停刊周年纪念”） /126

我们需要“平价报” /131

《新闻记者法》应速设法补救 /137

报纸必如何始“真”能代表“民意”——“言论”与“资本”分立的一个刍议 /152

我们这一时代的报人——北平《世界日报》复刊词　/169

当前报业的几个实际问题　/174

出版法与出版自由——在《报学杂志》第一次座谈会上的发言　/177

“用不着《出版法》”——在《大公报》沪馆时事座谈会上有关“出版法问题”的发言　/180

我记得……　/182

“小型报”的远景——想起十年前手创的《立报》(上)　/185

从上海到香港——想起十年前手创的《立报》(下)　/197

最新排字法　/208

我有过三次值得追忆的“笑”(《记者四十年》资料之一)　/211

检讨台湾的“新闻自由”　/223

以生命换新闻　/234

有“才”无“钱”莫办报　/238

“人权保障”与“言论自由”　/241

《报学杂著》自序　/252

办报要“节省篇幅”　/254

“广告道德”比“新闻道德”更重要——从大批显要介绍“包医毒癌”谈起　/257

如何办好一张报(在台北编辑人协会的演讲稿)　/267

为袁昶超《中国报业小史》所作“序”　/274

为王新命《新闻圈里四十年》所作“序” /276

“狗年”谈“新闻自由” /279

记者节与“感恩节” /283

计划改革中之手工排字(东南亚中文报纸研讨会专题演讲) /286

不许马虎 /293

从蔡益案谈起——为发掘罪恶遭遇仇杀的记者应受新闻界最高的崇敬 /295

《林白水传》序 /297

最高贵的校庆献礼 /301

由记者节想到所谓“报禁”——何时能另有一更重大节日的来临? /303

我如何创办“世新” /305

我所接触的季鸾先生 /311

我所期望的桂文亚——为《墨香》出版说几句话 /315

正气凛然大节无亏的老友卜少夫 /320

如何塑造一个独立记者的典型——从《沧波文存》中可获得三项珍贵启示 /325

报禁开放与新闻教育 /330

对铸秋先生我最追忆的两件事 /333

何以要创办《台湾立报》(《台湾立报》发刊词) /335

“报纸大众化”与“大众化报纸”

——成舍我办报理念与新闻思想初探（代序）

刘家林

成舍我先生逝世整整二十年了。他是中国现当代著名的一代报人、私营报业企业家和新闻教育家，同时也是一位著名的新闻学者。

在从事新闻事业方面，他是我国现当代新闻史上参与或主持创办新闻媒体最多的人。他一生参与或主持创办了“近 20 家新闻媒体，包括报纸、期刊、通讯社和广播电台。其中，由他直接创办的达 12 家”①。如最著名的有北平“世界报系”（《世界晚报》、《世界日报》、《世界画报》）、南京《民生报》、上海《立报》及《香港立报》，有人用“世界、民生、立报成舍我”②概括他一生的事功和成就，至为恰当。他也是中外新闻史上从业时间最久、“工龄”最长的新闻记者。他从 1912 年夏（14 岁读初中时）开始撰文向报馆投稿，到 1991 年 4 月病逝，前后从事新闻工作长达 78 年之久，是新闻战线上名副其实的“老兵”。他还是中国新闻史上产量最高的记者之一。早在 1955 年，成舍我在“盘点”自己的工作成绩时就说：“从我十四岁做‘职业记者’那时起，已经过四十年继续不断的工作。为了工作，虽然每天平均至少要写一千字，每年三百六十五天，四十年总（共）写了一千四百多万

① 见方汉奇：《一代报人成舍我》，载方汉奇：《新闻史上的奇情壮彩》，华文出版社 2000 年版，第 232 页。

② 宋小岚（卜少夫）：《世界·民生·立报·成舍我》，载《新闻天地》（重庆）1945 年 1 月 20 日出版的第 1 期。

（字），但我从没有出版过一本‘文集’。”①

在报学及新闻学研究方面，成舍我也有卓越的成就。他正式从事报学及新闻学的研究是从20世纪30年代初开始的。1930年初，成舍我在李石曾的赞助下于当年4月16日离开北平由上海乘法国邮船出国考察。他与程沧波（中行）先到法国考察新闻事业，后到瑞士日内瓦参加万国报界公会；旋到比利时布鲁塞尔报界公会发表演说，再到法国、英国等地考察报业，并到伦敦大学政治经济学院听课；最后由欧赴美国考察，并应密苏里大学新闻学院院长威廉博士之邀，到该院进行学术交流，于1931年2月19日回到上海。考察期间，成舍我撰写了两篇通讯：《英法报纸之比较——我所见之巴黎各报》和《在伦敦所见——英国报界之新活动》。回国以后，为了培养新闻专业人才、研究新闻学术，1932年成舍我在北平石驸马大街甲90号《世界日报》旧址筹办“北平新闻专科学校”（简称“北平新专”，后迁西长安街）。1933年4月8日，“北平新专”正式成立。② 1933年12月14日，《世界日报》在当天第13版开辟新闻学研究专刊——《新闻学周刊》（后改为《报学半月刊》），每周出版。创刊号上首载成舍我《我们的两个目的》和张友渔《由消息的真伪谈到一个报纸的失败》。北平《世界日报》的《新闻学周刊》与北平《晨报》的《晨报特刊·新闻纸问题号》专刊（在《晨报》1922年6月4日星期日第6、7版刊出）、天津《大公报》的《新闻教育特刊》（在《大公报》1936年5月9日第12版创刊）、天津《益世报》的《报学半月刊》（在《益世报》1937年5月16日第14版创刊）等是在我国报纸上最早开辟的一批新闻学研究专刊（版）。以后，成舍我在《世界日报·新闻学周刊》、《新闻学研究》（燕京大学新闻系编）、《报学季刊》、《新闻学季刊》、《东方杂志》、上海《立报》、重庆《大公报》、香港《新闻天地》杂志及台北《联合报》

① 见成舍我：《报学杂著·自序》，载成舍我：《报学杂著》，台北中央文物供应社1956年版，第1页。

② 成舍我：《我所理想的新闻教育》记载“民国二十二年四月十二日新闻学校成立”，载《报学季刊》1935年第1卷第3期，第105页。

(1954 年 6 月 14 日起）等报刊上发表了大量有关新闻学的研究文章及他在燕京大学新闻系、复旦大学新闻系的学术演讲稿。笔者经过广泛搜罗，共得 60 余篇。这些研究文章所涉及的范围非常广泛，观点新颖、眼光独到，充分反映出他的办报理念和新闻思想。这些观点及理论是我国新闻思想史上的一笔宝贵遗产和财富。它历久弥新，给我们以宝贵的启示。归纳起来，有如下数端。

一、对报纸性质、职责及功能的探讨，以及对新闻工作者社会责任感、历史使命感的强调

成舍我认为，"新时代的报纸"不是"一派一系"的代言工具，而是"一种最重要的社会公器"[①]，报纸是社会的"公共事业"，应"以维护公众利益"为自己的神圣职责。他说："新时代的报纸，他的基础，应完全真确建筑于大众'公共福利'上面。新闻记者虽然不是真接受了大众的委任，但他在心中应时时刻刻将自己当做一个大众的公仆。""他只知有大众的利益，不知有某派、某系或某一阶级的利益，更不知有所谓个人政治或营业的利益。所以报纸上的言论、记载，一字、一句，均应以增进'公共福利'为出发点。"报馆编辑、记者"当时时刻刻了解报纸对于大众利益影响之重大。一篇不纯正的批评、一条不真确的消息，他的贻害社会，就数量言，可以有无量数的男女读众，就时间言，可以延长至几十百年以后。至于关系个人私德的事，尤当谨慎，稍一疏忽，小之可使当事者饮恨终身，大之可迫其羞愧自戕"。因此之故，"编辑室中的每一编辑，在挥舞他自己的工具——笔——的时候，当设想：在这个工具的下面，有整个民族的命运待他决定；有无数个人的生死祸福，听其转移"。新闻工作者必须以"拥（维）护公众利益"为自己的职责，"打倒那些漠视公众利益，轻率狂悖，对社会不负责（任）的传统谬见"。[②]

① 成舍我：《中国报纸之将来》，原载燕京大学新闻学系编辑的《新闻学研究》演讲及论文集，1932 年 6 月初版；又见 1932 年 5 月 6 日至 12 日《世界日报》教育副刊。

② 成舍我：《我们的两个目的》，载 1933 年 12 月 14 日《世界日报》第十三版《新闻学周刊》创刊号。

二、"报纸大众化"与"大众化报纸"

成舍我是我国报业史上最早提倡并身体力行"报纸大众化"与"大众化报纸"的报业企业家。"报纸大众化"是他一生的办报理念和办报情结，也是他一生的事业追求。1935 年 9 月 20 日，成舍我在上海创刊了日后享有盛誉的"大众化报纸"——四开小型报《立报》。他在《立报》发刊词《我们的宣言》、《中国报纸之将来》、《"报纸救国"》、《如何使报纸向民间去》等文章中，详细申论了"报纸大众化"与"大众化报纸"的内涵、特征，以及"大众化报纸"的重要功能。

《立报》一创刊，就在发刊词中揭橥两大口号：一是"报纸大众化"，二是"以日销百万为目的（标）"。成舍我探讨的"报纸大众化"和"大众化报纸"的内涵及特征，主要包括四个方面。一是"大众化报纸"在报价上必须"低廉"，要让"劳苦大众""买得起"每天必须的"精神食粮"。[①] 成舍我认为，将来中国的"大众化报纸"应带有"公共事业"的性质，"报纸的价钱，固应该注意到一般社会的经济状况，然而报纸是一种最重要的社会公器，他实在兼有公园、图书馆两种不同的性质。一方面给人愉快，一方面给人知识。公园、图书馆，即在资本主义的国家，也多半一律公开，不收分文。那么，报纸纵不能完全免费，（但收费）也要收到极可能的少"。"也就因为报纸要民众化，自不应该多收报费。他是社会上最重要的公器，他实在应该尽可能像公园、图书馆一样，给民众以公开欣赏阅读的机会。至于报价方面的损失，就中国而言，在将来工商业发达以后，自可向广告方面去取偿。"[②] 二是"大众化报纸"要普及，发行量要大，要"向民间推广报纸"，要"使报纸向民间去"[③]。成舍我宣称，《立报》要"以日销百万份为目的（标）"，要成为"侵入"千家万户的"家庭报"。三是在内容上要反映人民群众的生活状况，"且与大多数国民，痛痒相关"。大众生活、民生新闻应是"大众化

---

① 成舍我：《我们的宣言》，载上海《立报》1935 年 9 月 20 日创刊号第一版。

② 成舍我：《中国报纸之将来》，原载燕京大学新闻学系编辑的《新闻学研究》演讲及论文集，1932 年 6 月初版；又见 1932 年 5 月 6 日至 12 日《世界日报》教育副刊。

③ 成舍我：《如何使报纸向民间去》，载《报学季刊》第 1 卷第 3 期（1935 年 3 月 29 日出版）。

报纸"的主打内容。四是在文字表达上，"大众化报纸"必须通俗易懂，文章必须短小精悍，精练、生动、传神、"有趣"。总而言之，"中国多数报纸，定价高、篇幅多、文字深"，"内容艰涩"，"所载材料，又恒与最大多数国民，痛痒无关"，"以致现有报纸，只能供少数人阅读，最大多数国民，无法与报纸接近"。而"大众化报纸"，是让占最大多数的"劳苦大众"读得起、看得懂的报纸，"使全国国民，对于报纸，皆能读、爱读、必读，使他们觉到读报真和吃饭一样的需要，看戏一样的有趣，然后，国家的观念，才能打入最大多数国民的心中，国家的根基才能树立坚固"，才能"达到'立己'、'立人'和'立国'"的目的。① 为此，成舍我还在《立报》发刊词中阐明了该报的营业和编辑方针，声明了今后办报的"四原则"：①"凭良心说话"；②"用真凭实据报告新闻"；③"永远保持'一元钱看三个月'廉价报纸的最低价格，绝不另加丝毫，以增重读众的负担"；④"终年为读者服务，无论任何节日，概不许有一天的休刊"。在《三种报纸的出路》一文中，成舍我概括了"大众化报纸"的三个"条件"，即"第一是要人人买得起，第二是要人人看得懂，第三是雅俗共赏"。②

三、"大众化报纸"是向民众灌输"国家意识"、"民主政治"的利器，是促进"国民精神养成"的温床，也是加强公民教育、提高国民整体素质的教材

成舍我在《"报纸救国"》一文中讲了一个生动的小故事，说的是1930年初他出国考察报业时和几位朋友住在"巴黎都来福街一所小房子里"。房东是一个铁厂工人，家里的一切家务，都由他家一个60多岁的老太婆管理。平时，这位60多岁的老太婆天天都要到所有住客的房间铺床扫地，打扫卫生，总是"满面春风，欢喜和客人谈些小故事"。忽然有一天，"意大利和法国，为着一些零星问题"，"形势严重起来，两国各陈兵边界，大有一触即发

---

① 成舍我：《我们的宣言》，载上海《立报》1935年9月20日创刊号第一版。
② 成舍我：《三种报纸的出路》，载复旦大学新闻系编《报展》纪念刊1936年版，第45页。

之势。报纸上天天登着惊人的大字，并鼓励人民准备一切，作政府后援”。这时，房东老太婆一反常态，“神情大变，老是哭丧着脸，一言不发的低头做事”。“我们为着好奇心驱使，问她有什么不快乐的事情”，“不料她竟滔滔不绝的将真心话告诉我们。”她说：“因为这几天，意大利太欺负我们法国了，看这情形，假使意大利不让步，我们的政府是会不惜一战的。”“我有三个儿子，老大、老二都在欧战中牺牲了，现在只剩老三了。当年老三还没到服兵役的年龄，现在已达到了，一旦打起仗来，免不了被征入伍。现在飞机大炮比以前更加凶猛……我一想到老大老二的牺牲，就替我这‘硕果仅存’的老三担心，所以这几天几乎连饭都吃不下。”“我们安慰她，说：‘你不可以想法子，叫你儿子，早些躲避么?’她把脸一沉：‘这是什么话，国家荣辱所关，我怎能做这样无心肝的事，况且我就要做，我儿子也不会答应的。’我们问她，这些意法交恶的消息从何听来。她于是指着我们桌上放着的一份小日报（Petit Journal）说：‘我天天看这个报，一切都是他告诉我的。’”平时每天早上，总能看到老太婆从菜市回来，手里挽一个菜篮，篮子里装起面包小菜，“而盖在篮子上面的总是一份人人可以买得起、看得懂的大众化报纸”。由此，成舍我发出感慨：“在咱们中国呢？广大的乡村，固不必说，即以重要都市而论，有几个被目为下层社会的人，能买得起、看得懂一份报。因为买不起，他们也就索性不买了，因为看不懂，他们也就索性不看了，再加以国民教育的不发达，所以最大多数国民，对于国家，总觉得那是另外一些人的私有物，与他们不生关系。他们的脑筋，没有什么国家存亡荣辱的观念，大清帝国也好，中华民国也好，甚至再换一个招牌，似乎也无所谓。”“人家几千万国民，就有几千万国民和国家共存亡，我们号称四万万五千万的大民族，但是遇到敌国外患，恐怕至少就会有五分之四，天天在那里想挂洋旗。‘民为邦本，本固邦宁。’试问这样的国民思想，如何可以撑得起几百万方里一个世界上偌大的国家?”因此之故，“我们必须借着报纸的力量，使每一个中国人，都知道国家和个人，是一而二、二而一。贪官污吏，侵吞了国家一个小钱，大家心痛，就等于自己家里辛苦喂成的鸡鸭，被扒手偷去一样，纵然不能请求警察作有效追捕，但是假若知道了这个贼的所在，一定要去和他拼个你死我活。至于国家领土，若是遇到异族的侵略，那么，占去了国家的一寸土，就等于各人自己的一间屋、一亩田被人霸占了一样，只要有一份力量，子子孙孙，总不肯善罢甘休。人人如果都有这样国事等于家事的精神，岂但目前的内忧外患不成问题，就是中华民国，整个被人家征服了，我们也自有光复旧物，还我河山的一日”①。

四、“精编主义”

纵观成舍我的一生，他对小型报情有独钟，大力提倡，并形成了系统的小型报办报理论。他说：“小型报纸（即我国所谓四开报）……因为篇幅小，便于携带，且甚美观，在公共汽车及旅行中，均较大张的报纸容易阅读。妇女界尤特别欢迎。”在编排方面，小型报对“新闻的选择，也必须更趋谨严，一切力取‘精编主义’，量减而质增”②。

在办小型报方面，《立报》是成舍我一生的事业，也是“大众化报纸”的典范。《立报》创刊于1935年9月20日。它一创刊就表现出大众化小型报的鲜明特色。一是报价低廉，通俗易懂。创刊当天，《立报》就刊登广告词云：“直接订阅，三月只收报费一元”（见《立报》创刊号三版左侧）；“只要少吸一枝烟，你准看得起；只要略识几百字，你准看得懂”（见四版右侧）；“永远不增价，终年不休刊；凭良心说话，拿真凭实据报告新闻”（见二版右侧）。二是在版面及内容上贯彻、实行“精编主义”。

在具体实施“精编主义”的过程中，《立报》在版面、内容上有以下两大特色：

一是在新闻报道方面，实行“精编”原则，以“新闻精”自诩。该报编辑包天笑在《新闻精》一文中云：

---

① 成舍我：《“报纸救国”》，载北平《世界日报》1935年11月14日第十三版《新闻学周刊》第98期。

② 成舍我：《中国报纸之将来》，载燕京大学新闻学系编《新闻学研究》（燕京大学、良友公司、撷华印书局，1932年6月初版）。

前几天，我在某报写了一点小评论。我说现在中国新闻，所载的都是些新闻渣。什么是新闻渣呢？便是一件紧要的新闻，要等待国内的英文报、日本报登出以后，然后再登出，这不成为新闻渣了吗？”“可是我们现在所提倡的不是新闻渣，而是新闻精。这意思是要集其精华而去其糟粕。在现代的世界里，不能多所耗费。从物质上观，不是香有香精，糖有糖精，味有味精，酒有酒精，一切物质各有其精吗？譬如药物，不是已经把成捆的植物、成堆的动物，变成几西西的注射剂了吗？”“小型报纸的出世，它的使命是什么呀？不在量而在质，这是人人知道的。我们是注射剂，我们不是药渣。古人说得好：‘取精用宏’。在嚼厌了新闻渣的当儿，恰巧有几个狮子搏兔的小型报纸的《立报》出世，敢献三字，曰：‘新闻精’。①

二是特别重视办好副刊、专刊及言论时评版，对副刊、专刊、言论时评版也贯彻实行“精编主义”。《立报》创刊伊始，就在第二版设置了小言论及时评专刊《言林》、在第三版设置了文艺性副刊《花果山》、在第四版设置了综合性副刊《点心》（1935 年 11 月 1 日起，原《点心》栏改为《小茶馆》）。这些副刊、专刊刊登的文章，篇幅短小精悍，文字精炼、传神，隽永耐读。如谢六逸为《言林》所写发刊词《开场白》云：

本报的标语有一句是“五分钟能知天下事”，因此我们的开场白只能花费阅者五秒钟。小型报跟短文章，现在很流行，这是因为大众需要它们的缘故。现代人过着穷苦挣扎的生活，只能够看看小型报跟短文章。

报纸不愁小，小中可以见大；文章不怕短，短中可以见长，篇幅虽然紧缩，品质却已增高，这是我们的希望。

这块草地，从今天起开放，凡对于人生社会，百般问题喜欢开口的人，都请到这里来谈天。

这种短小精悍与精炼、生动、传神的文字风格，日后形成了所谓的“言

---

① 包天笑：《新闻精》，载 1935 年 9 月 22 日《立报》第三版副刊《花果山》。

林体"①。

再如《点心》副刊的内容及文字也以"小"而丰富多彩见长，如秋尘在《"点心"一览表》中指出：

有不少的读者来函，问我们这家小小的点心店，出售的点心共有几种，开单如次：

（一）小言：站在民众的立场上，说几句应说的话。

（二）小统计：把大家应该知道而又常忽略的事，用数字表示出来。

（三）小见闻：多登一点有趣而又有益的各种事情。

（四）常识：供给些大家应备的常识。

（五）名人访问：写出他们的生活，作大家的标准。

（六）团体生活：使大家多注意一些正当的团体的生活。

（七）家庭与妇女：谈谈家庭、妇女、儿童的一切。

（八）书报推荐：替大家选择读物，提起读书的兴趣。

（九）娱乐：每日刊载些娱乐的小消息，供大家参考。

（十）小说与图画：用来增加读者的趣味。

此外，我们想到什么，再添。

五、对"小型报"与"小报"的科学界定

上海《立报》是成舍我事业的巅峰，也是他一生的得意之作。他在回忆《立报》时说，"当淞沪抗战最紧张时，《立报》发行数字每日都超过二十万份，曾打破我国自有日报以来之最高纪录"；"这张报纸的言论、编排，尤其他所倡导的'大报小型化'的作风"，给许许多多的读者"留下了不可磨灭的深刻印象"。②

---

① 详见陈子展：《论"言林体"》，载上海《立报》1935年10月14日第二版副刊《言林》。

② 成舍我：《"小型报"的远景——想起十年前手创的〈立报〉（上）》，载《新闻天地》（周刊）总第228期，第10页（1952年6月28日出版）。

成舍我曾将“小型报”与“小报”作了严格、科学的区分，从而廓清了“小报与小型报的界说”。这是他有关“小报及小型报”理论的精华。成舍我认为，《立报》是中国现代“小型报”的翘楚，“曾获得伟大成就”。当有人称《立报》为“小报”、称他为“现在上海销行最广的一家蚊子报主人”时，成舍我是非常反感的。他深刻地阐述了小型报和小报的特色、特征及其区别：

“让我先行说明‘小型报’与‘小报’的区别，及‘小型报’在新闻事业中的展望。我不仅认为‘小型报’在中国新闻事业中，将有无限前途，即就全世界新闻事业的动向看来，也早已显露了美丽远景。不过我们必须将两个名词弄清楚，即‘小型报’和‘小报’，意义绝不相同。‘小型报’是‘Tabloid’，他的主要原则是要将一切材料，去其糟粕，存其精华。换一句话说，小型报乃‘大报’的缩影，他每一篇文章每一条新闻，最好都不超过五百字。举凡一般大报所刊载冗长而又沉闷，特别像我们中国若干又长又臭要人们不知所云的演说，是绝对不容许在小型报内全文照登的。”“‘小型报’重视言论，竞争消息，广用图片。总之，除量的方面以外，质的方面，只有比大型报更优胜，更精美，亦即中国所谓‘以少许胜多许’。他的工作重心，在改写与精编。至于人才的储备、新闻网的布置，绝没有任何一点可以较最进步、最完善的‘大报’减色。”“至于‘小报’，通常了解的意义，正即西方所指的‘蚊子报’（Mosquito Paper），不竞争新闻，不重视言论，只以乱造无稽谣言、揭发个人阴私为其首要任务，正如夏夜之蚊，到处嗡嗡，扰人清梦，惹人厌恶。这种报，当然不能与‘小型报’相提并论。不幸在中国，绝大多数读者，却很容易混为一事。他们在习惯上，往往把改写精编的小型报，也喊作小报。”①

这一段精彩的论述不仅将小型报与小报作了科学的区分，而且为如

① 成舍我：《“小型报”的远景——想起十年前手创的〈立报〉（上）》，载《新闻天地》（周刊）总第228期，第10页（1952年6月28日出版）。

何办好一张小型报竖立了一根标杆。

六、不断开拓创新，发挥"动"的精神

新闻传播业是"苟日新，日日新"的事业。永不停滞、不断开拓创新是新闻传播业可持续发展的不竭动力。成舍我在谈到当年《立报》获得成功的一个重要原因时说：

"《立报》获得相当成功的另一个原因，即《立报》全体同仁，无论担任哪一项工作，大家都以极大限度，发挥'动'的精神。换一句话说，每一分子，在工作岗位上，皆能认真奋斗，自强不息。整个版面，都是这种'动'的精神的充分表现。""报纸要动不要静，也就是说，报纸不仅不能后退，而且不能停滞，唯一去路，只有前进。读者对于一张报纸，我们绝不应使他们任何一天，会起沉闷之感。沉闷是报纸的毒瘤。要读者不沉闷，最好的办法，正如游客观水，在'逝者如斯，不舍昼夜'之下，更投进几块巨石，让他波澜壮阔，水花四射，动人心目，否则死水一湾，自将毫无兴趣，望望而去。这一'动'的原则，在《立报》出版的两年中，可算任何一人，都已尽到最大最好的努力。"①

七、"手脑并用，德智兼修"的新闻教育理念

1931年7月间，成舍我自欧美考察新闻事业归国后，踌躇满志，雄心勃勃，谋划筹办了两件大事：一是他根据自己的办报实践，借鉴外国的先进经验，对报业实行科学化的经营管理。同时构想成立"中国新闻公司"，拟设总部于南京，在全国各大城市各办一份日报，以组成一个庞大的、兼具影响力的报业集团。二是他受威廉创办密苏里大学新闻学院的启发，于1932年在北平石驸马大街甲90号《世界日报》旧址创办"北平新闻专科学校"（简称"北平新专"，后迁西长安大街）。成自任校长，副校长吴范寰，校董还有李

---

① 成舍我：《"小型报"的远景——想起十年前手创的〈立报〉（下）》，载《新闻天地》（周刊）总第229期，第18页（1952年7月5日出版）。

石曾、李书华等人。①

1933 年 2 月间，学校正式开始招生，报名踊跃。据当时报道云："该校现招职业班新生，原定只取 40 名，结果报名者达 600 人，盖以该校不收学费，且可担保异日有事可作也。其招考年龄，限制极严，最高不得过十八岁，竟有两鬓花白，仍称只十八岁而来投考者。至于程度，原只希望初中资格，但竟有高中、大学生亦来投考。……足证其号召力之大矣。"②

1933 年 4 月 8 日，"北平新专"正式成立，并举行开学典礼。成舍我在开学第一天发表了《如何使报纸向民间去》的讲话，谈到了他的办学理念及办学模式和构想。他首先提出了"手脑并用、德智兼修"的校训。③ 以后，他多次重申："说到新闻教育，高深的研究和普通技术的训练，两者都不可偏废。"④ 同时，他还反复强调："记者最重要的是品德、技能、知识，这三者又以品德为首，品德不好的人，永远不能成为好记者。"⑤

成舍我是我国私营新闻教育事业的开拓者，他对新闻教育进行了大胆的尝试。他计划将"北平新专"分为"初级职业班"、"高级职业班"和"本科班"三个层次。这三种类型的"班"循序渐进。"初级职业班，是打算造成一般新闻事业中的基本社员，就是一个报馆中的最重要也是最神圣的印刷工人。以一半时间实地练习排字、铸字、制版、（操作）机器等工作，以一半的时间讲授中国文、外国文、自然科学大纲、社会学大纲、新闻学等"，"务使在两年里，技术和知识同时并进。毕业后愿意做事的当然可以做事"。若家庭"环境好，不愿即刻做事，还愿意深造的，则可以升入高级职业班"。"高级职业班是以训练外勤记者、助理编辑，及事务方面、发行广告、会计等职员为目的的。一面有实习工作，一面也有学科讲授。毕业以后，愿意做

① 陈寿：《成舍我及其事业》（中），载《人人周报》1947 年第 3 期。

② 引自《成舍我新闻专科学校》，载《北洋画报》1933 年 3 月 4 日出版的第 902 期第二版。

③ 成舍我：《如何使报纸向民间去》，载《报学季刊》第 1 卷第 3 期（1935 年 3 月 29 日出版）。

④ 成舍我：《当前报纸的几个问题》，引自 1947 年 12 月 25 日出版的《新闻学季刊》第 3 卷第 2 期。

⑤ 引自《老报人成舍我病逝》，载台北《中央日报》1991 年 4 月 2 日第五版。

事的做事，愿再深造的，可以入本科。”“本科的目的，则在造就主笔、总编辑，及事业方面的指（领）导人才。它的课程，则专注意于法律、政治、经济和若干主要的社会科学，其程度，将与一个完全法科大学相当。”“这三班的期限，总共七年。假使一个人，能从初级职业班，进到本科毕业。那么，他的能力，一方面可以做社长、当主笔，一方面也可以排字、管账。这样，才可以算一个完全的新闻记者，而脑力劳动和筋肉（体力）劳动也都可以合而为一了。”①

“北平新专”起初只有初级班，到1935年又办高级班，1937年开办本科班。“七七”事变后，北平沦陷，学校遂于当年8月10日停办。

八、铁骨铮铮，独立报人的典型风范

人有人格，报有报格，一个独立、正直的报人，必定富贵不淫、贫贱不移、威武不屈，必定独立不倚、铁骨铮铮，秉持应有的高尚的价值取向。他们监督政府、监督权贵，揭露贪腐，坚持批判精神；他们热爱新闻工作，九死不悔，终身以之。这些都是独立报人的职业操守和新闻道德。在这方面，成舍我为当代新闻工作者树立了一个典型。20世纪80年代初，成舍我在一篇文章中曾引用程沧波的话说：“新闻记者在东方是有骨气有作为的士，‘士可杀不可辱’，这是东方的士气，代表士风的新闻记者，要明辨是非，扶持正义，为天下国家辟邪说、阻乱源。新闻记者的荣誉，是力抗强暴，拨乱反正。反之，新闻记者的耻辱，莫过于但见现实的利害，对现实的利害屈膝低头，把是非邪正，一脚踢开。”成舍我评价这段话说：“这一段话，真可作每一记者的座右铭。”② 实际上，这段话也是对成舍我人格风范的真实写照。他一生办报历经磨难艰险，走过了一条漫长的、富于传奇色彩的报人之路。他一生历尽艰险而不馁、百折不挠，一身正气而不屈。他一生中好几次险遭不

① 引自成舍我：《如何使报纸向民间去》，又见成舍我《我所理想的新闻教育》，两文俱载《报学季刊》1935年第1卷第3期，第105页。

② 成舍我：《如何塑造一个独立记者的典型——从〈沧波文存〉中可获得三项珍贵启示》，载台北《传记文学》第43卷第1期，第75页。

测，可说是多次与死神擦肩而过；一身正气而不屈，铁骨铮铮，独立不倚，尽显出中国独立报人的本色。他曾在北京《世界日报》复刊词《我们这一时代的报人》中说："单就我自己说，三十多年的报人生活，本身坐牢不下二十次，报馆封门也不下十余次。"① 特别是1926年，因在《世界日报》上揭露军阀，成舍我险些被奉系军阀枪毙。1934年5月，因成舍我办的《民生报》实施舆论监督，揭发汪精卫的部下、行政院政务处长彭学沛的贪腐行为，遭彭报复，成舍我被抓入牢中。当时有人劝成说，只要低头向汪精卫认个错，则一切问题不难解决，如果"新闻记者和行政院长碰，结果总要头破血流的"。成舍我却执拗地回答说："我的看法，与你恰恰相反，我相信我和汪碰，最后胜利必属于我。因为我可以做一辈子新闻记者，汪不能做一辈子行政院长。"②

按：本文为作者在"中国新闻史国际学术研讨会（2011·北京）：成舍我与民国新闻史"会议上的主题发言。

① 成舍我：《我们这一时代的报人》，载1945年11月20日北平《世界日报》复刊号。

② 成舍我：《我有过三次值得追忆的"笑"》，载成舍我：《报学杂著》，台北中央文物供应社1956年版，第145页。

成舍我新闻学术论著

在伦敦所见——

英国报界之新活动

（舍我自伦敦寄）

近代报纸之发祥地，首推英国。虽其组织、设备，在某种观点上，或尚有不及新大陆之宏大壮丽。然大部分报纸，体制谨严，持论平允，在相当限度内，尚能维持最低的新闻道德标准。且在政治上，具有特殊势力，此则任何国家，所不能与之颉颃并论者。余来伦敦，关于此间报业之状况，其有系统的介绍，已另撰专文，将揭载于《国立北平研究院院务汇报》。兹仅就最近一月间，英国报界之各种新活动，择其关系较重要者，为述数事如次。此种活动，虽发动于报界，然影响所及，实不仅报界本身而已。关心英国政治及世界大势者，亦未尝不可资以参证也。

所谓最近报界之活动，至此函付邮时，计得四事：①英国报界两巨头与最近政潮；②帝国会议与英报界；③伦敦市长在广告大会之演说；④故北岩爵士之铜像落成礼。

一、英国报界两巨头与最近政潮

英国报纸，在政治上具有特殊势力，已如前述。吾人固尝熟闻，英国选举之胜负，与其内阁之成败，每操于各重要报纸之手。此虽稍涉夸大，然在事实上，亦未尝不具有若干的可能性。盖任何报纸，无论其主张如何，苟其动机，发于公众福利之点，则必有若干国民，为其后援。在相当限度内，英国国民之意志，适可以支配政治，亦即英国报纸之态度，在相当限度内，乃足使英国政治，资以转移。初不如吾国报纸，其控制之形势，适与此成一反比也。而在英帝国会议开幕后，最近报界两大巨头之活跃，尤足予上述一最好之例证。但在报告彼等活动事实以前，应先将英国报界概况为一简单之说明。

英国报纸，受现代资本主义之涵育，及至近年，已纯然为一资本主义之产物。凡由个人经营者，已逐渐转移于资本的集团。如伦敦《泰晤士报》（*The Times*）即其一例。《泰晤士报》发刊于一千七百八十五年一月一日，由一印刷店主人名韦德（John Walter）者创办，原名《每日纪闻》（*Daily Universal Register*）。至一千七百八十八年，始改今名。经继续发展及迭相转移之结果，今已成一大规模股份公司，非如昔日，为一姓一人所专有。《泰晤士报》如此，其余各重要报纸，大抵亦不能外此公例。故今日英国报纸，已形成五个不同的资本集团。换言之，即五个不同的报业系统：①罗赛迈组（Rothermere Group）；②柏利组（Borry Group）；③毕维朴组（Beaverbrook Group）；④每日记事组（Daily Chronicle）；⑤史泰来组（Starn Group）。此五组中，每组均拥有巨额的资本，其所控制之报纸，恒自数种至数十种。其每日销行之总额，恒自百万至千万以上。规模最大者为罗赛迈组，而政治方面，毕维朴组最为活跃。彼等自身为资本家，又受投资新闻事业者之信托，故得领袖一资本的新闻集团，于英国新闻事业，具有特殊伟大不可思议之势力。

罗赛迈氏（Lord Rothermere）为已故北岩爵士（Lord Northcliffe）之弟。一八六八年生，今年六十二岁，一九一七年至一九一八年曾入内阁，任航空部长。现任贵族院议员。北岩逝世，大部分新闻事业，由罗承继，如北岩首创之《每日邮报》，今即在罗氏控制之下。在罗氏系统内之报纸，又分为三个组织。计：

（1）联合报纸股份有限公司（Association Newspaper，Ltd.），包括《每日邮报》（*Daily Mail*）、《晚报》（*Evening News*）、《星期快报》（*Sunday Dispatch*）、《海外邮报》（*Overseas Mail*）等，共资本三百三十五万镑。

（2）每日镜报股份有限公司（Daily Mirror Newspaper，Ltd.），资本二百

万镑。

（3）星期画报股份有限公司（Sunday Pictorical，Ltd.），资本二百万镑。

以上共资本七百三十五万镑。以现在汇兑价格计算，约合华币一万万二千五百万元。

至毕维朴氏（Lord Benverbrook），其系统内之报纸及资本，虽数量远逊于罗赛迈氏，然三分之二以上股份，固毕氏个人所有。又所控制之报馆，如《每日快报》（*Daily Express*）、《星期快报》（*Sunday Express*）、《每夕正报》（*Evening Standard*），就中《每日快报》，销售之广，几将驾《每日邮报》而夺取伦敦之第一位。毕氏富于政治之兴趣，英国之政治风云，每次几均有此君参与。彼所挟最有力之武器，即其操纵自如之《每日快报》。罗氏与毕氏，私交甚洽，其政治主张，每多依毕氏为从违。故论英国报业者，言资本雄伟，则毕不如罗；言政治权威，则罗不如毕。毕生于一千八百七十九年，今年五十一岁，少罗氏十一岁，精神体质，亦较罗为壮健。彼居加拿大凡二十年，现有资产，多彼时经商所得。彼于英国自治殖民地有关之事，最所注意。彼之投身新闻事业，实始于一九一七年《每日快报》之购得。《每日快报》发刊于一千九百年，创办者为已故裴松爵士（Sir C. Auther Pearson），后以失明，改组股份公司，旋脱离关系。大战末期，报馆营业日渐衰退，几将不支，乃由毕氏以一万七千五百镑取得报馆管理权。其时每日销数，尚不足四十万，广告收入，亦甚微薄。经毕氏继续投入巨额之资本，并种种之努力，至一九二〇年，即超过七十万份。今则已在一百五十万份左右，居伦敦日报之第二位（第一位为《每日邮报》）。至《泰晤士报》，则读者仅知识阶级，虽报纸价值在英国为第一，而销路则尚在第五位以下。毕氏尝自述发达经过，其最饶趣味者，厥为一九二〇年，由日销四十万，突增至七十万。惟一原因，仅为一赛马记者，由是年一月一日起，至月杪止，逐日预测每次赛马之结果。此项预测，竟十九与结果吻合。购马票者，以其预测为标准，无不利市十倍。因是一月之间，销数突增二十万。其后则以种种巧妙计划及政治主张，获得读者同情，遂雄飞猛进，以至今日。伦敦报纸，在十年前，其第一页封面，专登广告，今则除《泰晤士报》仍保持其传统的习惯外，大部分报纸，其重要新闻，均刊登第一页。此项排列之改革，实创自《每日快报》。伦敦报界，乃赐此种排列一特别之名词，曰："商店之窗"（The Shop Window）。盖精美商品，每陈列于临街之玻璃窗，借以吸引顾客也。总之，《每日快报》其营业及编辑方法，一方面受美国报纸之影响，一方面冀与故北岩爵士之《每日邮报》竞争，而其最使人注意者，则尤为毕氏政治之活动。

英国报纸虽比较地能守平允谨严之原则，然事实上每一报纸几均有一政党为背景。即如《泰晤士报》，彼于其报纸之政策，虽有种种如何力求公正之信条，第吾人一加披览，则固无处不有保守主义之色彩。此由于英国人民对政治，大多数均有一定倾向，保守、自由、劳动，非彼即此。读报者，各自择其臭气相投之报。而所谓"中立"、"不党"之报纸，在英国反几至无人问津。社会并不以报纸之盛谈政治为可憎，在总选举或政治上有某重大问题发生时，任何报纸，例须标示其鲜明恳切之见解。初不似吾国报纸，一方面环境压迫，不能为自由之表白；一方面报纸自身亦乐以模棱游移之说，博"中立"、"不党"之美名也。而英国报纸之能有特殊势力，影响于一般政治者，亦即在此。惟英国报纸，如毕氏之特感兴味于政治问题之搏战，则尚不多见。彼自投身新闻事业后，与历届政府，迭有冲突。由一九一八年至一九二五年，期间最闻著者，如主张取消加拿大肉类入口禁令、土希战争、反对鲁意乔治援助希腊、主张准许爱尔兰独立等，均获得最后之胜利。内阁总理往往于其报纸主张发表后，约与晤谈，或冀其谅解，或共商办法。而取消加拿大肉类入口禁令一事，鲁意乔治且特与协定。一方请其停止报纸之攻击，一方则特由政府组织一委员会调查此事，以结果提交国会公决。毕氏尝自诩符离街（Fleet Street，英国各报馆多在此，略似我国上海之望平街）与唐宁街（Downing Street，英首相住宅所在地）之势力在英国得一均衡者，实彼与故北岩爵士努力所致。此虽迹近夸张，然英国政治当局，不能不重视重要报纸之主张，于此可见一斑矣。

以上所述，于英国报界业概况，及此两大报界巨头——罗赛迈与毕维朴——之事略，已尽其大要。今将进述最近英国政局与此两大巨头之关系。英国自工党执政后，因在下院未占有绝对多数，保守党倒阁运动，时时有实现之可能。然工党政府，至今仍未颠覆，一方由于自由党之维系，一方则保守党内部，意见分歧，鲍尔温渐有不能完全统御之倾向。此种不能统一之原因，即由于罗赛迈与毕维朴对鲍氏反对甚烈。罗、毕原隶保守党，毕与保守党已故前领袖步乃劳交谊极深，鲍氏在保守党得露头角，尚由于毕之推荐。鲍第一次任步乃劳之国会秘书，即毕所推拔，则毕在该党之资历，当非肤泛。在鲍氏迭次执政时期，毕氏对彼，虽多维护，第以政见不同之故，《每日快报》亦时有反鲍之言论。及至今春，毕以某种主张，与鲍氏根本冲突，乃与罗氏，同时退出保守党。毕另组一“帝国十字军”（Empire Crusade），罗则组“帝国统一党”（United Empire）。此两党名称各殊，精神则实趋一致。保守党内，赞助彼等主张者，颇不乏人。鲍尔温之领袖地位，屡形动摇。最近英帝国会议（Imperial Conference）开幕，自治殖民地有帝国特惠关税（Imperial Preference）之提议。所谓帝国特惠关税者，即在英帝国范围以内，彼此撤去关税之壁障。盖帝国本部关税，所施于各自治殖民地者，初无异施于其他各国。自治殖民地，欲使帝国本部，提高对其他各国税率（最大目的，尤在抵制俄国食品之输入），而以特惠税率，予自治殖民地，借以发展自治殖民地之贸易。此种主张，在帝国范围内，为自由贸易；而在世界市场，则不啻为变相之保护政策。精神上，与保守党之传统的保护政策相近，而与工党之自由贸易，则根本不能相容。故此项提议，工党政府颇难接受，而鲍尔温氏，初曾宣言赞助，旋以某种原因，忽另创一“哥达（Qaota）制”，主张帝国范围内，为有限制之自由贸易，将每年由自治殖民地输入帝国本部之货物，定一标准，在此范围内者，适用特惠税率，逾此则仍采普通税率。此种建议，今正在帝国会议讨论中。但毕维朴及罗赛迈则坚决反对，以为自治殖民地之提议，保守党应无条件承受，借此可胁迫工党政府无法反抗。盖保守党态度，若能与殖民地完全一致，则工党政府，外虑殖民地之离贰，内惧倒阁风潮之扩大，自不能不俯首就范也。本月三十日，伦敦之拔丁通区

(Paddinton) 举行补选，除工党、保守党各推出本党候选人外，毕氏之“帝国十字军”，罗氏之“帝国统一党”，亦参加竞选。其竞选之演说，均以上述帝国自由贸易为中心。四党候选人，原为：

保守党李德（Sir Herbert Lidiard）

工党伊文思女士（Miss Dorothy Evans）

“帝国十字军”郃乐将军（Vioe-Admiral E. A. Taylor）

“帝国统一党”雷奇生夫人（Miss Nail Stewart-Riohardson）

乃罗赛迈氏于统一党候选公表以后，本月二十一日，忽致函统一党党员，谓彼不愿见同一主张帝国自由贸易者之选举票，自相分裂。故彼对于拔丁通之补选，希望统一党党员，一致赞助“帝国十字军”之候选人郃乐将军云云。罗氏此种表示，即证明彼与毕氏，毫无歧贰，以彼等向来关系，本不足异。唯雷奇生夫人，本由拔丁通党部推出候选者，难受此意外打击，自极愤慨。因在选区演说大会宣言，彼绝不因报阀态度之变更，而放弃其竞选之资格。彼将以个人信誉，博取最后胜利。虽其夫百端慰劝，亦无以阻其奋斗之决心。该区选民，男一万九千七百六十八，女三万一千三百五十四。工党之伊文思女士，名望不及雷夫人，雷颇信多数女选民，将予本人以热烈之援助。此超过男性几将一倍之女选民，果能多数如雷所期望，则雷之当选，自不困难。惟据一般推测，事实上恐难如此。但因彼之不肯放弃竞选，“帝国十字军”之郃乐将军，其选票势将一部分为彼所分削。结果或将使保守党坐收渔人之利。连日“帝国十字军”及“帝国统一党”，正向雷疏通，一方毕维朴氏，则几以全力，援助郃乐。毕及罗氏之报纸，无日不长篇巨幅，为郃乐宣传。毕本人曾屡次出席于拔丁通演说大会，阐扬本党帝国自由贸易之主张，而痛斥鲍尔温氏。本月二十日，彼演说有云：

帝国自治殖民地首相，向帝国政府特惠税率之提议，此于帝国前途之繁荣，关系甚巨。鲍尔温氏，始本赞成，继复反对，而另提所谓哥达制度。此种制度，必非自治殖民地所愿承受，亦即本党及赞成帝国自白贸易者，所一致反对。即保守党党员，当亦有十分之九，不能同情于鲍氏。假使鲍氏不欲将整个的保守党，长此破碎，则惟一出路，惟有请其即将所谓哥达制之提议，断然取消，无条件的接受自治殖民地各首相之提议。

毕氏演说时，虽有保守党员在场指斥，然结果，在场选民仍通过信任“帝国十字军”候选人部乐将军案。次日，鲍尔温致函毕氏，对其演说有如下之答辩：

余于报端，读君在拔丁通之演讲，余于发展帝国统一的经济之目的，其热烈无异于君。惟保守党今并未握有帝国政治之全权，故不得不有一可使各方满意之计划。余深信哥达制度，一方确可以保护帝国之贸易，一方亦可抵制苏俄空前之大贱卖（Dumping）。假使此种计划，不为自治殖民地所赞同，则尽可另商办法。余敢代表保守党宣言，如保守党握有帝国政治全权，其于自治殖民地各首相之提议，自乐于接受讨论。原今尚非其时，但余深信此种机会，其莅临已甚迫近。余更准备欢迎君之翩然归来也。

但毕氏接函后，并未置答，仅于后此数日，在拔丁通某次演说，声称彼对鲍氏所云“未握帝国政权”，认系一种无诚意之狡辩。政党领袖，当表示坚决政见，请国民批评、认识，不当问此时是否握政。彼在此种形势下，决难与鲍氏合作。希望“帝国十字军”及“帝国统一党”党员坚持奋斗。而拔丁通投票结果，即将为第一步成功之表现云云。至余此函付邮时（二十七日），距投票揭晓尚有四日。毕等能否胜利，固难预测。然此两大报界巨头，忽参加于英国实际政治，挟无数报纸之势力，为其武器。其足予英国固有之政治家以重大烦恼，盖可知也。

余所述英国报界两巨头与最近政潮之关系如此。毕维朴昨晚告人，彼与罗赛迈及其所控制之各报，反对工党政府，反对鲍尔温一部分政策。其动机及目的，均在增进帝国人民之福利。彼等一方面顾虑共产思想之侵入，一方面深恐自治属地之分崩，故彼等主要政纲，在断绝对俄关系，及完成帝国与各属地之密切合作，此外绝无个人私利存在其间。彼等深信工党政府，瞬将崩溃，鲍尔温如不屈服于彼等之主张，则保守党内部，亦必即有剧烈之改革云云。毕等最近行动，伦敦之一般舆论，毁誉参半。吾人专就新闻事业之立场而论，此种思想保守，出身贵族，坐拥巨资之报界巨头，虽彼等自身宣称，其挟报纸以控制政治，均出于公共福利之一念，即使确系事实，然可幸存于保守性质之英国者，而在民治潮流日见发皇之今日，新闻事业，本代表多数国民，如彼等特殊阶级之人物，决不足当领导平民的无产阶级的新闻事业之任。余尤不愿未来的新兴中国新闻事业中，将有类此之人物出现。惟余所乐为称道英国新闻事业者，报纸对任何政治问题，均有迅速明确之批评。而政府当局，及各党领袖，亦能虚心考虑，不至以“反动”或“废话”目之。吾人固不欲赞美英国之报界巨头，然此种符离街（报馆）支配唐宁街（政府）之精神，在词典上无“言论自由”之吾辈中国记者视之，自不能不悠然神往耳。(十九年十月二十七日)

二、帝国会议与英报界

英国报纸，对一九三〇年帝国会议之结束，多表不满。其理由即以此次会议，直可谓毫无成绩，其关系最大急待解决之经济合作问题，亦并未有一切实可行之具体办法。《泰晤士报》及保守党之《晨报》，抨击尤力。当会议正在进行时，英国报界，曾提出关于自身之两问题，请会议注意：一为帝国报界公会，要求在英帝国范围内，所有一切新闻，予各报以尽量传播之最大便利。所谓最大便利，当然含有减低电报费用及取消若干特种限制之意义在内。公会呈文有云，欲求帝国各部间睦谊之增进，则使各地消息，为迅速丰富之传播，实为最要。一为英国广告公会，因各自治殖民地，对于帝国本部之日报杂志，在其境内销行时，其报纸内之广告部分每加以种种限制或课以特种捐税，要求由会议决定，将此种限制，一律取消。帝国会议接受此两种请求后，关于后者竟搁置未加可否，前者亦仅由交通委员会于其报告书中，承认帝国各部间消息，有加速广播之必要而已。帝国会议于整个经济问题之成绩既如彼，于报界请求之漠视复如此，宜为英国报纸所失望。至此，两大问题，今后能否另辟途径，得一圆满之解决，则尚难预卜也。

三、伦敦市长在广告大会之演说

英国广告博览大会第三届年会，今年在伦敦符离街每日电（讯）报社举行，余曾往参观。开幕日，伦敦市长华得禄爵士（Sir William Waterlow）曾亲临致词，彼认帝国经济之发展，及失业问题之解决，“广告”关系最为重大。其尊视“广告”为“国家经济政策”之一，颇为一般英国报纸所欢迎。华氏云：

广告为发展商业之利器，其地位异常重要。此次广告大会，对于帝国经济伟大之前途，所关甚大，殆可断言。最近数十年间，新闻事业突飞猛进，一日千里，其最有力之支持者，亦在广告。虽近代“广告战争”，足使资本方面，蒙重大之损耗。然成功之工商业家，决不因矜惜此一方面之损耗，而甘使其声誉或销路，坐致低落。盖惟能获“广告战争”之最后胜利，其声誉与销路，乃得与日俱进也。

今帝国经济，又一切贸易，正陷极端苦闷之地位。政治家、思想家及全体国民，方劳心苦虑，为商品觅市场，为工人觅工作。在此全国一致努力之进程中，负有历史上世界荣誉先进之英国民族，余不信其聪明之子孙，乃不能觅得一解决目前困难之方法。余更深信，广告大会必将指示一光明途径，俾此种方法，能早日发现。

上项演词，虽为政治家激励听众应有之词令，然其重视广告之价值，实多少超出于一般意义以上。广告家、新闻家、工商业家，对此自能引起相当之兴奋。反观吾国，不但多数政治家从未尝梦想“广告”与“国家经济政策”此二名词间能发生任何联及关系，即一般商人，亦不过认广告为一种点缀。北方商人，且有宁可关门，也不愿登广告者。彼辈视广告，既不足推广销路，甚且因此将自贬其过去多年之声价，以自夷于彼所谓新式滑头商店之列。中西商人“认识”“思想”之不同如此，宜中国商战之日趋败退。然中国之未走入资本国家的途径，或亦幸而有此等思想，为之阻格欤?

今愿借此一述英国广告与其新闻事业之关系。英国报纸在一八五〇年前，其对于广告价值，亦极轻视。重要报纸，多不愿以多量篇幅及显要地位刊载广告。嗣因工商业之发展，及广告税之取消，此种态度逐渐转移。一八五三年，《泰晤士报》平均每日已有广告一千五百则；至一八九〇年，广告战争，突趋激烈。自北岩爵士之《每日邮报》出版，广告收入乃进为报纸唯一之生命。迄至今日，多数主人，其办报目的，已不在政治或其他社会关系，终日勾心斗角、苦思焦虑者，惟在如何增加广告收入。虽广告收入之确数，今尚未有一完全精当之统计，然据伦敦《经济杂志》之推测，彼所假定一伦敦廉价报纸（Cheap Paper，伦敦日报分售价两便士、一便士两大类，如《泰晤士报》等每份售两便士，《每日邮报》等则售一便士。人恒呼售一便士者为廉价报）之收支概算，则一报纸因广告所获之利益，殊有足令人惊诧失色者。兹录其概算表如下。

某廉价报纸收支概算

假定此报日印二百十五万份，实销二百万份，平均每日出版二十三面（约五大张半强）其概算如下：

收入：

报费　一，五五〇，〇〇〇镑

广告费　三，〇〇〇，〇〇〇镑

以上共　四，五五〇，〇〇〇镑

支出：

纸费　一，七〇〇，〇〇〇镑

火车及运送费　四〇〇，〇〇〇镑

印刷部　七〇〇，〇〇〇镑

编辑部包括各种稿费电费　二〇〇，〇〇〇镑

广告部 一五〇，〇〇〇镑

发行部 七五，〇〇〇镑

杂用 一七五，〇〇〇镑

以上共 三，四〇〇，〇〇〇镑

收支两抵，获利共一百十五万镑。以现在汇兑价格计算，约合华币一千九百五十五万元。

上项概算，虽为一种推测，但据英国多数新闻业者之批评，均谓大致与实际相去不远。就此表以观察英国新闻事业，则报费收入，且不敌纸之消耗。其惟一利源，仅在广告。不特纸之损失，取偿于此，除供给一切开支以外，且能获此巨额之盈余。固无怪报馆主人，惟日夕孳孳求之，惟恐或后也。至编辑部费用，吾人平日震于英国记者，酬报如何丰厚；电报、稿费，如何不惜巨资。今执此表观之，编辑部支出总额，尚不及全部支出十五分之一，仅资本家之唾余而已。假使报馆主人，更能重视报纸与社会文化之关系，此项支出，似尚应不仅止此耳。

四、故北岩爵士之铜像落成礼

故北岩爵士自一九二二年环游世界归国，不及数月，即遘疾逝世。彼在新闻事业之成就，虽论者毁誉参半，然近代报纸，实受彼强烈之影响，举世皆然，固不仅英国已也。彼为近四十年来世界新闻事业中之一怪杰，殆可断言。其生平事迹，凡从事新闻事业者，几皆能举其大凡，固无待余之赘述。彼生于一八六五年，十三岁时，即在所受业之学校中主编校刊，十六岁开始为投稿卖文之生活。后此能终身从事于新闻事业，殆多少出于天性之嗜爱。自一八八八年自创《答问报》（*Answers*），三十年间，所先后购入或自创之报纸，如《伦敦晚报》（*London Evening News*）、《每日邮报》（*Daily Mail*）、《每日镜报》（*Daily Mirror*）皆能以最短之时期，收最大之奇迹。即名满世界之《泰晤士报》，亦一度入其掌握。彼在英国报界之势力，实为英国自有报纸以来所未有。今距彼谢世之日，已逾八稔。最近英国新闻界——印刷业者及报纸贩卖业者亦一致参加——追念其在英国报业伟大之贡献，特公同议决，即在报馆集中之伦敦符离街（Fleet Street）为彼建立铜像。英国新闻记者身后建立铜像，且在符离街者，此举似为首创。吾人今由滑铁卢桥过符离街，即可见此风靡一世报界怪杰之遗像，矗立于西圣丹士敦教堂之门外。此地为伦敦报业中心，亦即北岩生时日夕必经之路。而彼毕生精力所萃之事业，如《每日邮报》等，则正环拱其邻右。吾人见其双目凝视，因涉想及其手创之事业，似犹欲精灵守护，惟恐有一萎靡落者。铜像揭幕日，英国新闻人及报界同业，亲往致敬者，不下千人。英国报界公会会长李德（Riddell）所致之开幕词，于北岩生平，固多溢美。第其称引北岩办报之主旨与策略，则颇能深入胜理。李德云：

北岩爵士成功之途径，自其努力创造，及永不疲劳的勤勉言，实可为一切成功者模范。彼以其天才，造成近代报纸之革命，其冒险奋斗之精神，已影响及于新闻事业之全体，甚且及于全体国民。彼办报最大主旨，在活泼而有生气。沉闷呆板，彼所最恶。彼无日不欲使读者，有惊心动魄之感。事无巨细，皆不能逃其注意。若遇一最有兴趣之问题，在彼认为重要者，即尽其所能用之方法，必使此问题之揭载，能使读者至十分满意为止。此种超出英国报纸寻常习惯的方法，颇引起无数严酷之批评，实则此为时代进步必然之结果。假使吾人不认轮转机为报纸之戕贼，则此种批评，即无法认为公允。彼之报纸，多少已成一新的英国国民心理，其所贡献于英国国民者，实非浅鲜。至彼在大战时之各种努力，想英国国民，今尚能完全回忆。

吾知英国之一切新闻记者，对彼必有深切之感谢，因彼曾特别增进记者在报馆中之经济待遇，并努力提高新闻职业在社会之地位。彼认新闻之采访与传播，为一种高贵的职业，无时不设法欲保障记者之地位与权利。尤其为彼服务者，经其优遇与鼓励，殆无不有身份顿高之感。至其自身，如好学不倦及对于一切问题勇于批评。此种精神，亦应为吾人所敬佩。今此纪念塑像，树立于彼毕生最爱之场所。此不仅为纪念一名人而已，实将借此使我无数之新闻业者，日夕过此，知所激励，更增进新闻事业之努力与价值也。

上项演词，于北岩成功原因，实已尽其大要。北岩生平最受一部分人攻击处，即在将其《每日邮报》之政策，施于《泰晤士报》，如注重兴趣、减低售价等。英国之富于保守思想者，多认北岩此举，不啻欲毁灭英国国家之尊荣。盖彼辈固认《泰晤士报》之持论谨严，行文典雅，售价特昂，大足以代表英国之尊荣也。李德所云，多半指此。平心而论，北岩之“兴趣”、“廉价”政策，诚足以贬损报纸之价值。然二十世纪之报纸，其目的绝非仅止于供给一部分知识阶级。欲求报纸销行于一般平民，自非浅显生动之文字，及最低之售价，不能奏效。所惜者，即此种政策，有时行之过当，且其大部分动机，多半出于资本家获利之一念，而非欲供给一般平民以何种善良之知识。此则吾人所不能为北岩讳也。

英人狄百里（Dibblee）批评北岩之办报政策，谓反对北岩者应一念及，凡欲适合于多数读者之嗜好，即甚难使有限之知识阶级，一致欣赏。此与李德演说，正可互相证明。而近代“高贵报纸”与“通俗报纸”之所以不能并冶一炉，亦于此可见矣。

北岩身后，其一切新闻事业，除《泰晤士报》仍返还原主（即最初创办者 John Walter 之后裔）外，余均由其弟罗赛迈承继。（罗）虽才具不及北岩，亦尚能笃守旧业。今年十一月二十四日，《每日邮报》股东大会，罗氏报告，谓在此世界经济一致衰落，英国商业受影响最烈之时，《每日邮报》独仍能获巨大之利益，实为英国一切企业所罕有云云，博得全体股东一致之欢呼祝贺。余一周前晤该报记者某君，据称最近销路已近二百万，其前途之发展，似犹方兴未艾也。（十九年十二月二十四日记）

（原载 1930 年 11 月 17 日、18 日北平《世界日报》第三版及 1931 年 1 月 14 日北平《世界日报》第三版）

英法报纸之比较——

我所见之巴黎各报

（舍我十九年除夕自巴黎寄）

西方之制度文物，“英美”、“大陆”常成一对立之名称，报纸亦然。大陆报纸，以法国为最盛。余于访问伦敦、巴黎两地重要报纸之后，曾与国际报界联合会秘书长华洛（Stephan Valot）研讨其异同，余等所得之结论：

（1）英报多已由个人经营，移转于公司组织，规模宏大，资本雄厚。法报则大多数虽具公司之形式，实则仍在个人统治之下，资本及一切规模，亦不如英报远甚。

（2）英国工商业发达，广告收入甚丰。法为农业国，且广告竞争，不如英国之热烈，故法报营业利益，远逊于英。在物质方面，此为法报不能与英美报纸抗争之一最重要原因。

（3）英报多已成“托拉斯”组织。为营业利益计，在同一“托拉斯”内，往往有此报归并他报之事。如一九一〇年，英伦三岛，共有报二千三百三十一种，至一九二八年，则仅有二千一百五十种。此十八年中，社会上其他事物，大抵皆有数量之增进，独报纸不然，即“彼此归并”之结果。在法国，则此种现象绝少。

（4）英报篇幅丰赜，平均每日每报，必在四大张以上。法报则大多数仅日刊一大张半，最多无过两大张半者。

（5）英记者薪俸及稿费，较法报为优厚。英记者撰文多不署名，法报则署名者居多数。

（6）英报多直接定阅，或商店贩卖。法报则定阅极少，沿街叫卖，颇占发行额之一重要部分。

此虽为英法两国报纸之比较，实亦未尝不可执为“英美”、“大陆”两系报纸之缩影。要而言之，英美商业发达，广告既多，篇幅必增，收入既丰，一切编辑人员之待遇，亦即随以改进。物质方面之差别，皆不过资本主义程度不同之反映而已。然吾人绝不能执此即谓法国报纸，一切均远逊英国。平心而论，法报之物质设备，不如英国，诚如上述。第就其精神方面言，则某种观点上，固尚有突过英报者。而重视文学艺术及科学发明，似尤为大多数法报之特点。至新闻方面，敏捷详速，亦往往不在英报下。如最近我国四中全会，及一部分部长更迭消息，法报恒有较英报早登者，即其一例。法国新闻史上，外勤记者最饶趣味之一页，至今尚脍炙人口，认法国之新闻竞争不让英美者：当法国大文学家左拉（Emile Zola）闭户潜思，从事其惊人之著述时，各报记者，均渴望能与晤谈。顾左氏厌见记者，不论何人，均被谢绝。独一青年外勤记者，一日造左氏寓庐，诡称郭白（Francois Coppee）病危，遣彼来告，请阍者转陈主人。郭白为左氏至友，闻耗，匆遽出见。此记者既谂知为左，乃谢罪，白其来意。左敬其忠于所职，不仅绝无嗔怒，且尽答此记者所欲问之事。及谈话揭布，各报莫不惊诧。而此青年记者之智能与毅力，遂为法国报界所称许。数十年前之法国外勤记者，其较英美已无逊色，及至今日，其他方面，亦大抵可以类推也。

法国报纸，集中巴黎，外省如《里昂进步报》（*Progres De Leyon*）、《多鲁士快报》（*Depedede Toulouse*）等，虽亦有相当规模，但读者多限于本埠。求如英国之 *Manchester Guardian*（《曼彻斯特卫报》——编者注）类：一为营业报，二为政治报。前者目的，专在营业，对政治方面，虽亦有相当主张，但时依环境转移，无一定党派关系。至政治报，则每一报几皆有某一政党之背景，或即某一政党之正式机关。彼等以宣传本党政策为目的，与营业报绝然不同。营业报最重要者，就早报言，在巴黎有五大报之称：

《小巴黎人报》(*Le Petit Parisien*)

《晨报》(*Le Matin*)

《日报》(*Le Journal*)

《小日报》(*Le Petit Journal*)

《巴黎回声报》(*L' Echo De Paris*)

《小巴黎人报》，最近销路为一百五十万。《晨报》、《日报》，约各自六十万至八十万，余仅四十万左右。政治报，因法国小党林立，故此种报纸数量亦特较他国为多。最著者如《时报》(*Le Temps'*)、《平民》(*Le Populaire'*)、《民众》(*Le Peuple*)等。其最左者，有共产党之《人道》(*L' Humanite'*)，最右者有保皇党之《活动》(*L' Action Francaise'*)，销数皆不如营业报。惟《时报》则以文字优美、印刷精良之故，在法国几有"法国泰晤士"之称。此则政治报中最特出者。兹再合此两类之报纸，就其另一方面之特点加以分析。在巴黎，创刊最早者，为《辩论报》(*Journal Des DeBats*)；销数最多者，《小巴黎人报》；设备最新者，《无敌报》(*L' Intransigeant*)；体制谨严，售价特昂，虽销数不广，然足以代表法国一部分之外交政策者，为《时报》。此四报余皆曾分别访问，特略述其内容如下。

《小巴黎人报》

《小巴黎人报》，创刊于一八七六年，距今已五十五年。最初经营者朱璧伊（F. Dupny'），于此报外，尚兼营一画报（*Fxcelsior'*）。彼死，乃分由其二子主持：毕爱尔（Pi' ere）主"小巴黎人"，卜尔（Paul）主"画报"。卜尔谢世后，"画报"由卜尔夫人继续经营，虽亦有相当销路，然不逮"小巴黎人"远甚。"小巴黎人"在一九〇三年时，与《小日报》曾有空前之竞争。其时，"小巴黎人"曾一度突过二百五十万份，为法国报纸自来所未有。惟各种不合理之竞争，无法持续，未几，即跌至一百二十万左右。据其编辑主任波哀（Pois）告余，现可销一百八十万。报纸封面，尚大书"世界第一"

（Le Plus Fort Tirage Des Journaux Du Monde Fntier）字样。实际调查，则仅一百五十万。然在法国固尚不失为销路最多之报纸。此报日刊一大张半，封面刊铜版时事图片甚多，排列生动，易引人注意。全部职员工人约二千，排字部分有女工十二。工人分日夜两班，每班工作六小时半。日班工资，每日六十五佛郎，夜班七十佛郎。除有特殊技能外，大部分工人，工资划一，无多少之差。轮转印机共大小十部，最旧最小者，为一九一三年美国造之两部，最大最新者为一九三〇年英国造之一部。此机共六出口，每小时一出口可印报四万份，共可印二十四万份。余参观时，正在装置，定来年元旦，开始使用。此机值法币六百万佛郎，约华币八十五万元。至所用报纸，在法国郎戴尔（Nanterre）有自设纸厂，然亦有时向北欧采购。

余请波氏导观图书馆，彼含笑语余：君自英伦来，已遍观英伦报纸之设备，则此间图书馆，恐不足当君之一顾。实告君，吾报之特点，惟在新闻记载及纸面排列之如何生动优美、引人入胜，至如英伦《泰晤士报》、《每日电讯报》等图书馆之设备，则殊无此需要也。余知其意，乃止。又询以对政治之主张，彼谓此报宗旨，惟在维持各派之均衡。换言之，殆即吾国所谓“中立派”欤？此报，在巴黎有“门房报”（Journal De Concierge）之称，极为知识阶级所鄙弃。但普通社会，吾人所呼为贩夫走卒、引车卖浆者，则几乎人手一编，此所以能销行最广。其在一般社会之势力，殊非任何法国报纸，所能颉颃并争也。

《辩论报》

此报在法国，有悠久光荣之历史。其产生时期，适当一七八九年大革命勃发之际。创办者鲍多安（Baudouin），旋售于白丹（Bertin）。白在拿破仑统治之下，曾推销此报至三万二千份。此为十八世纪世界报纸，所不易达到之数字，其在当时之声誉与势力，殆可想见。旋以言论为拿氏所不满，多方干涉，凡非政府许可之纪载，概禁刊布，并令其改名《帝国日报》（*Journal de*

L' Empire）。至拿氏失败后，一八一五年始恢复原名，以迄今日。此报在初出版时，惟注重政治、文艺之论战，新闻甚少。余得其主者允许，得尽观其庋藏可贵之旧报，自第一年第一号起，至本年（第一百四十二年）止，均完好无缺。英伦最古之《晨报》（*Morning Post*），发刊于一七七二年，早于《泰晤士报》十三年。然其一号至十三号，大英博物馆至今尚遍求未获。今得读此法国现存最古之报，庶可补余在英之缺憾，殊一快事。此报历史既久，政治家文学家之出身于此者，不可胜数。其编辑室中，除创办人鲍多安塑像外，尚有一图，聚绘历在此报服务之著名人物。有一椅，据云，已历百年，出身此报之政治家文学家，固尝伏案据此，以抒写其惊人之见解。编辑室陈设极破旧，一大菜台，上敷白布，朱墨狼藉。全部屋宇，幽暗颓败，一种衰落凌乱之象，几不可以言语形容。盖自近代商业化报纸产生以后，此报既困于经济，复以主持者守其传统的“高贵”政策，文字力求古雅，售价较一般报纸多五生丁。内容仍注重于政治、艺术之批评，凡商业化报纸之特质，在此报几全不采取。销路低落，日甚一日。其印刷机，原有两部。当余访问时，则一部已封置不用。下余一部，每小时可出报八千，仅三小时即可印毕。其低落程度，殆可想见。然在政治、文艺方面，固仍有其不磨之价值。特吾人回想其一百四十二年之历史，殊不能无今昔盛衰之感耳。

《无敌报》

巴黎报纸，物质方面之设备，以此报为最新式，亦最完好。《无敌报》发刊于一八七九年，距今已五十一年。其新社址，系一九二四年落成，逐年增修，迄余参观时，尚有数处在翻造中。建筑计划，与最近落成之英伦《每日电讯报》颇可拟似。地面共楼六层，一层为发行、广告、会计，二层为总理室及总管理处，三层为编辑部及排字房，四层为直接定报部及游艺室等，五、六两层为职员宿舍，地下为印刷部。

此报置排字房于编辑部之侧，完全毗连。编辑常直接赴排字房接洽，为余在其他报馆所未经见。盖英法报社，其编辑部与排字房大抵皆相隔甚远也。据编辑某君告余，所以如此，完全为节省时间起见。因此两部分应接洽之事甚多，隔离过远，殊感不便。排字房有一电梯，直达地底之机器间，版既排好，即由电梯输往制版付印。自改用此种方法后，出版时间，较前提早不少。近代报纸，时间为最主要之竞争，不意此一小事，亦竟能收此非常之效果也。

直接定报处，其寄报签条，逐日以一种特制之机器排印，既省时间，又便稽考。又各部间稿件传送，概用气压传送机，此在英伦为常见，巴黎各报，则尚少采用者。

机器间有印机八架，皆德国造。此报为一晚刊，每日出版三次：第一次，下午零时三十分，专寄外埠；第二次，二时三十分；第三次，五时三十分，均本埠。在五时三十分前，遇有重要新闻，可随时增入。有汽车三十五部，专为运送报纸至邮局及其他代派处之用。

此报创办者为罗时佛（Rochefort），一九〇八年，为现主人白尔璧（Bailby）购得。白常自撰社论，以资本家而兼为实际之记者，在巴黎似尚不多见也。

《时报》

《时报》亦一晚刊，创刊于一八六一年。日出一大张半，唯篇幅面积，较一般报纸为大。纸张特好，印刷优美，为巴黎各报所未有。每份售四十生丁，较其他各报售价，几多至二分之一以上。每日有社论，其对外态度，与政府外交方针，几可谓完全一致。外间谓该报记者，在撰一外交问题之论文时，其有重要关系者，多须先征外部之同意。虽未必即系事实，然各国政府，固常以此报论调，测法政府之态度，其地位有时颇似英国之“泰晤士”也。文字典雅，其文艺及出版界批评，极为知识阶级所称许。执笔者多一时闻人。惟销路仅七万左右，普通报摊，以其价昂，多不代售，民间阅者极少。设备甚简，惟图书室尚完好，剪报及参考材料之搜集，亦甚注意。

法国报纸之概况，略如上述。兹又忆及一“特别性质”之报纸，补记于此：《人民之友》（*L' ami Du People*）为法国香水大王郭帝（Coty）所创办，发刊于一九二八年，每份现仅售十生丁，为法国日报中售价最廉者（巴黎各日报，通常每份售二十五生丁）。在初出版时，巴黎各报异常惶恐，曾同盟抵制，并运动各派报所，不为代售。但郭帝毫不为动，至今仍保持此“廉价政策”。派报所以利益所在，亦不愿长此相持。同业方面，见抵制无效，且事实上，与各报亦并无重大影响，因亦与郭帝成立妥协。郭帝目的，在凭恃此报，以取得未来之政治地位。此种企图，今已有相当效果。惟此报自出版后，每年亏负甚巨，虽销数日增，然非在若干年后，恐不易达收支相抵之境况。所有报馆亏负之款，大抵均取偿于“香水”之盈余。日前巴黎某剧院，扮演巴黎各报（角色），其扮《人民之友》者，闻香水营业大佳即惊喜，谓今年（报）即亏本，亦无虑云云。亦法国报界一趣谈也。

余比较英法两国报纸，深觉吾国今日应取法者，大部分实在法而不在英。因吾国今日之工商业，不但不如英，且并法亦望尘莫及。数年前，余常与上海同业友人谈及，以为今日我国报纸之出路，惟有极力缩减篇幅，低贬售价，提高所谓大幅广告之刊值，极力删削无意义之新闻及一切杂稿——不如此，则吾国报纸，殊无法使其与大多数国民接触。至今全国报纸，无一能超过十五万份以上者，亦即售价太昂，与多数国民有直接关系之新闻太少耳。若法报之短小精悍，以极少之篇幅，而能包罗甚多之材料，又售价低廉，以生活程度比较，则巴黎一般报纸之售价，不过每份值我国铜元一枚，此所以引车卖浆者，胥能人手一篇也。近来内地报纸，尚有为篇幅增多之竞争者，此与我国环境，安能无适相背驰之感耶？

（原载 1931 年 1 月 19 日、20 日《世界日报》第三版）

就算是我的感想（节录）

自从南北分裂状况消灭以后，西方人这种态度，居然有相当改变，特别是有若干报纸，从前几乎无日不痛骂中国，近来也相当的说“中国有新的转机”了。

——楔子

“你这次回来，有什么新的感想?”几乎每一位朋友，都是这样的问我。

当然，一个人无论同什么外界的事物接触，他的内心一定有一种反应，这就是所谓感想也者。在经过了相当的时间、走了若干的水陆行程以后，耳目所触，所谓感想也者，自然不能说“一点没有”，不过这种感想，是否有告诉别人的价值，却很值得考虑。

现在的世界，交通方法日见进步，不但几十年几百年前人未曾梦见，就比几年前也大不相同。在地球绕一个圈子，真极平凡、极容易。印度洋、大西洋、太平洋的渡过，实在和从下关到浦口没有什么很大的区别。我们若把纽约几十层的大楼和巴黎不可思议的肉感，拿来当做“海客谈瀛”，那真要笑掉了一般朋友的牙齿。我们既生当交通特别发达的今日，就用不着去摭奇述异，做什么几十国的游记，我们又不是头等的阔人，更用不着大张旗鼓，去发表什么归国后的新政见，那么，又有什么东西，可以告人?

然而，我们既是人，是有感觉的，世界的事物，虽平淡无奇，有目共睹，但见仁见智，尽可不同。自然的景物和恋爱的故事，古今中外的文人和小说家的描写歌咏，实在已汗牛充栋，然不能因其写得太多，就说这些东西没有再写的价值，他们的外观虽然一样，印到人们的脑筋里，却尽有瞬息万变的可能。根据这种理由，我也就毅然不辞，来答复一般朋友的热心向问，说说我这次游历的感想。

到南京好几天了，现在每天渐能有一两小时可以供我自己支配，我打算遇有空闲就随便写一两段。我的计划，分作政治、经济、教育、新闻事业和杂事五项（前两项，我于本月二日在上海劳动大学讲演，曾说过一部分），虽然拉杂不堪，但我自信还能尽我所知，诚实介绍现在世界的真相，且处处都反映中国的现状和未来的建设。在某种观点上，固然对西方的文明有相当的崇拜，但绝不敢说西方的东西都值得我们的赞赏模拟。同时我们东方固有的文明，诚然也有相当保存光大的价值，但也绝不敢妄自尊大，说墨子发明飞机，比他们早好几千年，他们的发明，值不得我们的惊异。我的前提，凡一个文明的民族，能生存到现在，固然不能说全善全能，但必须有他特别的长处。我的结论是：最近的将来，只有中国，是世界的天国，世界上不能解决的问题，在中国尚未发生；只要中国能和平建设，却不走到西方已失败的途径，中国前途的希望，真是不可思议。

闲话少叙，且让我分别说来。

一、从政治方面

我归国后，最感愉快的一件事，就是国内战事已告一段落，我们的中华民国，无论事实上统一没统一，名义上总只有一个政府了。在十七年完成北伐以后，“恢复国内的和平”已成为全国一致的祈望，不幸这种祈望，与事实适得其反。因为要达到这种祈望，所以当前冬去春来，我所经营的北平《世界日报》，一度为阎锡山封闭，同时南京《民生报》，不知何故也日在忧疑危惧之中，眼看整个的国家又将分裂，我们的痛心疾首自不待言，不料走到国外，这种内战未已、南北对抗的痛苦，比在国内更感觉深刻。在我一切的旅行途中，如果西方人来和我谈话——除非他是一个特别了解中国而抱有好感的人——开场的几句，大概总可以列成如下的公式：

（问）你是日本人吗？

（答）不是，我是中国人。

（问）中国人……（至此，其神色必不如以前庄重）你们现在有几个政府？仗打得怎么样了？

（答）我们从来只有一个政府，你不知道，你们驻中国的公使，只有一个吗？至于国内偶有的军事行动，任何国家也不能说绝对避免，并且这种军事行动，是一个国家由旧变新时必经的途径。他的价值或许比现今英国在印度、美国在尼加拉瓜要高上万倍。我们若拿法国、美国开国时所经过的军事时间比较，中国的现状，也算不了什么稀奇！何况南美中美还几乎天天在那里闹革命，你没有注意吗？

这种辩论的公式，在旅行途中，几乎天天可以适用。有的，他觉得自讨没趣，也就罢了；有的，因为我们的答复太不客气，不免要找些别的话，来继续辩论。有一次，程沧波先生在大西洋舟中和一个美国人如此的辩论之后，美国人忿无可泄，竟在晚间举行跳舞会时，拿出一条中国辫子，来羞辱我们，几乎闹到挥拳相见。但是也有不少的人，经我们解释之后，觉得中国的现状，的确没有什么特别可歧视的理由，中国的内战和分裂，在国际上所受影响如此重大，如果这种现状，一旦消灭，那么，我们安得不惊喜欲狂？

自从南北分裂状况消灭以后，西方人这种态度，居然有相当改变，特别是有若干报纸，从前几乎无日不痛骂中国，近来也相当的说“中国有新的转机”了。关于此点，我去年十二月应谢寿康先生之请，在中国驻比使馆讲演，内有一段说得比较详细。这次讲演的题目是《国际宣传与中国》，现在可写在下面：

中国的国际空气，现在确有大大的改善，唯一的原因，就是南北对立的局面业已消灭。欧美报纸大半是在保守思想者和资本家手中，他们对于中国新兴的民族运动，根本上是反对的，如伦敦《泰晤士报》、《晨报》，纽约《泰晤士报》，巴黎《晨报》，他们都是以反对中国为其对外政策之一。因为新兴的中国民族运动，与他们在华的特殊利益冲突，他们只盼望这种运动失败，所以凡是不利于这种运动的事情，他们总是扩大宣传。我曾将这几种报纸的中国消息剪下来，分类统计，描写中国内战的，约十分之五六，农荒、共产党、土匪、教士被掳，约十之三四，至于教育、文化或建设一方面的消息，居极少数，几乎等于零。伦敦的《泰晤士报》，几乎每一星期，均有一篇描写中国内战和土匪、农荒的长篇通讯。福建女教士被害一事，他把卢兴邦写得像水浒传的宋江、彭公案的黄天霸。我们读了这几篇通讯，真会感想到现在的中国，还在那里过打家劫舍、替天行道的生活。当我和程沧波先生在伦敦的时候，我们常常去质问那些报馆的记者，为什么专欢喜刊载这种不利于中国的消息。他们的答复很简单："中国现在只有内战、土匪、共产党、农荒，我们实在没有别的消息可以登载。"我们听了这话，固然万分痛愤，但事实上，也无法多与争辩。及至汪精卫先生离开北平，阎、冯两先生赞同和平，将军队撤回西北，蒋先生先后通电，主张召集国民会议，及定期制宪，这总算中国的好消息了，不料除却"张学良军队入北平"的消息，各报都已刊载外，其余一直到我们读了中国寄来的报纸（上面有原文电报）后，英伦各报，还一字未曾提及。因此去质问上次讥讽我们的记者："你们说中国没有重要的好消息可以登载，请问一个现任的国民政府主席，兼陆海空军总司令，他发出电报，主张开国民会议，制定宪法，大赦政治犯，这种消息，在一个没有偏见的报馆去评判，是否算是中国的一个重要消息？你们为什么不肯登载？"他们只好说"我们没有接着驻华记者的电告，并不是我们不登载"，那么，我们只好用滑稽的语调调侃他："假使我们报馆的驻英记者，只天天将你们的失业、贫困、窃盗、奸杀、大雾等消息打回中国，却把你们印度会议和帝国会议闭幕，讲如何解决各种重大问题的消息漏去，那么这种记者，我们一定要与以免职的。"他们对中国新兴的民族运动，根本上不怀好意，固如此类。然而偏见总不能永远掩没事实，内战终、张学良入京和其他各报比较乐观的消息，欧美报纸后来也不能不继续为我们牺牲相当的篇幅，去一一刊载。好几家报纸还做了社论，伦敦《泰晤士报》并有一篇为《中国的转机》。他们态度的转变，固然不是对中国新兴的民族运动，就从此要改采取赞助的方针。他们所以如此，第一，看见中国的民族运动，无法压制和破坏；第二，英美失业问题的严重，主要的原因是生产过剩，在世界上找不着市场。他们既不能破坏中国的民族运动，倒不如见风转舵，买中国人的好感，来发展远东的市场。这些报纸对内的方针，虽然和现在的政府不一定是一致，至于对外，却十九是没有两歧的——尤其是经济的侵略。我们最近一二月来，不但看见了各国报纸态度的转变，及各国政府对我国的态度也有若干的进步。这种帝国主义资本主义国家态度的好坏，完全是发动于他们自己的利害关系，原用不着大惊小怪。不过因此我们可得一个结论：最有效力的国际宣传，就是自己努力，努力的方法，第一在消弭内战，完成统一。

以上是我在驻比中国使馆讲演的一段。可见恢复国内的和平、确立国家的统一，不仅在国内万分重要，对于国际间的关系也是刻不容缓。我们在国内，虽然还可以看见许多自己替自己鼓吹的消息在报上刊载，说我们外交如何有把握，国际空气如何良好，但一出国就可感觉到，如果我们实际上不能把国家弄好，我们在世界上的地位，不仅不能和现在所谓的“一等国”颉颃并论，就连印度的地位也还不如，因为印度这几年再接再厉的奋斗，实在引起了世界上无限的钦佩和同情，一个印度人和一个中国人立在一起，在西方人看来，总觉得印度人的身份还比中国人高，那么我们所遭受世界人的轻视，已经到何种程度，还不当痛哭流涕吗?

（本篇系作者从欧美考察报业归国后所作讲演，发表于1931年3月16、19、20、21、22、23、30日，4月1、3、4、5、6、7、8、12、13、18、20日《世界日报》。这里节录刊于3月16日的“楔子”及“从政治方面”）

中国报纸之将来

（一九三二年四月二十九日在燕京大学新闻学系“新闻讨论周”的讲演）

今天为贵校新闻学系举行第二次新闻周的第二天。此次新闻周，贵校延请了许多报界先进来此讲演。承诸位不弃，亦得追随各先进，参加盛会，得一谈话机会，惟学识浅薄，滥竽充数，一方面固很荣幸，一方面却实在非常惭愧。

讲演的题目，是《中国报纸之将来》。这个题目的范围太大，恐怕不能有什么贡献可以使诸位满意。前几天贵系黄（宪昭）主任，托管翼贤先生来问我，预备讲些什么。我当时踌躇了好久。我说：一时实在想不起有什么好的题目。管先生说，讲演定题目和厨子报菜一样，因为别位厨子的拿手好菜，都已经预先报过了，你当然也不能例外。我想专门好菜，红烧鱼翅、清蒸肥鸭，都已经被许多报界先进报过了。我呢，学无专长，就报一样大杂烩吧！“大而无当”，“杂而不精”，我这个《中国报纸之将来》，或许正合了那两句古话。现在菜就要端上桌子，手艺低劣的厨子，当然难免食客们褒贬。好在鱼翅、肥鸭，诸位已吃得很饱，大杂烩就算不中吃，也不会让各位饿了肚子回家的。

“中国报纸之将来”，“将来”这两个字，意义极为广泛。究竟我所指的“将来”，是从何时算起，何时为止？因为从眼前起，到世界毁灭，都是将来。如果漫无边际，那么，这个将来，真是大海茫茫，何处是岸。我当然没有那样神机妙算，可以预想到如此遥远。所以在未入本题以先，我应该下一个界说，就是我所指的将来，仅仅是最近的将来，从现在起，大约最多不过三五十年，这不是一种凭空的玄想，也不是电影院演的五十年后的世界。我所说的中国报纸之将来，在最近三五十年内，一定有实现的可能。

因为近代科学界猛烈的进步，无论哪种事业，都没有不受科学影响的。就报纸说，一百年前，不仅中国，即在报纸最发达的英国，大家知道，驰名世界的《泰晤士报》，一七八五创刊，到了一八三四，经过了五十年坚苦卓绝的奋斗，他的销数，还不过一万份。我在大英博物馆所看见最初的《泰晤士报》，只是一张四开大小，和现在北平的各种晚报的篇幅一样，印刷异常模糊。所有消息，如巴黎、罗马等处通信，都是经过了十天二十天，才能到达。若拿现在的《泰晤士报》比较，真是天上地下，无从譬拟。假使今天，我们中国的北平，发生一件特别惊人的事件，譬如说，燕京大学的上空，落下了一个星球，这个星球，起初是一块石头，后来马上变成了黄金。那么，这条奇怪的消息不但明天《泰晤士报》以及所有的伦敦各报，都会有详细记载，如果北平有电传写真的设备，还可马上连燕京大学的校舍和落下来星球的照片一块儿同时发出。至于他们的销路，大家都知道，《每日邮报》已经突破世界上日报的纪录，每日发行到二百万份。为什么百年前的报纸，那样衰败？现今的报纸，却如此发达？这个答案极简单，就是由于科学进步的结果。有了轮转机，从前一小时印报不到一千份，现在用许多机器合并起来，一小时可以印好几百万。从前一条从巴黎到伦敦的消息，需要好几十天，有了电报，就是比巴黎、伦敦，距离更加几十百倍的地方，也没有需到一天的。从前没有火车、轮船，更没有飞机，报纸发行异常困难，现在这种困难自然也一律消灭了。这就是科学发达影响报纸的实例。欧美如此，中国科学发达的速度，虽远不及欧美，然此种倾向，实在也异常明显。以前五十年或一百年欧美报纸的演进如此，则今后三十年或五十年中国报纸的演进，亦何尝不可同样类推。

中国报纸的发达途径，虽似乎很迟，或者还有人说，中国报纸，近来简直没有什么进步可言。但以我的经验，却极觉到最近几十年来，中国报纸，确已有很大的进步。我从做中学生时，就同时做新闻记者，到现在将近二十年，即就此二十年而论，我们若把他今昔情况略加比较，即可知那些批评中国报纸没有进步的，实非确论。民国初年的报纸，即如号称报纸最发达的上海，那时的销数占第一位的报馆，也最多不过销两三万，现在则最多已有到十四五万份一天的了。那时报纸的新闻，异常陈腐，尤以本埠新闻最腐败。一切消息，均凭所谓跑马路的访员，拉杂撰写，用复写纸，一字不改，分投数报。现在则本埠新闻，竞争最烈，每一报馆辄有外勤十余人，一事发生，立时出动。再就北平说，民国七年，我在一家当时在北平销数最多的报馆当总编辑。名义上是总编辑，实际上那个"总"字的意义，却应该另有一解释，就是从做社论以至校对，几乎总共仅我一个人。那时通信社还极少，更谈不到本报专有的外勤。一大张紧要新闻，他的构成，三分之一是剪外埠报，上海报尤为主要的命脉。假使有一天上海报脱了班，到车站上取报的信差空手而归，那么，这个恐慌，一定比上车站没有接着热恋的情人，还要厉害百倍。三分之一是命令和一切等因奉此的官文书。还有三分之一，才勉强可以算是真正的新闻。这种新闻，大部分由两位"秀才不出门"的专家包办。他们每天各送来上十条蝇头恭楷的所谓访稿。他们的文字和内容，简直可以列成两种公式：一种是今日上午几点几十分，公府接到某地督军某某万急密电一件，全文共几百几十几字，但内容关防极密，无从探悉；另一种是今日下午几点几分，国务总理某某入府觐见总统，当即屏退左右，谈至几点几分，始行辞出，但内容因关系重大，无从探悉。这两种公式，无论天崩地塌，几乎都不会使其变动。他们对于电报字数的多少，收发时刻，入府人名，谒见时间，都很准确，然而没有内容，有时即有一两句，不是模糊影响，就是迹近捏造。后来我仔细一打听，才知道这两位专家新闻的秘密来源。因为一位，他的父亲在总统府当号房，什么人来见总统，他在挂号时，大概总都可知道，所以总理入府这个消息，当然不会漏却。至于内容，自非号房所能知。另一位，他的兄弟在公府电报处收发室办事。外来电报，照例由他摘号登记，所以收电时间和字数多少，可以详记无遗。但电报内容，自然也无法探听。但就是这样不成新闻的新闻，在当时，却已是我们报馆所以在北平销数最多的最大原因之一。报馆主人，对他们两位异常尊重。因为他们是我们报馆特别消息的唯一来源。至于专电，在那时当然是绝无，即使仅有，亦大半出自本店自造。民国七年时北平的领袖报，大概如此。现在呢？北平各报的印刷、编辑、新闻来源以及一切的一切，几乎没有一样不是比民国七年时特别进步。单就电报一项而论，一个著名报纸的紧要新闻，平均计算，二分之一大约都是专电，字数约由（有）三五千字，最多到一万字，这是从前所梦想不到的。这是由于一切交通器具，和其他物质上比从前进步的缘故。换言之，就是科学进步的结果。中国报纸的进步，虽然比欧美还算很迟，然而中国报纸，几十年来，究竟总是向前进，不是向后退。那么，我们可以推想，以后十年、三十年或五十年的中国报纸，当然也只有更前进而不会更后退的。因为科学的经验告诉了我们，世界上的科学，只有一天比一天进步，他的进步，可以改变人类社会所有的一切。那么，我们中国的报纸，就要故步自封，事实上也绝不可能！

自从有了蒸汽和电的发明，才有产业革命。一切人类生活，亦都为之改变。十九世纪，简直可以说是蒸汽和电的世纪。现在的世纪，飞机、无线电又将改变人类一切的生活，那么，二十世纪，我们简直可叫他做飞机与无线电的世纪。在这个世纪中，报纸受飞机和无线电的影响，当然还是最大。全世界的报纸如此，中国报纸，当然也不能除外。

今后三五十年内中国的报纸，将怎样演进呢？固然，一部分有中国特殊的背景，实际上，大部分与世界报纸的将来一样，自然不会有相反的倾向。依我的见解，中国报纸的将来，受了新时代的影响，他的变化一定有三个重大问题发生：

第一，怎样去控制一个报馆？报馆的主权，将为谁有？报纸商业化，是否尚有存在的可能？

第二，如何去确定一个报馆的言论方针？如何去采集国内外一切重要的新闻？

第三，如何可以使一个报纸，用最速的方法，在最短期间，分配于全国读众？

换一句话说，就是最近三五十年内，中国报纸的组织、编辑采访、发行，都将有极大的革命。由此与世界报纸，同时演进，则将来必更有一“世界大同”的报纸产生。现在且分别说明。

前面列举未来的三大变化，按着次序，先讲第一个变化。在这个变化的过程中，他的特质，就是中国将来的报纸，是照着欧美“报纸商业化”旧的途径，紧紧跟着一步一步的走去，还是在旧的途径以外，另辟生路？假若我们对这个根本问题，不能认识清楚，则无论中国报纸将来能发达到怎样地步，对于未来世界的人类福利，也不会发生丝毫关系的。

自从产业革命以后，报纸也同样地受了蒸汽机和电气的影响。报纸商业化，就一天一天扩大起来，从前那班文人，想以个人力量去办报的，近百年来，在欧美几乎是绝不可能。中国现在，虽还有些文人用极少资本，凭个人文章和资望，去自行创办报纸，然而这种报纸的成功希望，一天会比一天减少。在最近的将来就会要和欧美一样，绝不可能了。我们看上海新兴报纸之不能产生，就是一个极显著的证明。这就因为现代的报纸，既然纯粹商业化，他需要最新式的生产工具，就不能不需要最多的资本。一个赤手空拳的文人，如何能和那班坐拥巨金的资本家竞争？没有法子，只好拱手让人。所以在现今资本制度和“报纸商业化”的口号下，“报”只是资本家的专利品，别人是无从染指的！

报纸不能不需要资本，由各种观点看来，也不能不相当的商业化，不过，产业革命后的资本主义，现在已根本动摇。科学更进步，机器更发达，而一切社会制度，却不能不有新的改变。则此后的报馆组织纵然需要资本，纵然要商业化，他的意义，也一定和现在的“资本化”与“商业化”不同。

中国报馆的组织，就目前说，当然和一般资本主义下的经济组织无任何差别，也就是和欧美一般报馆的组织相同。报馆的主权和政策，不但一般读者无从过问，即所有职员，除有巨额投资者外，亦一律只有仰承主人的意旨，不敢轻有违反。目前中国的新闻事业，虽然还没有人能够做到英国的罗赛梅（Rothermere）、毕维朴（Beaverorook）、美国的好华特（Howard）、赫思特（Hearst）那班新闻大王的地位，却是资本主义的趋势，很有向这方面走近的可能。我前面说过，因为在资本制度之下，一切生产工具握在资本家手中，报纸是需要生产工具的，没有雄厚的资本就不能得着最精利的工具。资本薄弱，不但创办新报不能成功，即维持已有的报，结果亦必归于失败，或被大资本者吞并而后已。这是资本制度下必然的结果。欧美已然，中国的报纸，若果资本化、商业化起来，当然也不能例外。假使左右全国的舆论机关，都操纵在少数贪狠自私的资产阶级手中，此中危险，如何重大，当然不言可喻。欧美的新闻大王，他们只知道自己如何投机发财，对于社会公众的福利，几乎是毫未想到，照这样继续推演，直到现在，“新闻商业化”所以就成了世界上各种最严重问题之一。去年，我由欧洲到美国，在密苏里大学校长威廉博士招待席次，曾便中将这个问题提出，叩询威廉博士的意见。他经过很深切的考量，答复我说：唯一希望，还在一般读报者的知识和道德能较现在增进，对于报纸的价值，能有明确的认识。那些只知牟利的报纸，不但不能迎合一般社会的心理，反将为一般社会所厌弃。如此，则彼辈伎俩已穷，报纸风格，自可一变云云。威廉博士这一番话，在现代制度下，当然是无可奈何的唯一希望。然而一般人们的知识和道德，究竟何时才能达到我们理想上的标准？我们一方面要促进中国报纸的发达，一方面又要努力阻止中国报纸和欧美资本化商业化的报纸走入同样的运命。我们就不能不从静待读者知识和道德增进的唯一希望以外，来另找一个新的希望。

“新闻大王”的产生和现今所谓“报纸商业化”，这都是整个的经济制度问题，整个的经济制度不变更，“新闻大王”和所谓“商业化”的弊害，是无法矫正的。资本主义的运命，现已逐渐受着新时代的摧毁，在全世界尤其在中国，究竟能延长到什么时候？假使中国有革故鼎新的机会，我想，将来报纸的趋势，在组织方面，定不外两种方式。一种是报纸国有，一切报纸都由国家来经营或指导，不许任何私人，握有如此伟大的舆论威权。另一种是虽许可私人经营，但其资本，惟以在报馆任有工作者为限，自社长以至工人，均为主权者，均有分担报馆责任、分享报馆利益之权，非工作人员不得坐分红利，换言之，即不劳而获之大资本家，概在屏除之列。而关于报馆主张及言论，应另有一监督机关，所有报馆对政治、社会的批评，概应受此机关指导。总编辑之进退，亦应由此机关决定。此机关之人选，应由社会民众团体推选。而每一报之读者，亦得有权推代表参加每一报馆之此种机关。如此，则个人操纵舆论，或违背公众福利的弊害，自可铲除。在中国最近的将来，似乎第二种方式，比较第一种容易实现。因为这种办法，虽然不能容许新闻大王的存在，然尚可容许私人报纸的经营。而资本与言论分开，使报纸与社会合一。如此，则报纸的营业方面，尽可商业化，报纸的言论，却并不因商业化而损害社会福利。此不但可以矫正现代资本主义制度下报纸的恶弊，而较报纸国有的办法，亦实平妥易行。英国工党机关报 *Daily Herald*，现在很想向这方面做去，中国未来三五十年的报纸，如果能像这样，那么，虽然还是需要资本，营业方面，也还是尽可商业化，然而欧美报纸已有的害处，总算可以避免。我们也不必顾虑到，报纸愈发达，社会的罪恶愈增多了。

现在我可以将第一个问题归纳起来，得到以下的结论：未来的中国报纸，他应该受民众和读者的控制；他的主权，应该为全体工作人员，无论知识劳动或筋肉劳动者所共有；他在营业方面虽然还可以商业化，但在编辑方面，却应该绝对独立，不受“商业化”任何丝毫的影响。

讲到第二个重大变化，就是中国报纸，今后将怎样去确定他的言论方针和用怎样敏捷精确的方法去采集并选刊国内外重要新闻。这完全属于报纸内容上的问题，也就是报纸编辑方面两个主要的事件。关于言论方针，现在中国的报纸，一部分是有背景的机关报，一部分依着报馆主人的喜怒为转移。除却极少数，他们在良心上或顾虑到销路的关系上，不能不对于社会公共福利有所考量外，其余多半是只图本身的利益，社会公共福利，他们是丝毫不管的。这本是资本制度下，报纸“资本化”、“商业化”共通的现象。我在前面第一个问题内，既然说到资本制度下的报馆组织，必将有重大改革。一个报馆的主张，要受民众的控制，由特殊的机关来指导他，那么，其言论方针，自然不会和公共福利，即民众利益相违反。那些昧着良心，专给私人鼓吹圣德的机关报，或只图迎合社会上低级病态的心理来诲淫诲盗的所谓营业报，在未来的中国报纸中，当然无再行容许他们存在的可能。

编辑方面监督机关的组织，是救济现在报纸“资本化”、“商业化”唯一有效的方法，替未来的报纸开阔了一条新的光明之路。这种监督机关，和军阀政府假借所谓出版法或什么戒严条例，实际上就是拥护军阀本身利益来压迫一切报纸，绝不相同。他是完全属于民众方面的，用拥护民众的利益，来代替拥护个人的利益。因为报纸既然标榜着“代表舆论”、“民众喉舌”等最漂亮的口号，而事实上却只是报馆主人的舆论、报馆主人的喉舌，这是多么不通！多么矛盾！“挂羊头，卖狗肉”，虽然“滔滔者天下皆是”，但我们要改革中国的新闻事业，要站在民众的立场，这种欺骗民众的报纸，我们是不能不及早觉悟，来主张整个的革命。那么，由“民众”、“读者”来组织监督报馆言论的机关，当然绝对必要。

“新闻记者是无冕之王”这句话，在从前，固然仅是想表现他的独立和自由，然实际上，却只利用了这句成话，来掩饰新闻记者的骄傲、狂妄和自私。在未来的新时代，无论有冕无冕，“王”这一样东西，是根本不能存在的。所以“新闻记者是无冕之王”这一句话，在未来的新闻事业中，当然无再称引的余地。老实说，就是应该打倒。未来的新闻事业，新闻记者，只是在“民众”、“读者”监督指导下的一个忠实服务者，他不能再以自己或他的主人的个人爱憎，来强奸民众的意思。并且，这种以个人爱憎强奸民意的办法，即在“资本化”、“商业化”的旧时代也已渐感失败。比如一九二九年英国的总选举，属于保守党或倾向保守党的报纸，当时都极力反对工党，那时工党机关报 *Daily Herald* 销数不过三十万，与敌方的报纸比较，总在一比十以下。然而选举结果是工党胜利。从前，英国所视为报纸乃操纵选举之最有力者，经此试验，已知其不然。我们对于威廉博士所说，希望通过读者道德知识的增进来改革报纸资本商业化的弊害，固觉得近于“河清难俟”，然而，资本制度下的报纸，如果始终还抱着自私自利、欺骗民众的方针，那么，暂时纵能挣扎苟存，终久亦必为新时代所摧毁。我们因此，更可证明未来报纸的言论方针，确有向民众公开、受民众控制的必要。我所建议民众监督报纸言论方针的办法，在未来的中国报纸，实有必然的趋势和实现的可能。

以上讲的第二项问题中，谈到报馆言论方针的变化，现在再讲到报纸新闻的采集与选择。中国报纸，在过去数十年间，作为传递新闻的工具，是如何缺乏、窳劣。即至十四五年前，如我前面所说，北平报纸所载消息，大部都是抄袭沪报、官厅文告、电报目录和一些变相的宫门抄。到最近几年，无线电发达到了中国，各处短波电台和广播无线电台，如雨后春笋，纷纷设立，报纸上的电讯才突然增多，即就北平报纸而论，上海、南京、广州的重要事件，差不多当天的北平报，都可接到报告，几万字的外交上的重要条约，都用电报拍发，极迅速地在报上全文刊登。这不但是几十年前北平的报纸所不曾想到的，就是六七年前也绝没有进步到现在的境况。这当然由于交通工具比从前进步而增多的结果。可见科学、机器的发展，对于新闻事业，有如何重大影响。我曾经提议，二十世纪，可以称他是一个飞机与无线电世纪。无线电所以影响到中国报纸的，已如前述。飞机呢，没有飞机以前，我们若要从甘肃兰州，寄一封通信到北平，起码总要十多天，现在北平到兰州的航空就要完成，那么，昨天兰州的通信，今晚就可收到，明天北平报上即可登出。在仅有有线电报的时候，我们中国的电报局，是如何腐败，他们对于一封新闻电报的递送，即由南京到北平，也往往隔天才到。自从有了无线电，起初由建设委员会主管，因为比有线电特别迅速，原来交通部主管的有线电报局，才大起恐慌，对于机器和一切事务，才想到必须改良。现在无线电虽然也并归交通部主管了，有线电局没有竞争的恐慌，然有线电报，得了无线电的补充，收发电讯，就不至像从前那样拥挤。由南京到北平的新闻电，如果不是被所谓军事机关检查延搁，大约总很少当天不到的了。如果中国的航空，更能一天比一天发达，电报的传送，如果不能比现在更迅速，那么，飞机的效用，或许要代替了电报。一九一九年，英国的北岩爵士（Northcliff）为提倡飞行，曾由《每日邮报》悬赏十万镑，给与横渡大西洋成功的飞行家。当阿可克（Sir John Alcock）飞行成功，领取奖金时，北岩在他给阿氏的一封慰劳书中说："飞机的发明，简直给未来报纸，开辟了新的生命，假使那些专利的电报公司，不去赶快设法改良他们对于公众的服务，那么，我们今后是可以不去再求他们了。"我们贵国的电报事业，是由政府独占，我们也愿意用这同样的语句去警告他们。飞机和无线电，在中国继续的发达下去，中国未来的报纸，对于消息的传达，无疑的，自然也会比现在更迅速而详确。

无线电、飞机继续的进步、普遍，同时，电传写真，也当然包括在无线电范围以内。我想，未来的报纸，外勤记者出动，一定每人可以携带一具无线电机，随时随地都可拍发，就和现在带照相机一样的方便。运动大会的一切照片，可以将电传写真的器具装在汽车上，向报馆立时放送。每一报馆的采访部，从前专备汽车，到那时或许要用飞机来作大部分的代替品。像这样采集新闻的设备，在欧美，大约十年左右就可做到；在中国，三五十年内，也一定会有同样的事实。

至于报馆选择新闻的标准，换言之，也就是读者对于一切新闻趣味的倾向。据我的意见，现在的报纸，尤其中国的报纸，对于政治消息和社会上盗劫及变态恋爱，太注意了。这种新闻，在将来，一定要渐渐退落到极不重要的地位。因为将来的人们，他的兴趣，一定会向两方面发展：一方面是科学的兴趣，科学上一个新的发明或发现，必能占将来报纸最要最多的篇幅；另一方面是艺术的兴趣，人们要求精神上的慰藉，对于艺术一定会有特别的爱好。至于人们对政治、盗劫、恋爱等事件，决不会再像现在那样津津乐道。我记得十几年前，上海盗劫、绑票，不如现在流行，那时，一条强盗、绑票消息，总是看得很重要，登在本埠新闻第一条。及到如今，大家都司空见惯，除却极特别的案情外，总登在新闻末尾，有时来一个"盗案汇志"，用极小字排印。固然，未来的三五十年，不见得还会像现在那样盗贼载途、人欲横行，假使还有，经过了这几十年的经验，也不至于认为有特别新奇可喜的价值。所以我对于第二个问题的结论是：

中国未来的报纸，他的言论，既然要受民众的监督，那么，他的言论方针，自然会专以民众利益为前提。至新闻资源，随着科学的进步，采集方面，当日趋敏捷。而报馆对于新闻的选择，科学消息与艺术消息，一定将要占据未来报纸中极重要的地位。现在报纸所注意的政治斗争、强盗、恋爱，都要渐渐不为读者所重视了。

报馆的组织、编辑、采访，在最近三五十年，对他前途的展望，都已经预测过了。现在，讲到最后的一项，就是关于报纸的发行问题：将来中国的报纸，应该用怎样极敏捷的方法，将每日的报分配于全国各地，使内地或较僻偏地方，都有同时阅读本国重要都会最著名报纸的机会。不过，在这个问题的讨论下，我们先应该注意到中国报纸的篇幅和价目，因为这两件事，于报纸的普遍，是有极大关系的。假使这两件事，不能有极合理的改正，发行的工具，纵极精利，也不足使中国报纸的销数，能够与欧美日销几百万的报纸达到同等的地位。

第一，我们先来看看中国报纸的篇幅，尤其是上海的报纸，是如何不经济，不与报纸的环境相适合。就目前说，中国既没有自设的造纸厂，所有纸张，都是由外国购入，取价既高。同时中国又不是一个工商业发达的国家，广告很少，来的广告都不能付较高价钱。在这样环境之下，怎样可以像英美一样，刊行极多的篇幅？世界的报纸，就篇幅多少来分析，也本可勉强用"英美派"、"大陆派"两个名目来代表他们的差别。英美报纸，篇幅最多。英国如伦敦《泰晤士报》(*The Times*)、《晨报》(*Morning Post*)、《每日电闻》(*Daliy Telegraph*)，他们大抵每天要刊行到三十二面，即八大张。美国如《纽约泰晤士》(*The New York Times*)（按：即《纽约时报》）则又加倍，其星期增刊，更多至二三百页，煌煌巨装，等于一本专门书籍。英美报纸，所以如此，一方面，固由于工商业发达，广告多而价昂，国内纸厂林立，纸价便宜；另一方面，则由于传统的读报习惯。而大陆报纸，如法，如德，他们虽然并不是工商业不发达，也不是没有纸厂，然而在习惯上，他们的报纸通常总不过两三张，德国则大部分为更小型的四开纸，和我们北平的一般晚报大小相似。日本报纸通常亦仅两大张。在这两种不同的派别中，中国的报纸，不幸竟走入了英美的一派。前几年，上海申新两报，有日出至七八大张者。以报价与纸价比，每售报一份，当赔本到大洋一分左右，即以所收入之广告费，与所需之纸张比，亦所获甚微。故上海报纸，虽年有盈余，然此种盈余，实际上只是从极力减低同仁的俸给、新闻费及一切事业费而来。一个在上海著名报馆服务的编辑，通常不过五六十元。假使篇幅缩减，以所省下的钱，来作其他方面的扩充，上海报纸的地位，一定会比现在增高。以前因销报愈多，亏本愈大，故办报者不求多销，往往外埠分馆，因读者增加，请求多寄，而报馆拒绝，这实在是新闻事业中最奇特的现象。上海报所以不能有广大销路，此为最主要原因之一。前几年，我在上海曾将缩减篇幅的利益和必要，同许多报界朋友谈过，当初都不敢首先实行，恐怕损折了大报名誉，违背了读报者的习惯。后来因为种种事实上的要求，尤其如最近沪战期内，没有法子，只好将篇幅缩减。在沪战未发生前，上海报的篇幅，较从前平均已缩减三分之一。平津各报，篇幅向较上海为少，近更因纸价昂贵及广告疲弱，均有缩减篇幅的倾向。依我推测，最近的将来，中国报纸，渐渐会要转变为同大陆派报纸一样：篇幅平均，为两大张，或四小张；字粒减小，广告价目提高，一切新闻均用极经济的缩编方法。如此，纸价可以减轻，多销不致多亏，而报馆亦得移其经费，增高同仁待遇，并为一切事业及新闻方面的扩张。较之现在的报纸，每天几个铜子一份的报费收进来，结果，是整批洋钱买纸，给日本人或西洋人送过去。其余一切，都是减之又减，削无可削。报馆的支出中，纸费几乎要占全部经费的二分之一，报馆简直成了日本人或西洋人的进贡者。我们若涉想及此，将感到如何的惨痛和不安。

说到此处，或者有人要问：现在中国的报纸，广告不发达，纸价太贵，都是一时的现象，你既然说的是“中国报纸之将来”，则将来的三五十年中，难道中国还会像现今这样的产业落后？如其不然，则现在报纸的篇幅，将来似乎并不一定要缩减。这种疑问，当然很有道理。不过，我所说的缩减篇幅，在目前，固然如前面所述的几种原因。最近的将来，缩减篇幅，一方面固为解除那些广告价低、纸张价高的困难，但最重大、最根本的意义还不在此。因为除却这些原因，如广告不发达、纸价太贵以外，科学越发达人类越进化，“时间”在未来的世界，是比现在更要宝贵到几千百倍。那时的人们，读报的时间，在他的全部时间支配中，一定还要比现在特别的减少。现在的一份英国《泰晤士报》，若是从头至尾，完全读过，恐怕至少需要五六个小时。就是我们中国的申新两报，甚至如篇幅较少的平津各报，如果要全部读完，也总要两小时。试问未来世界的人们，哪有如此闲暇的工夫。并且这种缩减篇幅的趋势，除却大陆系的报纸，本来篇幅很少外，即在篇幅最多的英美系报纸近来也日渐显著。就英国言，自从北岩爵士创办《每日邮报》，他毅然决然，打破英国人传统的读报习惯，不惜将风行一时三十二页的“泰晤士式”，突然减到八页至十二页，就是两张到三张。而他的销路，就竟至打破了世界上日报的新纪录。后来毕维朴的《每日快报》（*Daily Express*）接踵而起，都得到同样的成功。同时小型报纸（即我国所谓四开报）亦日渐发达，因为篇幅小，便于携带，且甚美观，在公共汽车及旅行中，均较大张报纸容易阅读。妇女界尤特别欢迎。据我的推测，即使在工商业最发达、产纸最多的国家，将来报纸的篇幅，也必然要日趋缩减。就数量言，由多而少，就体积言，由大而小，这是可以预断的。不过，新闻的选择，也必要更趋谨严，一切力取“精编主义”，量减而质增。其实，像现在中国的报纸，日刊好几大张的上海报，若将广告价值提高，大广告改小广告，将那些不相干无意义的新闻、琐谈，尽力删减，那么，有两大张或四小张，也尽可使人满足。有人说，上海报如果减成两张，则广告必无法容纳，收入亦必大减，然则大陆系报纸，如法、德、日本，难道他们最大的报纸，每天两张，所容纳的广告，所收入的广告费，还不及我们中国吗？可见我所主张中国报纸的篇幅缩减，暂时的将来，是适应报纸的环境，即使这种环境改变，就科学发达，人类进化的前途看来，因为求读报的时间经济，报纸也不能不向缩小和精编的方面走去。

中国报纸的篇幅应该缩小，已如前述。第二，我们再来看看现在中国报纸的价目。一份日报，普通总要卖到大洋四分，以月计算，平均总是大洋一元，合英镑，才不过一个先令，一个先令只能买六天的《泰晤士报》，或十二天的《每日邮报》，照这样推算，中国报纸，总算世界上最便宜的了。然而，这种推算事实上完全相反。因为拿中国的生活程度，与欧美比较，中国报纸，不但绝不是世界上最便宜的报，且是世界上最贵的报。何以呢？中国的一元钱，只能买六天的《泰晤士报》或十二天的《每日邮报》，诚然不错，但我们要知道，一元钱和一个先令，在两国一般的社会生活程度上，是怎样的比例？我们假定，英国普通工人，每月可收入十镑，十镑是两百个先令。工人，大概没有看像《泰晤士报》一类的两便士报，百分之九十九，总是看《每日邮报》一类的一便士报。那么，看一个月，只需要两个半先令。就他全体的生活费计算，看报只消耗他所有收入的两百分之二点五，就是百分之一略强。中国普通工人的收入是怎样？一个从早到晚，像牛马般劳动的工人，就北平来说，平均不过月入十二元，如果他们看一元钱一月的报，就要占去他们全部收入的十二分之一。不特一般工人看不起，就是每月收入二三十元的小学教员，要叫他们提出全部收入二三十分之一，就是百分之三或四强来看报，恐怕也十分不易。他们这样微薄的收入，先要吃饭、穿衣、住房子，上奉父母，下养妻子，试问哪里还有许多余钱，再买报看？所以，中国的一块大洋，汇兑价格上，固然只抵得英国的一个先令，但实际生活上，的确一块大洋，要当二十个先令用。不但中国和英国报价的比较如此。法国的报纸，还更要便宜。一份日报，普通总是卖二十五个生丁，香水大王郭帝（Coty）主办的《人民之友》（*L' Ami Du People*）最初还只卖十个生丁。就以普通报纸的二十五生丁计算，每月才合七个半佛朗。法国工人平均的收入，假定每月为一千佛朗，那么，一份报，只耗去他全部收入的千分之七点五，连百分之一还不到。此外像德国、美国，都可以如此类推，现在因时间关系，也无庸去逐一列举。总之，中国的报纸定价，就一般人民的负担能力说，实在太贵。所以在欧美，我们可以随时随地，看见工人、老妈子，手拿着报纸，一面走，一面看。一个工人的家庭，当他太太上街买菜回来时，她的篮子里，除却面包、小菜外，一定还附带着一份当天出版的报。中国，则不仅工人没有看报的福气，即所谓知识阶级的小学教员，如果要看一份报，也那样很费气力。大多数的平民和一部分贫乏的知识阶级，都不看报，然则报是给什么人看的？我们办报，还有什么意义？中国的报纸大部分一向只是给军阀、官僚、资产阶级，做起居注、做玩具，因为他的销路，只限于这种极少数人。中国的报，不能风行全国，日销几百万份，报价太贵实在也是一个最主要的原因。

在报馆方面，却并不能因为价钱定得贵，就可赚钱。一块钱一个月，实际上不仅不能赚，篇幅多的报反要大赔特赔。报馆所以定价太贵的原因，就是因为篇幅多，纸价昂。除却上海报，还可以靠广告收入来补救发行损失外，别地方的报，大概主要收入专靠报费。大家想想，外国纸到中国，已经是贵不可当，而报馆一切支出，又更要指望在报费上回收。那么，报价安得不昂？我们要想打破这种困难，一方面，固然要希望中国工商业发达，广告增多，一方面就只有努力缩减篇幅。

我觉得北平所谓“小报”，我们真有提倡的必要。虽然大家在那里鄙弃“小报”，但是若把他的短处加以改革，在将来的中国新闻事业，“小报”一定会占很重要的地位。因为他篇幅小，所以定价比一般所谓“大报”也更便宜，因定价便宜，所以士大夫不齿的引车卖浆之徒，也还可以勉强买得起。未来的真正民众化的报纸，是要将这种“小报”“提倡”、“改良”而发达起来。他现在所以不能十分发达，就因为他们的大部分，在“评论”、“新闻”、“印刷”和报馆的“组织”方面，都缺乏近代报纸必具的条件。如果能够使他充实而具备，更依着环境的需要，他的篇幅，可以比现在所谓的“大报”少，“小报”多，那么，在形式上说，这简直可以算做我们理想中的中国未来的标准报。

固然，在这个“报价”讨论之下，也许一样的有人要说：未来的中国人不见得还像现在那样穷，一块钱一个月的报，怎么就看不起？不过我们要知道，假使中国人的生活程度，提高到和欧美一样，那么，中国的报价，也一定会跟着涨。这两年来，平津沪的报纸，不是已经过了几度的涨价吗？报价若跟着生活程度为正比例的增加，将来中国报纸，还是要比欧美贵。并且，报纸的价钱，固然应该注意到一般社会的经济状况，然报纸是一种最重要的社会公器，他实在兼有公园、图书馆两种不同的性质。一方面给人愉快，一方面给人知识。公园、图书馆，即在资本主义的国家，也多半一律公开，不收分文。那么，报纸纵不能完全免费，报费也要收到可能的极少。欧美各国的一般社会，对于报费的负担，未尝不可比现在再行增加，他们并不是没有这个经济力量，然而欧美的报纸，自从《每日邮报》减价畅销以后，近几十年，生活程度提高，报价却总是减低。英国的两便士报，渐渐要被一便士报打倒。前年伦敦两便士报的《每日电闻》，遂不得不减成一便士。据最近消息，赫立生（Laurance Harrison）打算在伦敦办一晚报，只收半便士一份。他们之如此减低，固然目的在多销，然而另一意义，也就因为报纸要民众化，自不应该多收报费。他是社会上最重要的公器，他实在应该在尽可能的范围以内，能像公园、图书馆一样，给民众以公开欣赏、阅读的机会。至于报价方面的损失，就中国言，在将来工商业发达以后，自可向广告方面去取偿。

篇幅既然缩小，就报馆的经济方面说，报价自可减低。这两种现象——“篇幅多”、“定价高”——在中国未来新闻事业中，如能有合理的改正，同时普及教育，能逐渐发达，那么，中国的报纸，一定会蓬蓬勃勃，特别繁荣起来。一个全国著名的报纸，他的销数，将来不仅可以同英国《每日邮报》相等，并且，拿中国人口土地做比例，中国报纸，还应该比《每日邮报》多销许多倍。在推行全国的时候，发行所需的唯一利器，就是飞机。飞机对于消息方面的贡献，前面已经说过，但他对于发行方面的贡献，更比消息重大。以如此疆域辽阔的中国，报纸发行，非倚赖飞机不可，所以，我们既已研究过篇幅缩小和价目减低两大问题，现在所要研究的，就是怎样来利用飞机，使我们的报纸，将来可以极迅速的，传播于全国各地的读者。

世界著名的报纸，现在虽还没有利用飞机来全部代替火车，然遇有特殊机会，飞机运输的功效就可马上特别的显著出来。一九二九年伦敦的《每日快报》（*Daily Express*），因欲在总选举（按：英国政府首脑应为首相）时机，特别表现他发行的神速。除专备三百辆汽车，向铁路公司包定了六辆专车，供他运送报纸以外，还另备十架飞机，将他的报纸，随时遍达于全国各地。因此，在此期间的《每日快报》，销报特较他报增多。英记者赫而特（Harold Herd）说过，全世界的报馆，到一九五〇年，大概不必再用火车送报了，这话自极有见地。至于世界报纸所以尚没有尽量利用飞机送报的缘故，第一，当然是飞机还没有我们理想中那样普遍。第二，因为还没有极端普遍，飞机的安全和完善，也没有达到我们理想的境地，所以飞机运输的费用，比火车还要贵许多倍。而各国报纸篇幅，大部分仍极繁富，由飞机运送，需费太巨。第三，除却美国以外，在英法德各国，他们本国的疆域并不辽阔，都会的报纸，大抵几小时火车，就可遍及全国，没有十分即须改用飞机的必要。然而这三个原因，第一、第二，当然在最近的将来，可不成问题，第三原因，在飞机尚没有十分收功时，虽然觉到几小时相差，尚不怎样极端重大，然若飞机十分普遍了，且彼时人类重视时间必千百倍于现在，则几小时相差，自会感到万难忍受。赫而特所说一九五〇年后，不再用火车送报，当然事有必至，理有固然。

中国未来的新闻事业，在发行方面，需要飞机，就疆域辽阔言，实在比世界任何国家，还要迫切、重要。现在的中国，一份北平的报纸，不仅运到新疆、青海、西藏要在两三个月以上，就是到河北不通火车的各县，也需要十天半月，才能达到的。在这样运输不便之下，中国报纸，即使其余的各种缺陷，都能补救，也无法望其发达。所以中国的报纸，就他销行的性质说，大都是地方报，不是国家报。“国家报”这个名词，不是指由国家办的机关报，是指一个可以推行全国的伟大的报纸。地方报的销行，是限于报馆所在的一个区域，不像国家报，能遍及全国各省市县镇，甚至一乡一村都有他的踪迹。上海报虽在外埠推销，但成绩很小。我觉得地大物博的中国，应该可以产生十个二十个设备最完全的国家报，每报以每四百人购读一份计，就可以销到四百万份。这样四百万份的国家报，在教育普及、工商业发达以后，一定可以许多家同时并存。有人说，一个都会中的大报，如果要向外埠去推销，无论他消息如何丰富、分配如何神速，他总不能敌那各当地所有的地方报，能够使当地读者满意。因为都会中的大报，消息纵丰富，总不能将全国各省区、商埠，以至一县一镇的一切消息，都刊载在他的报上。分配纵神速，也很难比当地出版的报纸，能够在晨光熹微中，就送到读者的面前。欧美的都会大报，有特制的地方版，专在某一地方发行，但这种地方版，消息由当地达到总馆，总馆编辑刊印以后再送到当地。无论如何，总还比当地地方报落后。所以欧美的都会报——也就是我前面所说的国家报——还不能尽量向外埠畅销。欧美尚且如此，中国的国家报，当然更难达到普及全国的目的，这种说法的确很有道理。不过，我们正可另想办法，战胜这困难。据我的理想，未来的中国“国家报”，譬如就北平说，北平的一个大报，他总馆设在北平，他可以就他经济能力所许可的范围内，去尽量普设分馆于他所要推销的全国各省市县镇。这种分馆，当然不能像现在上海报的外埠分馆一样，只是一个报纸的批发所。未来国家报的分馆，他应该等于一个地方报。他一切组织是比总报馆具体而微的，他有发行、广告、编辑、采访、印刷各部的组织。但他每天只刊行一小张，专载本埠新闻，他的内容，应该比当地最好的报纸更丰富、精美。每一分馆，均有自用无线电，可随时与总馆及其他分馆互通消息。每一地方，有特别重大事件发生，可立时报告总馆及其他分馆。总馆如遇有关系全世界、全国之重大事件，亦得随时通知各分馆，俾得刊发号外。每晨，由总馆将应运往外埠之报，提前用飞机分别送达，如果航程仅在一小时，或最多二小时以内者，每一外埠之分馆，可俟总馆报到，以总馆出版者为正张，分馆出版之本埠消息为附张，一并分配于阅者。如此，则属于全世界及与全国有关之事件，各地方重大事件，正张已全部包容。而属于每一地方之事件，则副张可详载无遗。都会报与地方报之长，可冶于一炉。都会报之短，为不能详载地方消息；地方报之短，为不能有巨大资力，可以供给地方读者以最灵捷详尽之世界、全国的重要消息。有此办法，两种报之缺陷，即均可弥补。而因各分馆均有采访部及专用电报之设置，可随时将当地发生之特殊事件报告总馆，则在都会之总馆，其消息自更较其他在都会报馆，仅仅任一二访员，在外埠探访消息者，特别可靠。照此办法，无论在外埠、在本埠，此报必可使读者满意，殆无疑议，比如北平有这样组织的一个报，他每晨六时，可以将他总馆所出的正张，连同当地出版的副张，用飞机运送，使在天津、济南、保定、郑州、开封、察哈尔、绥远，以及其他各地的读者于每晨七八时前，完全接到，这个报的销路，又怎能不增高到几百万份呢？而每一地方的分馆，还可以吸收当地的广告，性质限于当地者，可以在本埠刊登，须向全国宣传者，可以经手介绍于总馆，如此，广告方面的收入，一定也非常可惊。在经济上，也不愁不能发展。纽约有一种周报叫《礼拜六晚报》（*Saturday Evening*），他能同时在伦敦、纽约、巴黎，用同一的版子，刊印发行。这已经使现在的新闻界，惊为异举，如果我们能够有这样的报纸出现，那么，怎能不算世界上最伟大报纸之一？

中国报纸的将来，所有三个重大问题，组织、编辑、发行，都已经分别讲完，现在，我应该将这个讲题，来宣告结束了。至于新闻事业中，还有一个重要问题——广告。我觉得这个问题，在未来新闻事业中，比现在，除却技术方面外，或许不会有特殊的变迁。所以我不在这个短促时间再来详细解说。总括我以前所说，对于中国报纸之将来，我的意见是：

中国报纸，依着科学和机械的进步，在未来的三五十年中，一定有很大的变迁。最显著的，就是飞机、无线电、电传写真，这几样东西，将成为未来新闻事业中最重要的工具。又因为资本主义的没落，现今的社会经济生活将根本动摇。私人包办下之报纸"资本化"、"商业化"，也一定不能再延长他的运命。凡此皆全世界潮流所趋，中国当然也不能例外。我们推测中国报纸之将来，在组织方面，资本与言论必须分开。在编辑方面，言论方针应该受社会和读者的控制、指导，专以拥护民众利益为依归。至新闻采集，可尽量利用最新的工具。而未来读者对于新闻趣味的变换，一定将由政治斗争、要人行动、盗劫、恋爱等转而注意于科学的发明和艺术的爱好。在发行方面，一定会缩减篇幅、减低报价。销路最多的报纸，必定由总馆用飞机分布于全国，在全国各地广设分馆，就当地刊行地方版，与总馆所刊行者，合并发行。组织、编辑、发行，能照这样创设、改革，就全体说，这就是我理想中，中国未来的新闻事业；就个别说，也就是我理想中，中国未来的模范报。

我所说的这许多话，并不是全凭玄想。他虽然尚有三五十年的时间，然而“将来”两字的意义，尽可从明天起——也可说从现在说完了这句话就开始计算，从明天到五十年的末了一天都是我所指的将来。所以，我们有志于新闻事业的，马上就应该开始努力去创造，或改革中国的新闻事业。并且中国新闻事业的将来，也就是世界新闻事业的将来。在三五十年以后，或许因为科学和人类知识道德的进步，人类社会中，真会有一个大同世界的出现。那时的报纸，他的销路或许不像现在——甚至不像三五十年内的将来——那样的范围只限于一国了，或许那时真有一个普及世界的报纸。现在我们只想在三五十年内，中国都会中著名大报，能同时遍布于全国各省市县镇，或许三五十年后，一个世界的著名大报，能同时遍布于世界各地。普天之下，莫非此世界报足迹所及。或许那时不必用纸印刷，只须报馆在世界上，选择一个最中心的地方，装设一最大的电传写真器。由此中心地方，随时将所有评论、新闻、文艺，电传于全世界的阅户。在每一阅户的客厅、书房或饭厅内，大家张着银幕，就可以随时坐着、很安闲的去读他所要读的报，这是如何神奇的现象。那么我今天所说的那些“组织”、“编辑”、“发行”，此时或许有人要笑我拉杂、无稽，在那世界报出现的时候，或许又要笑我这些话，太腐败、太落伍了。

过去世界一百年的进化，比一千年还快，那么，在未来世界，十年、百年的进化，当然比最近的一百年更快。我们不要以为这些话，同现在事实相差很远，就以为太离奇。我记得民国四年，有一个美国人到上海演习飞机，在江湾买票去看的，要五块钱一张，这样贵的票价，去看的人，还挤得水泄不通。那时，谁能想到十几年后，飞机在屋顶上飞过，连三岁小孩子都司空见惯，觉得没有什么惊异的价值。更不会有人拿五块钱，买一张票去看。那么，以现在的飞机、无线电、电传写真进步的趋势，在未来三五十年中，又安知不能如我所说的那样普遍，来做创设未来新闻事业最重要的利器。

诸位或者已经是新闻界的老同志，或者正准备着要走进新闻界的领土。大家对于未来的中国新闻事业，都肩负着最重大的责任。现在只有祷祝各位的努力和成功。

话说的太多了，耽误了各位许多宝贵的光阴。起初说过，我这个厨子，今天是只会做一样“大杂烩”，这个“杂烩”如果不中吃，还要请求各位顾客们特别特别的原谅。

（该文是成舍我1932年4月29日在北平燕京大学新闻学系第二届“新闻讨论周”上的讲演，原载燕京大学新闻学系编辑的《新闻学研究》演讲及论文集，1932年6月初版；又见1932年5月6日至12日《世界日报》教育副刊）

我们的两个目的

(北平《世界日报》《新闻学周刊》发刊词)

我们这个小小的刊物——《新闻学周刊》——在很匆忙中，今天来和我们的读者相见。以我们知识能力的浅薄和筹备时期的短促，当然，这个刊物不足以餍满读者的期望。但我们自信，从今天起，决将借这小小的刊物，来努力促进我们所怀抱的两种目的。这个刊物创办的旨趣，也即在此。

第一，我们认定，新时代的报纸，不但一派一系的代言性质，将成过去，即资本主义下，专以营利为本位的报纸，亦必不能再为大众所容许。新时代的报纸，他的基础，应完全真确，建筑于大众“公共福利”的上面。新闻记者，虽然不是直接受了大众的委任，但他的心中，应时时刻刻将自己当做一个大众的公仆。不要再傲慢骄纵，误解“无冕帝王”的意义。他只知有大众的利益，不知有某派、某系或某一阶级的利益，更不知有所谓个人政治或营业的利益。所以报纸上的言论、记载，一字、一句，均应以增进“公共福利”为出发点。他并当时时刻刻，了解报纸对于大众利益影响之重大。一篇不纯正的批评，一条不真确的消息，他的贻害社会，就数量言，可以有无计数的男女读众，就时间言，可以延长至几十百年以后。至于关系个人私德的事，尤当谨慎，稍一疏忽，小之可使当事者饮恨终身，大之可迫其羞愧自戕。编辑室中的每一编辑，在挥舞他自己的工具——笔——的时候，当设想，在这个工具的下面，有整个民族的命运待他决定，有无数个人的生死祸福听其转移。因为如此，所以我们这个刊物的第一目的，即在如何联合我们的报业同伴，来努力于新时代报业的树立。以“拥护公众利益”为我们的职责，打倒那些漠视公众利益、轻率狂悖、对社会不负责的传统谬见。

第二，我们认定，新时代的报纸，既然是建筑于“大众利益”的基础上面，那么，报纸是拥护大众利益的，报纸的本身，又靠谁来拥护？现在的报纸，尤其中国现在的报纸，他的环境，实比任何国家为恶劣。报馆的生命和新闻记者的生命，都毫无保障。封闭报馆、枪毙记者，已成了中国时代巨魔所施于报业者的家常便饭。至于言论的多方束缚，新的百般封锁，更天罗地网，随处皆是。若是报馆或记者，与当代巨魔的冲突，是发动于私的原因，全国大众袖手旁观，尚有可说。不然，他们既真为大众利益奋斗而被牺牲，则全国大众当然即应有群起抗争的义务。只有全国报纸，与全国大众打成一片，通力合作，才可以小之增进社会的福祉，大之完成民主的复兴。否则全国大众，与全国报纸，各行其是。时代巨魔，一方面既可尽量摧毁全国报纸的生命，一方面即亦可尽量剥削全国大众的利益。其势非同归于尽不止。抑更就报纸之经济关系言，今后报纸，既将自机关报纸及资本主义下的营业报纸，蜕变为新时代真正代表大众利益的报纸，则其经济生命，当然亦唯有赖于大众之购读，与各种公告费用之收入。因为如此，所以我们这个刊物的第二目的，即在唤起大众如何对于一切报纸能有精确的认识。谁真能拥护大众利益，即谁应受大众所拥护。唯大众能制裁不良之报纸，亦唯大众之真诚拥护，始能产生真正拥护大众利益之报纸。欺骗大众，愚弄大众者，固当为大众所共弃，而拥护大众利益者，大众亦不能听其任人摧残，然后新时代报纸，才有确实建立的可能。

现在全世界的报纸，普遍地，被压迫屈服于许多时代巨魔——资本主义和独裁政治——的淫威下，真正代表大众利益的报纸，即百不获一，而因大众和报纸，不能密切结合，以致有志于拥护大众利益之报纸，亦无法产生，即产生，亦决难久存。此种现象在中国尤为显著。这是全世界报业走进新时代的严重障碍，也就是全世界人们争自由光明的成败关键。所以我们愿意，一方面诚恳地要求一切有志树立新时代报业的同志，设法唤起报业本身的自觉，不要再以拥护一部分或个人的利益为目的，而要以拥护大众的利益为目的。一方面诚恳地要求，有志争取自由、光明的人们，对于一切报纸，应具有真确的认识。凡真能拥护大众利益的报纸，则大众即当予以热烈的拥护。这就是我们的两大目的，也就是我们创办这个小小刊物的宗旨所在。

我们服务于现存制度下之报纸机构，多者十数年，少亦五六年。在这新旧时代交替的期间，我们纵然有时博得大众的喝彩，但我们不能否认，我们所经营的报纸，他的言论、记载，没有达到我们最高的期望。现在腐恶势力，如此弥漫，外患内忧，如此切迫，我们做新闻记者的，实在不能不承认，负有造成这种形势的一部分责任。但同时，就民众一方面说，过去所以不能树立此种拥护大众利益之良好报纸，大众不能予此种报纸以有力拥护，固实为最大原因。封闭的尽管封闭，枪杀的尽量枪杀，有谁对那些为大众利益而奋斗牺牲的报业先进，予以有效援助。不过这都只是过去的追悔。我们今后，只有努力融合报纸和大众的势力，来造成新时代的报纸，造成整个的新时代。

（原载1933年12月14日《世界日报》第十三版《新闻学周刊》创刊号。北平《世界日报》1933年12月14日第十三版创刊《新闻学周刊》，由“国际新闻学会”编辑，刊头署明通讯处“北平成方街新闻专科学校萨空了转”。创刊号首登成舍我《我们的两个目的》和张友渔《由消息的真伪谈到一个报纸的失败》。《新闻学周刊》从1933年12月14日创刊，一般在每星期四第十三版上刊出，一直出到1937年7月8日，总共刊出182期后，因卢沟桥事变影响而停刊。参见1937年7月15日《世界日报》头版所刊紧急启事）

报纸其"神龙"乎

——续"报学琐谈"

两年前，偶为《世界日报》副刊，日撰"报学琐谈"数则（当从1931年9月3日《世界日报》第十二版《世界日报副刊》所载"报学琐谈之一"——《新闻来源与报馆责任》一文开始——编者注），以补余白，无何南行，此事遂废。今《新闻学周刊》编者，以撰稿见嘱，因踵前例，续有记述。溲渤杂糅，自知固无当于宏达也。

报纸虽然不是一部严格的历史，但无疑的，现代最大部分的史料，要从报纸中去寻觅。除夸大、误传，是报纸的通病，使寻觅史料者在选择上极感苦痛外，而报纸记载之缺乏继续性，实亦现代报纸最为普遍的一大缺陷。往往今日用大号题目登载之新闻，此事发展或其结果如何，在明日报端，竟可一字不见。譬如说，某人被刺，此在报纸，通例为一可注意之新闻。当其被刺之日，报馆类多专派记者，亲往调查，并摄影制版，于出事情形，被刺人物，及未获凶手之推测，与刺杀原因之疑议，连篇累幅，刻画尽致。但一至次日，则此被刺者生死如何、凶手曾否就获等重要关联，在此同一之报纸中，竟或不再提及。仿佛此一凶案，已成过去，无再行记载之价值。实则读者所最需要之消息，即在此等重要关键。若报纸截然而止，其足使读者失望，自不待言。此种缺乏连续性之弊害，最足引起读者对报纸之不满。国内报纸，犯此种通病者，触目皆是。属于政治新闻者，固有时为政治的原因，被检查删扣，以致无法维持某一新闻之连续性。如最近闽浙形势紧张，报端所载某要人行踪，每有中隔数日，不及一字者，致忽浙忽赣，读者莫名其妙。此其责当然不在报馆。但普通政治新闻，及一般社会新闻，亦类多同样情形。尤可怪者，即通常之法庭旁听记，于某一案件，在其开庭审问时，案情经过，及当事人供词，均不惜详尽记载。然法庭最后之判决如何，则十九不再揭登。殊不知读者于读完一篇旁听记后，既明了案情内容及双方辩答，则其唯一最欲先知之消息，即为法庭对此如何判定其是非曲直。今若舍此不登，其为违反读者心理，固极显然，而就一事之史的意义言，亦有首尾不能完全之憾。"神龙见首不见尾"，今日之报纸，尤其中国现在之报纸，固朝朝暮暮，到处皆可发现无尽数之"神龙"也。

此种缺乏继续性之弊害，国外新闻界亦多同抱此感，而亟思有以改正。今年十月二十四日英国自由党机关报《时事日报》（*News Chronicle*）的新任编辑处事务主任华莱士（G. Aylmer Vallance）在艾德卫俱乐部演讲，认为今后报纸，应特别注意到新闻之连续性。他说，今天的报纸，当然没有人愿意再看和昨天同样的消息，但昨天某一消息新的发展，则实在是人人所愿意要看的；并且，我们还应当时刻留意，今天报纸上刊出的新闻，我们要预先替明天报纸找出一些新的线索来。就这几句话看来，新闻之需要连续性，而且为今后报纸之一重要特质，不已昭然明白、中外同感吗？

（原载 1933 年 12 月 28 日《世界日报》第十三版《新闻学周刊》第 3 期）

世界经济衰弱中之新西兰报业

新西兰人口，共百五十万，有日报五十四、周刊或三周刊之农村报九十。都会中之日报，篇幅且较英伦为多，唯自世界不景气时期迄今，多极力压缩，但平均亦恒日出十四至二十页，星期六则有二十八至三十页者。彼等每页分六栏，编辑方法多趋保守，颇与英国极严规之报纸相似。图画则颇流行，多数都市及地方报，大抵皆有一全页刊载新闻照片。

以一公司控制多数之报纸，此种情形，在新西兰几为绝无。虽都市报对地方报有偶为财政上援助者，第其性质，则迥与英美以都市报控制地方报者不同。此或因新西兰一切交通，今尚未极臻发达，故报纸仍个别独立，不能有新闻托拉斯之形成。为耶教会《太阳报》（*Christchurch Sun*）因欲在奥克兰（Auckland）与成立已久之两报竞争，乃组织一新公司，刊行一日报。出版以后，《奥克兰明星报》（*Auckland Star*）首受损害，遂亦投资于另一耶教之报纸，与《太阳报》抗争，借为报复。此种情形，在他国虽极普遍，在新西兰尚为例外。

五年前新西兰报纸，因竞争销路，曾一度试行保险及赠奖计划。为保险金额，较英伦诚望尘莫及，如火车出险，夫妇同时遇难，报馆出偿金五千镑，此即为最大之偿额。至赠奖办法，如耶教会《太阳报》，其激励直接定户，所备奖品，竟有两千镑之住宅。但此种计划，均收效甚微。保守性质之报纸，尤拒绝采用。当地人口有限，无论如何，不易得最大之销行。保险赠奖，徒耗巨金，办报者有见及此，故至今日，已全归消灭矣。

因交通邮递发达较迟，距今不数年，偏僻村镇，日报尚无法推销。往往村中农民，每星期始能收到邮件一次，于是有数家周刊乃专努力于过去新闻之摘述。凡一周内电报杂讯，均提要刊登，有时亦附入时事插图，每份售价六便士，其目的专在销行农村。唯因交通逐渐进步，此类周刊，乃相率停闭。最近停刊者，尚有《阿太谷公善报》（*Otago Witness*）（出版于周汀 Dunedin，迄今已五十余年）及《太来基预算报》（*Taranaki Budget*）。硕果仅存，今唯一《新西兰民声报》（*New Zealand Herald*）股东所兼营之《奥克兰星期报》（*Auckland Sunday*），内包括一部分杂志性质之材料，及若干翻印之优美照片。每份售九便士，销行尚佳。

世界任何报纸，运动消息所占篇幅，其多殆无有过于新西兰者。赛马、足球，最为报纸所注意。能力较好之运动记者，各报竞相聘致。《威灵顿晚邮报》（*Wellington Evening Post*）除逐日以大量地位供给运动新闻外，每周并有一次，刊载十六栏容积之运动批评。时届冬令，各日报于每星期六，约晚间八时左右，恒发行一运动特刊，将是日各中心城市所有竞赛结果，以电报、电话，经报馆传布于一般读众。尚有若干周刊，专载运动新闻。甚至极小之地方报，彼全部材料，不过三十栏，而关于竞赛之消息与评论，恒占其所有篇幅三分之一。

新西兰销数最多之日报，为《奥克兰民声报》，彼有时发表会计师公证书，其最近一次，所开数目，为六万五千份。在新西兰并无发行数目公核所之设立，故各报销行确数，颇难证实。地方小报，有时竟不及千份，若干城市报，大抵亦仅万份左右。其与民声报相差不远者，则约为四万五千。人口一万兼附近有良好农村之地方报，其销数平均恒可达五千。至三周刊报纸，销数最低，约自二百五十至七百五十。

此外，有若干商业报，于每一行业，恒有专门之记载，虽销数甚微，然营业尚称畅旺。至农村报则恒被称许，为世界中之最佳者。（署名：大哀）

（原载 1934 年 2 月 1 日《世界日报》第十三版《新闻学周刊》第 7 期）

南京《民生报》停刊经过如此!!!

敬请全国国民公判

《民生报》今天复刊了。从五月二十六日，到二十八日，这三天被罚停刊期内，首都几十万市民，甚至全国民众，从行政院命令“不服检查”四字上推想，一定会疑心《民生报》已犯了如何严重的滔天大罪。我们因为要使全国国民知道我们这次被罚的真相，同时希望全国国民，及负有保障人民权利、纠弹官吏错误的政府机关，能给我们一个公平的裁判起见，所以，不得不于复刊第一日的今天，来写出下面这一篇真凭实据、童叟无欺的报告。

行政院罚我们停刊三日的命令，是于二十五日下午七时半，由首都警察厅派警传到。命令全文，照抄如下：

行政院密令第二八四九号　查《民生报》于本月二十四日登载关于本院之恶意新闻，毫无事实根据，肆意造谣，不服检查，应即依照中央政治会议第三九五次决议，予以处分。着自本月二十六日起，停版三日示儆，合亟令仰该厅（警察厅——编者注）遵照，即日执行。此令。

当我们接到这道命令的时候，几乎疑心到，或许是行政院的书记先生，将罚令别报停刊的命令误写了“《民生报》”三字。因为我们遍查二十四日的本报，不但没有一条对行政院表示“恶意”的新闻，甚至那天的报，与行政院有关系的新闻，都是少而又少。但是奉令执行的警察，却一再声明，千真万确，绝未错走门户。不特当天的报，不许付印，就连一张通告奉令停刊的传单，也说未便在社内印刷。行政院并很严厉地令警厅将我们报馆前后左右，布满了好几道防线，似乎怕我们的机器，在半夜里会自由地跳起来。其实，我们这班无拳无勇、安分守己的老百姓、穷书生，一个“不服检查”的罪名，已经吓得三魂出窍，哪里还敢对于行政院堂堂皇皇、雷厉风行的命令再道半个不字。当然，我们只好在莫名其妙的莫须有之下，将行政院给我们的命令，再传达给我们所有的大小机器，从二十六日起，实行休息。

我们费了一夜的功夫，才打听出来，行政院所指为“恶意新闻”，原来就是二十四日所登的下面这一条：

某院处长

彭某辞职真相

有贪污嫌疑

某当局大不满

某某院处长彭某，此次向某当局提请辞职之真实原因，外间鲜有知者。兹据记者探悉，彭某此次经手建筑某院新屋，经核定预算原为六万元，及至兴工以后共用去十三万余元，竟超过预算一倍有余。且彭某适于是时另在鼓楼自建新式洋房一幢，因之外间颇多非议，而某当局素以廉洁勖勉僚属，自得知此项情形后，表示非常不满，故彭某迫不得已即呈请辞职，并闻辞意甚为坚决，外传可望打销辞意之说，实非事实云。

自从这个“犯罪的原因”寻到以后，固然使我们十分悲愤，同时，也使我们弱者的胆量立时从“呵！原来我们并不犯罪”的自觉中解放而增强起来。我们站在法律和正义的立场，对于行政院处罚我们的命令，无论如何，是不能甘服的。

第一，这条“某院处长彭某辞职真相”的新闻，假使确如行政院所云，

"毫无事实根据，肆意造谣"，那么，请问行政院，从什么地方可以证明，这条新闻就是说的高高在上的贵院。因为从头至尾，并没有"行政院"三个字。国民政府下，机关而以院名者，大之有五院，次之有中央医院、中央研究院、北平研究院、各种学院，下之有疯人院、救济院，总不下数十千百。至处长，及处长而姓彭者，更衮衮皆是。何以其他大中小三等之院，均不出面，而行政院独挺身而出，将此项新闻一肩担当。行政院这样勇于负责的精神，固然令我们佩服，但为何竟肯如此负责？及何以"毫无事实根据，肆意造谣"之无头新闻，行政院一看，即能认定，这是《民生报》"指着和尚骂秃子"？同时又即能断其"毫无事实根据，肆意造谣"？这种奇异的推断，真可算"神妙已达秋毫巅"。

第二，我们这条新闻，纵如行政院所想，新闻中的"某院"，读者很易看出即指行政院，彭某，即指五年前流亡海上、贫至不能举餐之彭学沛先生。但是，请问行政院，又从什么地方，可以看出这条新闻的文字，有对行政院表示恶意之处？我们是否有一个字，污辱了行政院这一个全国最高行政机关？是否说了"行政院这个机关，简直是贿赂公行、无恶不作"？行政院诸位先生，当然总不会认不得中国字，那么，尽可从这条新闻内，一字一句地去推敲，看从哪一个字缝里，可以证明我们对行政院怀有"恶意"。不仅没有恶意，且新闻内大书特书，"某当局素以廉洁勖勉僚属，自得知此项情形后，表示非常不满"。则我们对于行政院的最高当局，是表示如何赞佩，如何敬爱。假如行政院之意，我们这样的说法是恶意，那么，难道我们应该换过来——"某当局素以贪污勖勉僚属，自得知此项情形后，表示非常满意"——那才能算善意么？

第三，不但我们对行政院整个机关，绝无恶意，即对于彭学沛先生个人，也是绝无丝毫恶意的。因为在这条新闻内："彭某此次经手建筑某院新屋，经核定预算，原为六万元，及至兴工以后，共用去十三万余元，竟超过预算一倍有余。且彭某适于此时，另在鼓楼自建新式洋房一幢，因之外间颇多非议……故即呈请辞职……"实在找不出有一个"恶意"的字样。行政院建筑新屋，及彭先生自造新宅，这都是铁一般的事实，无法否认，也不必否认的。因为行政院造屋，固然公开，而私人造屋，也并非犯法。不过这两所房子，是否有连带关系，那么这是监察委员和法院检察官的职权，我们当然不便越俎。而我们在这条新闻内，所说的，也止于外间“颇有非议”。我们并没有说：“彭某原极穷困，当其五年前逃亡失业时，贫至无以自活，其离婚夫人萧女士，每月向索生活费，均无以应，及一旦荣任政务处长，不特对萧女士，立将巨万之生活费，完全清付，俾本人眠花宿柳，从此了无挂碍。且将行政院另建新屋之款，吞没若干，另建新屋，此实国民政府最大之污吏，非加重惩，不足以树立廉洁政治。”因为我们固然相信，贪污者滔滔皆是也，但是像彭先生这样素以学者自命的人，总不会也来做这罪该枪毙的勾当。彭先生所以一朝飞腾，而即能将离婚巨款一笔付清，及自建新屋者，或许彭先生所著的什么《各国政党》忽然销了几百万，或许床脚下面，忽然半夜里掘出了一个金窖，这是彭先生财运亨通。近人信科学而不信运气，致将行政院建屋，与彭先生造屋，误会联想。所以我们记载这条新闻，完全是从客观落笔。而我们的小题目，也只说“有贪污嫌疑”。

说到“嫌疑”两字，真是古今同概，大圣至贤，也难避免。“子见南下，子路不悦”，“曾参杀人，母为投梭”，若果《民生报》在那时就已出版，那么我们一定来个小题：“孔丘有诱奸嫌疑……子路极表不满。”

我想孔二先生也不会因此发怒，而怂恿当地的官长，来叫我们停版三日。因为任何嫌疑，总会有事实来做证明。黑是黑，白是白，终究水落石出，不至奇冤难辨的。到了证明不确以后，对于曾被嫌疑者之人格信誉，仍旧绝无损害。最近我在上海，从一位老先生口中，得到一个最近关于吴稚晖先生有趣的故事。吴先生家中，因为他的大公子是研究化学的，所以藏了许多化学药品和试验机械。有一夜忽然一个储藏红磷的柜子内，自己燃烧，将电线引着，连房子也烧起来。吴先生正在楼上，闻警出奔，幸喜法捕房的救火队，立刻赶到，火焰方熄。吴先生回到家中，法捕房的巡捕，正在检查起火处所，当时发现起火的屋子，藏有许多药品机械，认为此处系制造红丸机关，吴先生即此机关首领，立时绳索齐下，欲将吴先生带走。吴力辩不听，说出“我系吴稚晖”，巡捕疑其冒充。嗣邻居齐出证明，并由捕房派一高级职员而识吴者亲来察看，始将绳索解开。而吴先生已饱受“你是犯人，纵非主犯也是一个嫌疑犯”等等指斥。然真相既明，于吴先生的“人格”、“地位”，试问究有何损？往往许多正人君子，因窃盗、杀人嫌疑，而被捕，而起诉，而初审、再审被判有罪，但最终裁判，尽可嫌疑尽释，无罪出狱。此时之社会，只有对此无辜被冤者，表示无限同情，其个人之“人格”、“地位”，反更因此而增加社会信仰。其最初捕彼、诉彼、判彼有罪之警察、检察官，只须出自依法行使职权之所为，自亦不能谓其对此曾被嫌疑之犯人，而有任何恶意，更负任何责任。此可见《民生报》这次登载关于彭先生的新闻，是如何慎重！不仅对于整个行政院无丝毫恶意，即对彭先生个人，仅以“嫌疑”二字出之，谓为嫌疑，正所以表示对外间非议，并未确信。且并彭学沛之名，亦未提出，这还能说我们是怀有恶意吗？

我们对于行政院命令所谓“关于本院之恶意新闻”，既已解释明白，现在，我们再来恭请全国国民，及负有保障人民权利、纠弹官吏错误的政府机关，来看看《民生报》是否如行政院所云，“肆意造谣，不服检查”。

在未入正题以前，先来谈谈我们对“检查新闻”这一件事，究抱有什么意见。我是《民生报》的负责者，老实说，“检查新闻”，在“九一八”以前，我，及我们的同仁，都是反对的。因为我们考虑到，国民政府，既然为奉行孙先生遗教而建立，那么，最低限度，孙先生手定的国民党政纲对内政策第六项——“确定人民有言论出版……之完全自由权”，无论如何，总不应置之高阁，永不兑现。所以我们在民国十八九年间，曾和那时在北平、香港、海外的汪先生一样，做过不少“厉行民治，开放言禁”的文章，那时且曾被仇恨我们的人，加过我们一项可怕的帽子，说“接近汪派”，更有人说“有改组派嫌疑”。然而那几年汪先生的面孔如何，和“改组派究竟是什么”，我们真万分惭愧，一概不知。幸而我们在那时，也极力反对一般巧立名目、破坏统一的分离运动。所以我们的嫌疑，也就不问自消。这是我们在“九一八”前对于“检查新闻”这一个问题的态度。到了“九一八”事变发生，我们的主张，立时起了一个巨大的转变——不是因为做了官而转变，请读者不要误会——当中央通过《重要都市新闻检查办法》，并决定在北平成立检查所之时，我正在北平，敌人的飞机，整天的在北平天空，自由盘旋。一般舆论，都说：“国都快亡了，不去拿着枪口对敌人，却还要拿枪口来封锁自己人民的嘴巴，真太没心肝!”但我的意见，在下面一段演说中，却可证明，并不如此。这个演说，是民国二十二年五月某日，北平民国学院院长鲁荡平先生，要我向他们全院学生，作一个“战时新闻界应取之态度”的公开讲演。我记得讲演中间，曾这样说过：

新闻记者的唯一使命，在拥护整个国家和民族的利益。我们在平时，要集中全力，来要求我们的言论自由。因为在现代的政治组织下，尤其现今中国政治的情况，最大多数的老百姓，都不说话，不敢说话，不会说话。如果新闻记者也是一样，那么，中国政治将永无清明可望。

但在战时，则新闻记者个人的言论自由，当不能不为争整个国家民族对外的自由而（作）相当牺牲。我觉得欧战时，法总理白利安答复巴黎报界公会的几句话，在今日抗日战争中，最可引来作我们的借镜。因为法国三次共和成立以后，言论自由，已为全国公认神圣不可侵犯之信条。欧战期间，政府对报纸多所取缔，报界公会即推代表，质问白氏，何故蹂躏此神圣不可侵犯之信条。白氏当时答称：

It is in vain, that you talk only of the principles of liberty. Liberty! But know you not what is the true way to defend it? Never forget, gentlemen, that if victory should not be ours, liberty will be dead for us and for the world.

你们空谈一些“自由”的原则，那是没有用处的。你们岂不知道，真正爱护自由的方法，应当怎样？或可奉告：诸位先生！你们应该永远记着，如果胜利（指欧战）不属于我们，那么，自由将离开我们和这个世界，而永远死去了。(由一九一六年一月十六日伦敦《泰晤士报》所记白氏谈话中摘译)

白氏这一段话，虽然多少含有一些麻醉的作用，但仔细想来，异地以处，假定我们的北平，已经被敌人占领，那么，试问我们向谁去争言论自由？所以新闻记者，在平时应当争自己的自由，但在对外作战时，则应当争整个国家和整个民族的自由。

我这样的意见，当然有些人赞成有些人反对。但是我在北平经营的新闻机关却总是守着这个原则，来尽力忍耐政府的检查。我们南京的《民生报》，当然更不待说。虽然长期抵抗的招牌，现在已快要被人扔到茅坑去做撒污的板子，但敌国外患，究竟仍在一个极严重的形势之下。我们新闻界，自然还要以“为国家民族争自由”做唯一的前提。所以从“九一八”直到今天，我们全国的新闻界，都还在尽力来忍受不自由的苦痛。就《民生报》言，凡是与军事、外交和地方治安有关的新闻，我们无不先送检查。有时，我们发现不甚妥当的稿件，虽然还没有奉令扣留，我们为拥护国家利益起见，往往也不惜先用电话和检查所商讨研究。纵在深夜，报已上版，一遇检查所来电通知，有临时禁载事件，我们从没有借时间太晚、报已出版的话，来推却搪塞。这种事实，历任的检查所主任和负责人员，假使他们没有遭受任何的困难，他们在良心上、职责上，总可以很公正地来证实我们这些话绝没有半句欺饰。

我们为什么对政府检查，要如此恭顺、服从？我们不是党报，更没有受过任何党部或政府机关物质上分文的补助。我们“恭顺”、“服从”，完全是自动地受着国家思想的驱使。但是，真想不到，高高在上的行政院，居然还会把“不服检查”的罪名来加到我们身上。查此次行政院所指为“不服检查”之《某院处长彭某辞职真相》一稿，在二十二日，由采访部某君访得后，因其与军事、外交、地方治安均无关系，本拟不送检查，但为慎重起见，仍全文送往。检查所对此新闻，并未扣留，仅于稿上用红笔书“缓登”二字。依照公布（之）《首都新闻检查所新闻检查手续》，不能登载之稿，只有扣留与删改二种，并无“缓登”办法。其批令“缓登”者，大抵系非正式地希望各报再有一自行考量之机会。此本检查所与新闻界一种善意的谅解，在法则并无根据。此与“扣留”、“删改”而有绝对拘束力者，当然迥不相同。且即退一步言，批令“缓登”，奉令者有服从之义务。然本报于廿二日奉令缓登，延两日，至二十四日始行登出，其于“缓登”之义务，亦已不可谓为不尽。且登出时，内容语气，已较送检之稿尽量改轻，并“行政院彭学沛”之名，均行删去。如此何可判为“不服检查”？试问“缓登”二字，作何解释？二十二日送检之稿，二十四日始行登出，难道尚为不缓吗？

总括以上所说，可以证明行政院罚令我们停刊三日的处分，我们无论从任何方面设想，都是不能甘服的。因为我们既没有登载任何关于行政院之“恶意新闻”，更没有“肆意造谣，不服检查”。并且换一句话说，我们所登载，只有关于行政院之善意新闻，（若）我们所登载的，确已超出本分，十二分地服从检查。

除了说明我们不但没有犯任何“滔天大罪”，并连行政院所谓“恶意”，及“不服检查”都是绝对的莫须有以外，我们现在更抛开本身的问题，来郑重地再向政府和全国国民，提出下面最严重的问题：

第一，检查新闻，是否可以于有关对外之军事、外交，及地方治安以外，而任意禁止其他不利于某一机关或某一个人新闻的发表。尤其像我们所登“有贪污嫌疑”这一类的消息。我们相信，现在全国新闻界，所以肯忍受苦痛，来服从政府检查，并不是畏惧政府的权威，更不是受了政府任何物质上的贿赂，而完全是为整个国家民族争自由着想。政府正应在此时，披肝沥胆，与全国新闻界，开诚合作，共筹如何可以唤起民众、打开国难的方法。同时更应奖励全国新闻界，对于政府设施，尽量批评，贪官污吏，尽量揭发。从前专制时代，遇到外患危迫的时候，皇帝尚要下诏罪己，广求直言，诛戮奸邪，岂有号称民国，而反利用国难，封锁舆论之理。现在各地的新闻检查，往往多已超过应该检扣的标准，甚至一个当地要人的汽车疾驰闯祸，都可叫检查所传令报馆不许登载。一个官办印刷局长被监察院弹劾，都可以请托检查员，禁止发表。试问这种检查，于国家是否有利？是否对得起为国家而牺牲自己自由的新闻界？

谈到贪官污吏，真令人万分痛愤。倘使新闻检查所，可以检扣一切贪污消息的发表，那么，国民政府的前途，就会要不堪设想。因为我们觉到，摆在我们前面的敌人，对外是我们的强邻，对内则除汉奸赤匪以外，最可怕的，还是那些大大小小杀人不见血的贪官污吏。国民政府正应广劝国民，尽情检举，严法峻刑，加重处治。若计不出此，对报纸登载政府官吏有贪污嫌疑者，不但不予嘉劝，反指为恶意，应予停刊，那么，中华民国恐怕不久就会要变成一个“中华贪国”。廉洁政府，何日完成？抗日剿匪，更无从谈起了。

贪官污吏，是我们当前最大敌人之一。所以军委长蒋中正先生，本其数年来剿匪经验，曾创为“三分军事，七分政治”之名言。最近倡行新生活运动，其第三项，特勉人保持廉洁。而于属僚之稍涉贪污者，重则诛杀，轻亦斥逐，都是有见于贪官污吏，实不能与国民政府共戴一天。所惜蒋先生现在所负的主要任务，还止限于军事，那么，我们所最属望的，当然要推我们政治最高领袖行政院院长汪兆铭先生，能照着蒋先生的方法，一样做去。

我们相信汪先生绝不贪污，并且相信汪先生确是“素以廉洁，训勉僚属”。但是谁能担保，行政院，以及行政院所属成千累万各机关的工作人员，都是人人能如汪先生的廉洁。假使人人都是汪先生，那么，监察院尽可不必设立，因为监察院的主要目的，无非在纠弹贪污。既然中国已没有贪污的官吏，那么，又要监察院何用？然而事实并不如此，汪先生自汪先生，贪官污吏还是贪官污吏。我们认定：无论是抗日还是剿匪，无论如何，总先要一个强有力而极得国民信任的廉洁政府，要建立这样的廉洁政府，就非政府当局和全国舆论，共同合作不可。

现在固不能肯定，行政院政务处长彭学沛确是贪污，但外间对彭的非议，确是并非没有。像我们这次所刊的新闻，京沪方面，登得更加倍详细的还不知尚有多少。即如领有中央登记证一二四七、内政部登记证二一六二的《社会新闻》，在他的第七卷第十九期上，也有一个题目《彭学沛辞职内幕》。我们真不胜惭愧，我们所知道的，还不及他们十分之一。（他们）竟连建筑费的详细经过，都已说出。《社会新闻》，我们不知是何人主办，但既已正式依法登记，则当然非匿名揭帖可比。如果说我们“肆意造谣”，那么，天下的谣言，竟会如此的不谋而合！

若果像我们那样善意地促起当事者“有则改之，无则加勉”的新闻，可以任意删扣，那么，“贪污”两字，从此行将与报纸绝缘。这是多么危险！所以我们愿意借着这个机会，向当局和国民提议：全国国民，人人应以纠弹贪污为己责；报纸关于此类之记载，不特不应处罚、删扣，并“缓登”亦可不必。因为贪污的揭布，只有越早越可减轻国家之损失，当然不应该缓登的。而新闻检查的范围，尤当切实规定，以有关对敌之军事外交地方治安为限，其余一切，都应尽量开放。

第二，对于因检查新闻而施予报纸之处分，总应于可能范围，尽量求其轻减，因为在国难期间，只须办报者并非汉奸赤匪，则在一致对外之原则下，纵偶有疏忽，亦何尝不可谅解。政府今日，乃在以诚意求取舆论之合作，而不在以威权钳制人民之喉舌，即万一不得已而须予以处分，则决定处分之机关，即应力求统一。即以首都言，依照《首都检查所新闻检查手续》第七条规定，只中央宣传委员会，有转函政府机关依照出版法处罚报馆之权。若如此次行政院所为，则一纸密令，即可以自由对报馆滥行处分，且其处分之理由，即为揭载对本院含有恶意之新闻。此例一开，则首都机关，不下数百，任何机关均可以对本身含有恶意为理由，转函警厅，处分报馆。不仅报馆有动辄得咎之苦，即于中央宣传委员会之职权，似乎亦侵越过甚。

我们说的话，已经太多了，现在，谨向全国国民，及有保障人民权利、纠弹官吏失职的政府机关，宣示我们对于此次被迫停刊的意见：

（1）我们认为这次行政院的处分，全然为一种非法行为。我们为使此种非法行为不再发生起见，决向法定机关，提起抗告。

（2）我们认为现在新闻检查的标准，日益浮滥，裁制新闻的机关，太不统一，我们不仅为保障自身及全国新闻界权利，应联合全国同业，向中央宣传委员会，提请纠正。即为促成政府与舆论开诚合作，一致对外起见，此种纠正，也实在仍有必要。

最后，我们要感激在停刊期内，社会各界及同业先进所给予我们各种的援助与同情。我们唯一的答谢，只有本着八年来严正独立之精神，与各种腐恶势力继续奋斗。

[本文原题为《南京〈民生报〉停刊经过如此!!!（引题）敬请全国国民公判（主题）》，原载1934年5月29日南京《民生报》，该日《民生报》发行突增万份，31日报馆又加印一万份单张免费赠送；该文后转载于1934年6月1日《世界日报》第二、三、五版]

罗斯福欢迎报纸指责政府

——报学琐谈之六

钳制舆论，在专制时代，其必为统治阶级之主要信条，固不待言。乃二十余年来之中华民国，无论为“北洋军阀”抑“南洋军阀”，其力谋钳制舆论也，亦复殊途同归。甚且较专制时代，有过之无不及。枪戮记者，封闭报馆，几若司空见惯，无足惊奇。当局之所以嫉恶报纸，大抵因对其行为设施，或有不满，一见某报有不洽己之批评，即动辄视若寇仇，必摧毁惩罚而后快。反之，若能善颂善祷，则高官重币，可不顷刻而致。昔人讲袁世凯统制报纸之方略，为左手执刀，右手执支票。袁世凯虽逝，彼袁世凯之精神，固依然充满活跃于此二十余年来之中华民国。而报纸厄运，所以至今未已，或尤变本加厉也。

报纸在刀与支票之两大势力之下，事实上，早已无处可寻觅得所谓真正之舆论。而一部分自诩为纯正中立，以营业为本位之报纸，一方面唯恐摧残其私有之“生财宝库”，一方面则正可借此招财进宝多多益善。试观国内报纸，几乎寒蝉仗马，千篇一律，昔人谓暮气为亡国之先兆，今则岂仅暮气而已哉，盖已由暮气而进为死气矣。

近读美国某报纸，罗斯福氏最近于招待记者席次发表演说，谓自彼就职以来，所最引为遗憾者，即美国报纸，对彼之复兴计划，类多赞美，而少指摘。夫以经济国难异常之今日，若谓个人所见，全无纰缪，不仅欺人，实以自欺。政府总揽万几，偶一不慎，影响全国。故报纸如发现政府错误，最宜立予指正，俾政府能及先匡救，则国人所遭受之损失，或可稍减。若报纸只知赞美，甚或对政府之错误，亦随同附和，是不仅重违国人之期望，抑亦非政府所愿有。盖政府固冀得诸君之拥护，但尤愿得诸君之尽量批评也云云。罗氏以报纸不能极陈其过失为憾，以视吾国当局，唯钳制报纸，不使有所非议者。人之度量相越，何一至此极耶？

（原载1934年1月11日《世界日报》第十三版《新闻学周刊》第4期）

巴黎之《无敌晚报》

——报学琐谈之七

巴黎各报，就设备言，较伦敦、纽约远有逊色。唯《无敌晚报》（*L'Intransigeant*）尚能与英美最大报纸抗衡。（其）建筑之宏丽，与机器之精美，在巴黎可称第一。虽以销路最大之《小巴黎人报》，亦不如远甚。最近该报为增进采访部之效率起见，除飞机外，特订购高速度之特别汽车四辆，专为外勤记者，供特别事件采访之用。奥总理陶尔斐斯（Dollfuss）被刺，该报记载，最详速精确，即因该报于得讯后，立派员乘车赴奥，由巴黎至维也纳，仅十七小时即达。当时全世界之特派记者，闻此讯而抵奥者，以此报记者为最先到达之第一人。故访问详记，该报独能首先刊出。按近代报纸之特质，即在利用最新式之印刷机械与交通器具。以视吾国今日，大部分内地报纸，印刷尚用手摇，而外勤记者，唯恃人力车以采访新闻，固宜其闭塞停滞，无从进步也。虽然，报纸之发达与否，以整个社会环境为转移，吾国内地报纸之闭塞停滞，夫岂报纸本身所得负其咎哉？

（原载1934年1月11日《世界日报》第十三版《新闻学周刊》第4期）

国难期间政府与报纸

（欧战时鲁意乔治新闻政策之回忆）

——报学琐谈之八

余前曾举罗斯福最近向新闻记者谈话，要求报界，对彼一切国策，严厉批评，为言论界与政府善意合作，打破国难之良好典型。固然，罗氏为一狡狯之政治家，所言未必出自至诚。然较之专以压迫异己求获言论统制之效者，究属彼善于此。按罗氏此种要求与报纸善意合作之行动，大战时，英首相鲁意乔治，实先行之。当战机初发，全国国民，激于爱国情绪，诚有生死祸福，一唯政府是命之慨。及战局持久不决，死亡枕藉，饥饿日增，政府措施，亦难免无失当之处。虽政府对新闻记载，特设专门机关，从事检扣。然国民对政府态度，则渐有日趋恶化之虑。鲁意执政以前，政府当局与新闻记者，接晤甚稀，双方情感，时有疏隔。今情势日急，知非彻底改善政府与报纸之关系，不足以共当大难。彼更知国民忍耐苦斗之爱国情绪，必有赖于报纸之继续激发。而在大敌当前时，政府之一切措施，更须报纸随时向国民疏导解释。彼认定此点，因即任命与报界素有好感之苏德尔爵士（Sir William Su）为宣传部长。且时邀各重要报社社长及名记者赴唐宁街早餐。将战局真况，及国民对政府某种措施不能谅解，而政府又无法正式宣布其内容者，随时以极坦白诚挚之态度，在可能范围内，为各报社长分别剖析。外勤记者来访，苟为时间所许，无不立时接见。对各问题之询问，均于无关接资敌探以谍报危险之原则下，尽量解答。宣传部各种工作，多邀各报记者参加。各报因此乃得与政府密切合作，共临强敌。其政府有确应改正者，一经报纸之善意纠弹，政府亦竭诚接受。而各报于政府在作战期间所予报纸之束缚，亦能完全谅解毫无怨色。说者谓英帝国所以能于亘五年之大战期间，举国上下，一致应敌，卒获最后胜利者，政府与报纸之密切合作，实为其主要原因。然则罗斯福氏之要求报纸，予彼以严厉批评，以共图解救经济国难，亦不过效法鲁意而已。彼日唯以国难当前不能统制国论为焦虑者，奈何不一鉴及此耶？

（原载1934年1月25日《世界日报》第十三版《新闻学周刊》第6期）

新闻史料述评

一、不服检查者停版

统制新闻的声浪，现在已逐日高涨。各重要都市，如南京、上海、北平，都设有新闻检查所。不过他们的任务，仅在删扣政府所认为不应刊登之各种消息，至于不遵令删扣的，应怎样处分，各检查所的办法，都没有十分明确规定。二月二十二日，国民政府，特为此事训令行政院及军事委员会，规定：凡有不服检查者，予以停版三日至一星期之处分。原令如下：

为令遵事，案准中央政治会议函开，据行政院函称，查有少数报纸，不遵首都新闻检查所删扣，将不实消息任意登载，致奉行删扣之报纸，疑为待遇不公，设词攻击。该所于检查工作，不无阻碍。兹经本院第一四七次会议决议，如新闻有不服检查者，得予以停版三日至一星期之处分，函请鉴核等由；经本会议第三九五次会议决议，在检查期间如新闻有不服检查者，军政机关得予以一日至一星期之停版处分，及其他必要之处分。相应录案函达即希查照，分别饬遵等由准此，自应照办，除函复并分令外，合行令仰遵照，并转饬所属一体遵照。此令。

这个命令，在高唱统制新闻的声浪中，当然是应有文章，无足惊异。但命令中有两点，我们认为文字上颇费解释。第一，此令起源，系中央政治会议据行政院函开：“查有少数报纸，不遵首都新闻检查所删扣……”因而由中政会决定予不服检查者，以三日至一星期之停版处分，而由国民政府明令行政院军委会遵行。就所令机关之性质言，当然包括全国报馆在内，就文字言，则又似乎专对首都报纸。第二，行政院致中政会函："如新闻有不服检查者，得予以停版三日至一星期之处分。"其处罚限度，似有一明确范围，但是中政会的决议，却更加了一句"及其他必要之处分"，这一句却真广大到太无边际了。林白水、邵飘萍、刘煜生的死，在那些统治者的口中，何尝不说：这是必要的处分。由此视之，行政院原拟的办法，还是比较宽大。到底我们几十年前的老同业，四五年前还热轰轰高唱民主政治、言论公开的汪院长，对我们这些被统治者，仍多少保留了些香火之情！

这命令颁布，不到两天，南京的报闻通讯社，就因没有照检查所所删扣的消息发表，被停刊五天（从二月二十四日起）。这报闻社在首都，从来无赫赫之名，不料却做了命令下的第一个牺牲者。有人说这是"杀鸡给猴子看"，但中国的新闻界，尤其首都，我们何处可以发现猴子?! 更有何人敢做猴子?!

二、三三三九

据内政部最近公布：全国新闻纸及杂志，截至二十二年底止，经向该部核准登记者，共有三千三百三十九种。计南京三三五，上海四六〇，北平二二五，青岛四〇，威海卫四，苏四三七，浙三四六，皖九七，赣五六，豫一〇八，冀二四六，鲁八八，晋六〇，湘二四一，鄂三〇五，滇一五，川七八，闽三八，粤六五，桂二二，陕八，黔四，察一六，绥一六，宁二，甘二六，青一。

这个数字——三三三九——以我国面积和人口来计算，当然是小到万分可怜。尤其以青海、宁夏那样广大的区域，青海只有一种，宁夏两种，更使我们伤感文化衰弱，无泪可掉。政府天天在那里高唱开发西北，但像这样文化闭塞，试问高唱开发，有何用处？倘统制新闻的高潮，再流入这些省区，恐怕连这一两种出版品，也要寿终正寝了！

（本文署名"百忧"，原载 1934 年 3 月 1 日《世界日报》第十三版《新闻学周刊》第 11 期）

谈晚报

本文为成舍我先生为《北平晚报》五千号纪念而作。原来的题目是《一篇没有题目的废话》，曾刊于去年十二月二十九号之《〈北平晚报〉五千号纪念特刊》。因此文内容，系一普遍论晚报之文字，故特转录于此，以介绍于尚未读到本文之读者。

——编者

碰着国家、个人都是“流年不利”的时候，白纸黑字，尽可能范围，总是越少写越安全。然而自家老兄的生日——《北平晚报》五千号纪念——且事先已被派定了一角跑龙套，无论如何，总不能也借着“流年不利”的理由，来脱身事外，推个干净。所以，只好胡乱的说些废话。好在不谈国事，只算替自家老兄凑点热闹，大约总不成问题吧！

说起现在中国的报业，总算整个都陷在不景气中，而号称拥有一百五十万人口、为全国文化中心的北平，报业的不景气，较其他通商大埠，尤为显著。至于北平的晚报，尤其是不景气中之最不景气者。目前存在的，就是我们这一对，零丁孤苦、无依无靠的苦孩子。也可以说，这两个苦孩子，在不景气和种种环境的压迫中，已经变成了一对患难生死、共同奋斗的好弟兄——《北平晚报》和《世界晚报》。

在十年前，当我当了大衣手表，来创办《世界晚报》的时候，《北平晚报》先降世了两年有余，粉雕玉琢已长得如何可爱！在社会上，曾受到许多的赞许。而《世界晚报》，尚正在呱呱坠地。几年的时间，本不算怎样长远，然即此不长远的时间，北平的报业，已经过无数的风云变幻，雷雨交作。晚报由最盛期的十余家，到现在却逐渐凋谢只剩有我们这一对无独有偶的老兄弟了。从无数疾苦灾厄中，奋斗有今天的纪念——五千号——《北平晚报》同仁艰苦卓绝的精神，怎能不让人们，尤其是我们作小兄弟的万分敬佩！虽然这两家报馆同仁，一见面，总不免要互相叹惜，“中国无如办报难，而在北平办报，办晚报尤其难”。因为一方面是政治、外交的环境复杂，不易应对；一方面是国民经济破产，看一份早报，已非一般市民经济力量所能担负，何况再要他们加看晚报。但是，即在如此的环境困难、报业不景气的形势下，《北平晚报》，还仍能继续他的使命，并且今天大家来祝贺他的五千日诞辰大庆。无论从任何方面说，总都是一件极有价值，可以使我们同业——尤其小兄弟，得到无限安慰的快事。

有些人，因为看到北平的晚报业逐渐凋谢，遂不免发生疑问，以为晚报的存在，或许根本困难。他是报业的附属品，即使环境好，社会景气，而晚报的发达，也似乎决不可能。这种怀疑，实在很可以阻止晚报业的进步。我们在解除这种怀疑以前，且先举出下面几个国家内晚报发达的实例，来看看报业中的晚报，是否仅是附属品，是否应该长远停顿在不发达的阶段。

专就欧洲来说，英国的北岩爵士，在他办《每日邮报》以前，就已经购买了《晚新闻》（*Evening News*）。他一切革新纸面的计划，都是首先从这个晚报做起。据黑尔特（Harold Herd）的计算，《晚新闻》已是世界上一切晚报中销路最多者。现有的英国三大晚报——《晚新闻》、《星》（*Star*）、《标准晚报》（*Evening Standard*），他们的销路，都没有在四十万以下的。虽然比不上日销二百万的《民声报》（*Daily Herald*）、《每日邮报》（*Daily Mail*）、《每日快报》（*Daily Express*），但较之不足三十万的《泰晤士报》（*The Times*），却已是加倍发达。至于法国，说到最有价值的报纸，晚报比早报更多。甚至还可以武断的说：只有晚报，是法国最有价值的报纸。譬如可以代表法国外交政策的《时报》（*Le Temps*）、曾在拿破仑时代出过风头的《辩论报》（*Journal Des Debats*）及建筑设备一切都是最新式的《无敌报》（*L' intransgeant*），哪一个不是晚上发行？即报业比较不甚发达的比利时，在他国内，销数最多的，还是《晚报》（*Le Soir*）。记得有一次我同谢寿康先生去参观时，我问那位报馆的总编辑，可否告知我们这报的每日销行数目。他起初吞吐了许久，我以为他是不愿意宣布。但是他终于答复了。原来他吞吐的意思，据他说："因为比国是一个小国，报的销数，当然不能如地广民众的中国大。说出来很寒碜，这张报，在比国算第一，但是每天仅销四十万，实在太少了，见笑的很！"我当时听见，真几乎心上惭愧到无地自容。四十万份的晚报还算少，请问全中国，所谓最大的报纸，能比得上他十分之一的，有几家？至于晚报，则更不必说了。以上不过约略列举欧洲几个国家内晚报的情形，来证明晚报在报业中，并不是特别不应该发达。那么，我们又怎能自暴自弃的说：办晚报根本是自家瞎了眼睛？不发达，活该！逐渐凋谢，更是适者生存的自然公例。

本来，报纸的发达与否，决非报纸本身所能单独决定。他与一个国家的政治安定、教育普及、生产兴旺、交通便利等，都有密切不可分割的关系。英国的近代报纸，北岩所以能获得惊人奇迹，固然有北岩的天才。但若使北岩生在中国，甚至到北平来办晚报，恐怕也一样的要感到凋零。尤其教育问题，谈英国报业发达史者，无不归功于一八七〇年的教育普及案。因为若没有这个教育普及案，英国报纸的大众化，是没有那样容易的。就北平说，试问在一百五十万人口中，不识字的占多少？字尚不识，如何看报？至于年来政治的不安定和生产、交通种种的衰落闭塞，特别是国民经济已濒临破产，一百五十万北平市民恐怕就有半数以上，天天在那里生活恐慌。吃饭尚发生问题，看报，自然要放后一步。所以北平报业，整个的陷在凋零的雾团。至于晚报，是人们知识程度愈进步，生活愈优裕，需要消息传送的迅速愈迫切，然后晚报乃愈发达。比如法国的《无敌报》，他几乎从每天下午起，每隔一小时，出版一次，每次不过将他的"最新消息"随时抽换，其余大部分内容，并不变更。但是在巴黎的人，尽管买了第一版、第二版，若果第三版、第四版来了，还是一样的抢着购读。这是因为他们知识进步，生活较好，有消息传达迅速的需要。现在北平的市民，根本还大多数没饭吃、不识字，谈不到看报，那么，消息的迅速与否，自然更谈不到。再加上其他环境的压迫，所以北平的晚报，就成为不景气中之最不景气的了。这是整个的政治、教育、经济、交通问题，决不仅仅是报纸本身的缺陷。固然，在这样形势之下，报纸本身的缺陷，当然也就无法避免。

不过我是一直相信："中国亡国则已，如不亡国，则最近的将来，中国报业，尤其晚报，一定会要有惊人的进展的。"因为中国的政治、教育、生产、交通若果长时停滞在现有的阶段，那么，中国必亡无疑。既不亡，则政治必安定、教育必普及、生产必兴旺、交通必便利，在整个国家，那样的进步发达之下，中国报业，自然也会跟着进步发达。而晚报因为人们对于消息迅速的需要增加，更有比一般报纸，特别发达的可能。北平拥有巨额的人口，又是我国的文化中心，所以，未来北平的晚报，一定会打破现在的不景气，这是无可怀疑的。

因此，敢乘着我们老兄五千日诞辰的机会，来敬祝他"寿比南山"，并期望我们整个的报业联合起来，继续奋斗，继续为国家、民族的利益奋斗。不过在这个国家民族生死存亡的过渡时期，是否未来的环境能容许我们这班无依无靠的苦孩子——职业记者——生存下去，尤其强邻的压迫，是否我们的国力能保护我们这班民族意识比较坚强的苦孩子，还长久站在国防前线的北平，为国家民族的利益奋斗，那却都是问题。我们只有照抄两句古话来做这篇废话的结束。

"鞠躬尽瘁"，"尽其在我!"

（原载1935年2月7日《世界日报》第十二版《新闻学周刊》第58期）

一个真正的报人

《大上海人》最近出了一个《追思戈公振先生特辑》，这是成先生写的一篇文字，特转录在下面。

——编者

我所知道的戈公振先生，只是一些片段的回忆。因为从认识到他的死亡，虽然至少在七年以上，但我们有着见面谈话的机会，恐怕至多远不到二十次。

他并不是一个三头六臂的超人。我们更不必因他死了，而去过分的恭维。过分的恭维，只是使虚骄狂妄的活人，听着高兴。在道德水准达到相当程度的人们，活时听着，固然要感到肉麻，死后有知，灵魂也会要不安的。我们同时代同职业的朋友们，在他生前，或者既很诚恳地不忍，或者很吝惜而别有怀抱的不肯让他肉麻，那么，当他死后，我们又何苦反要使他，或许要增加灵魂上的不安，所以，在我理性的认识中，无论生死公振只是一个平常人物。不过，正因为他平常，才可以显出他许多地方，值得我们的敬佩和追忆！

现在就过去所能浮起的一些片段记忆，写在下面。

第一，公振是一个很谦和而不自满的人。记得民国十八年，当我出国的时候，他曾将新著的《中国报学史》送我一部，并很郑重的说：因为这种东西，在中国还是初见，我大胆尝试，一定有不少错误，希望朋友们能尽量替我校正；三十五天的海上旅程，是最好替我校书的机会，希望你能细细的看一遍。公振这本书，在中国确是创作，一经出版，早已誉满天下，而他还这样不肯自满。我虽然不配替他校正，但我却很细心的在船上一页一页的读过。

有几处地方，觉得有可怀疑的就圈出来，预备将来写信或当面供给他一点意见。其中有几句话，在全书并不重要，然我却觉得十分奇怪的，就是报学史中曾说，英国的报纸，真能替民众说话，如果一个人为着公共利益的事件，投函到报馆，一连三次，报馆仍不登载，那么，这个投稿的人，是可以向法庭控诉的。大意如此，因手边并没有这本书，所以没有引录原文。我想，英国报纸，如果真能有这样法律，那就不愧为“舆论机关”。到了伦敦以后，我时时设法，想得到这段话的证明，问了好些人，都说不知道。有一次，一位伦敦大学的教授，约程沧波先生和我在他家里茶会，同座的有好几位英国名记者。我当时曾将这话，问一位《泰晤士报》的编辑，他赶着连忙摇头说：“没有，没有。”还说：“假若英国有这种规定，我们报馆，只有天天打官司了，因为即就《泰晤士报》而言，每天登出来的‘致记者函’，总不过占投函总额中百分之二三，最大多数，都是掷在字纸篓的。”我记住这话，回国时，公振请我吃饭，我首先告诉他这件事，同时还提出一些别的意见。在我本觉得太直率了，不料他竟很坦白的答应：“这本书，错误和应该补充的地方太多了，我正在准备修正。”这是如何诚恳而光明。的确，我在欧洲的时候，同时听到公振在欧的许多朋友告诉我，公振几乎每个月都有信给他们，指出一些可以搜集中国报史材料的地方或书籍，请他们代为抄写或购买。像这样求真实的态度，试问现在一般东抄西抹自命学者的人们，怎能比上他的毫末？何况公振这本报学史，无论如何，在中国报学著作中，总可以算得不朽呢！

第二，公振办事，责任心特别强烈。当他第一次归国以后，曾担任某大报整理参考部材料的服务。参考部之于报馆，在欧美，恒以为报馆的灵魂。在前五六年的中国，甚至现在，其重要性却似乎还没有被一般报馆主人和编辑先生所认识。所以在那时期，虽然添了这一部，实际只是虚设。但公振却不因为别人不重视，而即放弃责任。我每次从北方到上海来，访问他，总可以看见他在一些相片和剪报的纸堆中，埋头工作。我笑着问他：“这不是劳而无功吗?”他叹着气说：“有功无功在人，肯劳不肯劳在我，只要我肯劳，就不管有功无功了。”其勇于负责之精神，大抵类此！

第三，公振待人的诚恳。我在北方，曾接到好几封公振介绍青年人到报馆请求工作的信。普通替人写介绍信总是当面写好一封信，让被介绍者拿去，就算人情做到。公振则几乎每次都另有几封更详尽的私信说明这个人哪几点是他的长处，哪几点是短处，因为这人的长处多于短处，所以敢介绍，请给他练习的机会。这种态度，对两方面都可算诚恳到了极点。这次他由海外归国，恰巧我也旅居在沪，在他死的前三天——十月十九日——他有一封信，给我和严谔声先生，信里说到一个医生被诬的事件，他说明他和这个医生的友谊，同时告诉我们，不是要我们偏袒这个医生，（而）只要我们据实记载。他写这信那天，听说病况已很严重，但他还能够扶病写信，一方面不负朋友的请托，一方面也不愿意要朋友因为友谊而牺牲了“报纸应该忠实”的天职。这都是可以使我们十分敬佩的！

我所知道的戈公振先生，仅仅只此。不自满、能尽责和待人诚恳。老实说来，这只是每个人应该具备的最低条件，既然要做人，自然应该向人的路上走。公振所具备的三个条件，本只是人生大道的起点，很平常而并不特别。但就是这样平常的起码标准，恐怕举世滔滔，尤其我们贵行同业，没有好多，可以像公振那样的做到。我们不必过分恭维公振是超人，我们只很忠实的说，活了四十六岁的戈公振先生，他现在死了，我们可以盖棺论定，上他一个尊号，他是做了四十六岁的“人”，尤其是在这乱七八糟的报人社会中，做了几十年的一个真正“报人”。

这就是我献给公振先生的一个最后的敬礼。

民国二十四年十月六日，上海

（原载1935年《大上海人》杂志第2期《追思戈公振特辑》，后转载在1935年11月14日《世界日报》第十三版《新闻学周刊》第98期）

“报纸救国”

“救国”两个字，根本已被人听的讨厌了。而我们还要提出什么“报纸救国”，姑不论理由如何正当，但至少总要受着“滥调”、“无聊”的讥评，甚至还有人说“正和火腿店的广告一样，卖一只火腿，送一个航空奖券，广告上就登着大字‘火腿救国’，新闻记者提出‘报纸救国’的口号，其用意比着‘火腿救国’，一定没有差别”。然而笑骂由他笑骂，管他“火腿救国”也好，“咸鱼救国”也好，我们在报言报，做新闻记者的总不得不受着爱国热情的驱使，所以，我们现在，还只有大声疾呼，“报纸救国”。

我们在这个时机提出这个口号，并不是凭空妄造。因为我们最深切感受到的是，最近几十年来，中国的政治，为什么一天比一天腐化？中国的国势，为什么一天比一天衰落？许多人说，政治不良，是因为政治制度太坏，非彻底革命，打破现有的政治制度不可；国势衰落，是因为科学不发达，大炮飞机，造得不如人家好，非拼命提倡科学不可。这些话，当然是言之成理，持之有故，我们是无可反对的，然而，推本求源，这都还不是真正的根本治疗。

中国真正的根本毛病，究竟在什么地方？说破了，老生常谈，一文不值，但我们却坚定不移的认定，只有开发中国最大多数国民的知识，让他们都能了解个人和国家的关系，这才能有起死回生的希望。否则头痛医头，脚痛医脚，决不是根本治疗。因为中国真正的根本毛病，只是最大多数的国民，知识太低，不认识国家，过分缺乏了国家意识。

这大概是每一个到过国外的人都知道的吧，在所谓一等强国的国土内，无论农民也好，工人也好，做生意的也好，甚至六七十岁的老妈子也好，假使你和他谈起他的国家前途和世界大势，虽然他比不上知识阶级的对答如流，最低限度，总不会说，“国家太平要靠真命天子出世”，“出美人的就是美国，齐天大圣或许到过的”那一类荒谬绝伦的话。记得民国十八年，我和几位朋友住在巴黎都来福街一所小房子里，这房子的主人，是一个铁厂工匠，一切家务，由一位六十多岁的老太婆管理。那时正值意大利和法国，为着一些零星问题，忽然形势严重起来，两国各陈兵边界，大有一触即发之势。报纸上天天登着惊人的大字，并鼓励人民，准备一切，作政府后援，这位六十多岁的老太婆，是天天要到所有住客的房间铺床扫地的。平时进来，她总满面春风，欢喜和客人谈些小故事，在这意法风云紧张的时候，我们忽发现，她神情大变，老是哭丧着脸，一言不发的低头做事。我们为着好奇心驱使，于是趁着一次她有事情来交涉，就想出方法来探问她最近有什么不快乐的事情。不料她竟滔滔不绝的将真心话告诉我们。她说：“因为这几天，意大利太欺负我们法国了，看这样情形，假使意大利不让步，我们的政府，是会不惜一战的。我有三个儿子，老大和老二都在欧战中牺牲了，只剩老三，那时还没到服兵役的年龄，现在他的年龄已到，一旦打起仗来，免不了被征入伍，现在飞机大炮凶猛，比欧战更加百倍，我一想到老大、老二的牺牲，就替我这硕果仅存的老三担心，所以这几天几乎连饭也吃不下了。”我们就安慰她，说：“你不可以想法子，叫你儿子，早些躲避么？”她把脸一沉：“这是什么话，国家荣辱所关，我怎能做这样无心肝的事，况且我就要做，我儿子也不会答应的。”我们问她，这些意法交恶的消息从何处听来。她于是指着我们桌上放着的一份小日报（Petit Journal）说，“我天天看这个报，一切都是他告诉我的”。老太婆走了，我们一方面固然觉得她神经似乎过敏，一方面我们却不能不特别感动，这样劳动社会中的一个老太婆，居然会有如此饱满的国家思想，比起我们中国阔人们的老太太，岂不要令人愧死！

劳动社会的老太婆，尚且如此，等而上之，他们国家观念的发达，当然更不待说——自然也有不少的例外——所以对内无论被路易十六、拿破仑叔侄如何压迫，对外无论一八七一年被普鲁士如何蹂躏，而他们的民主政治，到底完成，他们的国家，总是灭亡不了。他们并不是菩萨保佑，唯一原因，就在最大多数的国民，能认识国家和自己的关系，国家的荣辱存亡，就是自己的荣辱存亡，他们本着这种精神，掀起了一七八九年的大革命，五十年后，报复了一八七一年城下之盟的耻辱。至于这种国民精神的养成，最大功臣，无疑的，一方面是国民教育，另一方面就是大众化的报纸。

的确，我们在这些被认为一等强国的国土内，即以上面所说的老太婆为例，每天早起，总看见她从菜市回来，手上挽着一个菜篮，篮子里面，装些面包小菜，而盖在篮子上面的，总是一份人人可以买得起、看得懂的大众化报纸。她并没有儿子、女婿、亲戚、朋友做大官，想在报纸上得到他们的消息，但她对于国家大事，却能如此了解，如此关心。中国呢？庞大的乡村，固不必说，即以重要都市而论，有几个被目为下层社会的人，能买得起、看得懂一份报？因为买不起，他们也就索性不买了；因为看不懂，他们也就索性不看了。再加以国民教育的不发达，所以最大多数国民，对于国家，总觉得那是另外一些人的私有物，与他们不生关系。他们的脑筋，没有什么国家存亡荣辱的观念，大清帝国也好，中华民国也好，甚至再换一个招牌，似乎也无所谓。人家几千万国民，就有几千万国民和国家共存亡，我们号称四万万五千万大民族，但是遇到敌国外患，恐怕至少就会有五分之四，天天在那里想挂洋旗。“民为邦本，本固邦宁。”试问这样的国民思想，如何可以撑得起几百万方里一个世界上偌大的国家？

因为有这样不行的现象，所以我认为“报纸救国”，实在是中国眼前的对症良药。我们必须借着报纸的力量，使每一个中国人，都知道国家和个人，是一而二、二而一。贪官污吏，侵吞了国家的小钱，大家心痛，就等于自己家里辛苦喂成的鸡鸭，被扒手偷去一样，纵然不能请求警察做有效的追捕，但是假若知道了这个贼的所在，一定要去和他拼个你死我活。至于国家领土，若是遇到异族的侵略，那么，占去了国家的一寸土，就等于个人自己的一间屋一亩田被人霸据了一样，只要有一份力量，子子孙孙，总不肯善罢甘休。人人如果都有这样国事等于家事的精神，岂但目前的内忧外患不成问题，就是中华民国，整个被人家征服了，我们也自有光复旧物，还我河山的一日。

所以我们虽然在这“救国”二字极不景气的时候，我们还是要举起“报纸救国”的大旗。因为我们认定了，只有祷祝这种大众化报纸的兴起，那才是中华民国的根本救星。

民国二四年十月二十九日，上海

（原载1935年第3期《十日杂志》，后登载于1935年11月14日《世界日报》第十三版《新闻学周刊》第98期）

如何使报纸向民间去

（在北平新闻专科学校开学典礼上的讲话）

今天是新闻专科学校开学的头一天，也就是我们试验我的理想——改革中国新闻事业——的开始，假使我们的理想，幸而不十分错误，我们将来对于中国新闻事业或许有点贡献，那么，今天或许就是我们最可以纪念的一天也未可知。辱蒙教育界、新闻界的先进和党部陈委员光临指导，觉得非常的感激，非常的荣幸。我们愿藉这个机会，将我们对于这个学校组织的动机，筹备经过和将来计划，向诸位做一个简单的报告。

我们组织这个学校的动机，是认为眼前的中国报纸，有两件急当注意的事。

第一，现在国内的报纸，大半可以说，只是特殊阶级的读物，而不是社会大众的读物。我们可以从两方面来看：每一报纸他所记载的消息，大都偏于政治方面。把要人的来去，宦海的升沉，特别注意，都用很多的篇幅，很重要的地位去登载。至于社会上许多严重的事件，反而多被忽略。我深刻地记得，几年前，在上海一家报纸的本埠新闻上，一天，将一个要人开的园游会，登了第一条，占去很大的地位，甚至来宾中一位太太的钻石项圈，也不惜用数百字来描写她如何华贵，令人羡慕。但在同日同栏的末尾，有段大学毕业生投黄浦江自尽的消息，这个自杀者，从大学毕业以后，谋一点小事都得不到，后来做了一个小学教员，小学却因为经济困难不能发薪，他没法维持生活，就把自己的妻子和女儿，都送入妓馆里去做妓女，后来他的妻子因羞愤自杀了，女儿也跟人跑掉了，小学到底因不能维持，至于关门，他完全失业，结果，只好带着一个三岁的小孩子同投黄浦江自杀。这是多么悲惨而复杂的社会问题！可是反而被列入在几个自杀消息的里面，标了一个“自杀消息一束”的题目，用六号字排在小角落里。试问这两条新闻，影响社会生活的，哪个轻？哪个重？而报纸的眼光，却将他这样的倒置起来。这种现象，不仅一家报纸如此，一般报纸均很少避免。所以只有少数与政治有关的人，才去读报，大多数的农人、工人、商人，则以为这种报纸，不过是些升官图、起居注和特殊阶级的消遣品，与大众不发生关系，没有读的必要。再就报纸的定价来说，像北平、天津、上海的各大报，每月每份售价都在一元以上，而一般劳动阶级的收入，普通每月总只有十元上下。如果订一份报，就差不多要占去他生活费的十分之一；他们家里如果再有父母妻子，十元维持衣食住都不够，哪里还有力量去买报看？不但劳苦的农工看不起报，就是收入稍丰的普通小学教员，也看不起。但在欧美，看一份报不过占据每个人收入的百分之一。譬如英国的一般日报，每天只卖一个便士，英国普通的工人收入，每天平均总有一百个便士（以每月收入十镑计算）；法国的报，每份只售二十五个生丁，而普通工人的收入平均每天总有三千多生丁（以每月收入一千佛朗计算）。所以欧美的人都喜欢看报。在外国，早晨起来看见街上买菜的主妇，袋子里除下小菜、面包，总还有一份报纸。可见欧美的报纸，是人人可以看得起，那才是真正给大众看的报纸。中国的报纸定价，为什么这样昂贵，一方面固然因为广告不发达，另一方面，也是因为报纸本身篇幅太多，不知道减轻成本，低价推销。

报纸的内容，不是大众所需要读的，报纸的定价，又不是一般劳苦大众所读得起的。中国报纸不发达，这两点实在是最主要的原因。所以中国办报数十年，到现在，他的读者，还只是限于极少数的政治人物和所谓知识分子，不能伸张到民间去。中国糟到现在这种地步，就是大多数国民，根本上不知道国家是个什么东西，国难到这样的严重，国家快要亡了，他们还不知道。甚至他们将中国、“满洲国”、日本，看作没有什么分别，做哪一个国家底下的国民，于他们本身，都没有什么了不起。他们所以愚昧、闭塞到如此田地，就多半是因为向来不去读报的缘故。就这一点说，我们新闻界，实在应该负重大责任。因为我们的报纸，从来不注意向多数国民动员，使他们了解民族意义、个人和国家的关系，及中国现今的危迫。致使他们始终坐在漆黑的暗室，不知道屋外大势。自从“九一八”事件发生以来，我们更深切地感到，有急起直追转变我们目标的必要。内容应由政治转到广义的社会，读者应由少数特殊阶级，转到全国劳动大众。就是要将向来被视为特殊阶级的读物，变成大众的读物。使全国士农工商，都能看报，用报纸来唤起全国民众，共赴国难，抵御外侮。这是中国报纸应该改革的第一点。

第二，中国报纸，在商业不发达的地方，虽然还处在手工业时代的状况，而在通商大埠，则渐次已有资本化的倾向。办报的老板，可以与报纸工作不发生关系，只要拿出了资本，终年不入报馆大门，也可以坐分红利几十万元。劳资的对立，日趋尖锐，就在同一报馆里，脑力劳动者，与体力劳动者中间，也很容易发生冲突。编辑部和印刷部，总难合作。凡是从事过新闻事业的人，恐怕都感到过这种痛苦。这是未来中国新闻事业的一大危机，我们要预防这种危机，就应该设法使一个报馆，成为一个合作的集团，由排字工人起，至社长止，都要忠诚合作，全成为报纸的主人，不但要消灭资本劳动两阶级的对立，并且要融合劳心劳力，使他们同为一个报馆的生产者。应就他们劳动的时间和效率，去区别他们的报酬，而不应该从劳心劳力上有所歧视。这是中国新闻事业应该注意改革的第二点。

我们怀抱这两种观念，就想来创办一个理想的报纸，来实现我们的理想。原来我们的计划，是想就我们已有的报纸改良，照我们理想的办法去作，后来经过缜密的考虑，觉得要实验我们的理想，非有根本彻底的办法不可。而人才的准备，尤为必要。最好先办一个新闻学校，一方面训练未来的人才，一方面在学校里可以创办一个民众化的报纸。从事这个报纸工作的人，像经理、编辑、外勤记者、印刷工人、会计、发行、广告等等，就均可由学生自己来充任。由一个学校，来实现我们上述这两种改革的理想，这就是我们创办这个新闻专科学校的由来。

其实，这两种理想，我们怀抱已经很久。前几年，国立北平大学，曾请我举办一个新闻专修科，后来又觉得在法学院内，开办一个新闻学系。本来均可以试验我这种理想。但是我仔细考量结果，觉得就现在教育界情形，要想在一个国立大学里面，试验我们的理想，必然困难太多。当时又恰巧因事出国，平大这个委托，我只好中途辞谢，没有进行。我后来更感觉到要根据我们的理想，训练完全手脑并用、吃苦耐劳的新闻人才，应当由下往上，逐步彻底的做去。办大学新闻系，招大学程度的学生来训练，不从根本着手，将来也恐怕难见成效。所以回国以后，决定以私人能力，来创办一个以合乎实用、循序渐进为目的的新闻专科学校。经过相当时间的筹划，到今年二月正式招生。我们将这个学校，分为初级职业、高级职业、本科三班。现在开办的是初级职业班，以后两班当陆续开办。初级职业班，学额本只限四十名，当时应考的竟有四百多人，超过名额十倍以上，可见一班青年对于新闻事业大概很感兴趣。今天这初级职业班，已正式开学。初级职业班，是打算造成一般新闻事业中的基本社员，就是一个报馆里最重要也最神圣的印刷工人。以一半时间实地练习排字、铸字、制版、机器等工作，以一半时间讲授中国文、外国文、自然科学大纲、社会科学大纲、新闻学等。务使在两年里，技术和知识同时并进。毕业后愿意做事的当然可以做事。其环境好，不愿即刻做事，还愿意深造的，则可以升入高级职业班。高级职业班，是以训练外勤记者、助理编辑，及事务方面、发行广告、会计等职员为目的的。一面有实习工作，一面也有学科讲授。毕业以后，愿意做事的做事，愿再深造，可以入本科。本科的目的，则在造就主笔、总编辑，及事业方面的指导人才。它的课程，则专注意于法律、政治、经济和若干主要的社会科学，其程度，将与一个完全法科大学相当。这三班的毕业期限，总共七年，假使一个人，能从初级职业班，进到本科毕业。那么，他的能力，一方面可以做社长、当主笔，一方面也可以排字、管账。这样，才可以算一个完全的新闻记者，而脑力劳动和筋肉劳动，也就可以合而为一了。

我们创办这个学校的计划，大略如上所说。我们将来还想在这个学校内附办一个理想的报纸。一方面给未毕业的学生做实习，一方面就让毕业的学生去工作。报馆里全部的职务，都由本校未毕业或已毕业的学生去做。由印刷到编辑，都由学生担任。照着我们改良中国新闻事业的理想，这个报，一方面要注意到大众，同时要把这个报作为全体社员所公有。我们的学校，是一个工厂，同时又是一个报馆，希望将来凡在本校毕业的，能做一个用脑的新闻记者，同时也能做一个用手的排字工人。各位同学毕业以后，除由本校指派工作外，也可以自由分散到各报馆去服务。世界上任何事情，都是新陈代谢，在座的诸位同学，虽然都还很年轻，将来长大了都可以成为一个完全手脑并用的新闻记者，或新闻事业的支配职者。我们的事业将来就会要让给你们去做。所以各位的希望和责任，都是重大而无穷的。不过现今我们办学的能力有限，设备也很简单，好在无论何事，只要努力做，一定总会有相当成功。虽然我们的设备很简陋，基础可以说一点没有，房子是租的，经费差不多全由我个人和北平“（世界）日晚报”、南京《民生报》捐助，工厂里的东西，也是《世界日报》捐出来的。但是实际上，我们还是有很伟大的基础在那里等着的，这个伟大基础，就是我们全体努力的精神，只要同学和各位教职员，都来共同努力，将来新闻专科学校一定可以成为一个完全的学校，一天天的发展起来，或者能造起一个十层楼八层楼的工厂化的学校也未可知。不然，大家因循敷衍，办事的混饭吃，当学生的混文凭——其实这个学校的毕业证书，并不能当衣食饭碗——那么，就马上有八层十层的洋房，也一点没有用处。再就我们以往的经验，觉得一种事业，起初都应从小处做起。从小处做起一天一天进步，根基才能巩固，刚才管翼贤先生进来问在座的一位小同学，进这个学校，希望将来做什么，他说想做《世界日报》的社长。《世界日报》的社长，并没有什么可羡慕，但是，你们的心目中，一定觉得这个报馆，现已有相当基础。不过，你若在十年以前，《世界日报》刚刚创办，房子还没有现在这个学校好，最初的资本才几百块钱，在那时，你一定不会说，想做这个报馆的社长。现在的基础，是许多同事用十年的脑汁和血汗换来的，不仅一个小小的《世界日报》如此，世界知名的《泰晤士报》，他在一七八五年出版时，不过是一张八开大小的小报，和现在《世界晚报》一样大小，经过了约翰·怀特（John Walter）几代的努力，才得到现今地位。可见大的成就，必先从小的基础，一点一点的做起，我生平做事，始终抱此方针。我所以不去办一个大学中的新闻学系，而愿意先来训练你们几十个小朋友，也就是这个意思。若拿现在的新闻专科学校和十年前《世界日报》来比，新闻专科学校现在的规模可以说是比《世界日报》好得多。所以新闻专科学校将来的发展，实是不可限量，希望各位同学和我们同仁都要互相努力，共同发展。将来学校一天一天扩大，毕业的人一天一天加多，那么，我们改革中国新闻事业的理想，“报纸要向民间去”和“工作者有其报”，就自然可以慢慢地实现起来。我们的实习工厂，张贴了一块横楣和两句对联，那横楣说“手脑并用”，对联说“莫刮他人脂膏，流自身血汗”。这几句话虽是偶然凑成，但各位若仔细体会，会发现本校真正的精神所在。

今天承各位来宾，教育界新闻界先进和党部陈委员光临指导，不胜感激。惟仓促成立，设备简陋，将来尚望各方面多加援助，至招待未周的地方，更要请各位多多原谅。我昨天才由南京赶回，这里一切都由吴范寰先生和胡健中先生主持，我对他们两位的帮助，应特别表示感谢。现在我们准备敬聆各位新闻界教育界先进和党部陈委员的教训，请各位不要嫌弃我们是小学生，而有所吝教！

（《如何使报纸向民间去》是成舍我1933年4月8日在北平新闻专科学校开学典礼上的讲话，载1933年4月11日、12日、13日《世界日报》第七版“教育界”专版；后刊登在1935年3月29日出版的《报学季刊》第1卷第3期）

我所理想的新闻教育

《报学季刊》的各位先生，因为本期要讨论普及新闻教育问题，叫我写一点对于新闻教育的意见；同时，并要我将正在尝试中的北平新闻专科学校概况，介绍给大众。我对新闻教育，本没有深刻研究，至新闻专科学校，它创办仅仅两年，还正在幼稚时期，也实在没有向大众介绍的价值。不过，我欠《报学季刊》的文债，实在不好再赖，为还债并答谢各位先生的盛意起见，所以将这两个题目，合并起来，勉强写出下面这篇卑不足道的《我所理想的新闻教育》。

所谓理想，或许会被人指为一种乌托邦，也未可知。但我的原意，要想替中国今后的新闻事业训练一些手脑并用的小朋友。假使这些小朋友，真能完成他们的学业，那么，他们将来的技能，是一方面穿上长衫，做经理、当编辑，一方面也可以换上短衣，到印刷工厂中，去排字、铸版、管机器。当然，这种理想，难免不失败，然而这确是我现在对于新闻教育所怀抱的意见，也就是我们创办新闻专科学校的唯一动机。

这种理想的试验，是从民国二十二年四月十二日新闻学校成立时开始，到现在已恰将两年了。我们抱持这种试验，分作三个阶段：第一，初级职业班；第二，高级职业班；第三，本科。第一、第二两阶段，各为两年，第三阶段三年。换一句话说，就是起码七年，才可以将这个理想试验终了。不过一个学生，从初级到本科，虽然共需七年，但他若因为家庭经济，或个人兴趣的关系，不能一次继续度过如此长久的时间，那么，在每一个阶段终了，我们也已替他准备了相当工作的能力。所以三个阶段，也尽有分划的余地。第一阶段的初级班，主要课程是属于印刷方面的排字、铸版、管机器；第二阶段的高级班，主要课程是属于事务方面的发行、广告、会计、簿记；至于第三阶段的本科，则当与法学院中各种分系相当。而在每一阶段中，都兼包有新闻学概论、采访、编辑和新闻事业中必须的技能，如摄影、速记、译电等。初、高两级，并讲授社会科学大意、自然科学大意，以充实其常识。我们训练初级班，目的是造就印刷工人，高级班造就发行、广告及事务上管理人员，本科则为造就一方面既常识充足，一方面且学有专长，而对新闻事业又已得到深刻了解的编辑采访和报业指导者。依据这样的计划，一个真能经历三个阶段，修毕七年课程的学生，他一定对于新闻事业全部的必需技能和知识，都可以相当明了。那就是前面说过的，他穿上长衫，可以做经理、当编辑，换上短衫，也马上就可以排字、铸版、管机器。这就是我们所提倡的手脑并用。即使仅仅经过第一阶段的学生，他在毕业后，除印刷以外，对于编辑采访和其他报业技术，也不会和其他工人一样完全不懂的。

从民国二十二年四月十二日起，新专成立，初级职业班开办，今已两年快到毕业的时候。这一班初级学生，共四十人。他们现在已能排字、制版、开机器，虽然编辑、采访，不是他们的主要课程，但因为他们十分爱好的缘故，经过这两年的附带训练，似乎也勉强可编、可访。学校中有排、制、印的实习工厂，并举行过自编自印小型日刊的练习。在这个小型日刊上，从社论、编、访、排、印，以至用自行车将刊物送给读者，都是由学生担任，不许有半个外人参加工作。经过这样假“日刊”演习以后，到了第二学年开始，就更进一步将北平《世界日报》的《北平增刊》和《世界画报》，在教授指导之下，都划归他们，去实地排版印刷。并将一部分编辑采访的职务，也交他们负担。而《世界日报》的社会教育、妇女等版的新闻，有时并指定他们出外采访。他们编访的能力固然还谈不到十分满意，但就他们的学程说来，实已出乎我们的预料之外。

过去两年中，他们对于实习，都很努力，尤其采访，在被派出以后，除非得到结果，他们是不愿意空手回来的。有一次，因为采访一条重要新闻，派两组学生，分别活动，甲组从早晨等到午夜，算是有了圆满结果，但已两顿饭都牺牲了。乙组不幸得很，虽然也是同样时间回来，但终于没有结果，于是有一个学生，回到学校，就抱头痛哭。这种精神，倘他们将来还能永远继续保持，那么，新闻记者的第一个信条“忠于职守”，或许会不致被他们违弃。依据我过去办报的经验，新闻记者，尤其外勤，他们最容易也最危险的毛病，就是不能“忠于职守”。所以不“忠”的缘故，第一，是缺乏忍耐性。有些外勤往往因为急于销差的关系，消息竟任意捏造，骗自己，骗报馆，骗读者。我在北平记得有这样一个故事。好多年前，有一家现已停版的晚报，某次，派一外勤，到车站接晤与时局有重要关系之南来某君。适火车误点，这位外勤，不能久等，遂离开车站，杜撰了一段新闻说“某要人某时抵站，询其任务，多不置答，惟言，此次北来，沿途印象甚佳”云云。在这位外勤的用意，必以为早报上已有某要人昨夜过济南的电报，而一般要人，又向来不愿对记者说真话，“印象甚佳”，几乎是千篇一律的要人口吻，火车虽然误点，但总是要到的，等着了，也不过这几句话，倒不如先造几句，省得在车站苦守。在他必以为聪明过人，万无一失，不料某要人的行止，却偏轶出这位外勤的意想。他中途从天津下车，当日并没有到平。于是这家晚报，大标其某要人今早到平谈印象甚佳的新闻，结果是竟被人笑为“白日见鬼”。这个故事，我常常拿来警告一般担任外勤的朋友。而我对于这些学生的训练，采访方面，总是叫他们守着“与其信用耳朵，不如信用眼睛”的原则，如果眼睛真没法看见，也只好自认失败，终比捏造的好。就这过去两年的情形看，似乎他们还能够相当忍耐，而没有那些造谣捏报的恶习。

初级职业班，定今年四月十一日毕业，在他们四十人中，有三分之二，已决定升入高级班，有三分之一，则请求学校，送《世界日报》服务。《世界日报》也已决定将此三分之一的毕业生，尽数留用，打算每天以一半时间，叫他们用手（印刷），再以一半时间叫他们用脑（采访或报业管理），实行我们手脑并用的初步理想。

今年秋季始，就开办高级职业班，试验我们第二阶段的理想。同时还再招一初级职业班，以补足本年毕业的班次。初、高两级的学生，是完全免费，不收分文。至于学校的经费，则过去均由北平《世界日报》及南京《民生报》担任，两年来，已经用去的，大约在两万元左右，今后的扩充，则董事会正在设法筹划中。

除初级职业班以外，去年因受《世界日报》的委托，还先后办了一个报业管理特班和电讯特班，前者半年，后者三月毕业，现都在《世界日报》服务。报业管理班，是应当时《世界日报》改用复式簿记的需要，电讯班则为翻译电报，及收听国内外广播电报之用。服务成绩，均尚不恶。这是不能等到高级职业班毕业，所以才先开办两种特班的。

我所理想的新闻教育，及这两年来在新专试验的经过，其轮廓大至已如上述。我为什么要决心来作这种或者被人指为乌托邦的尝试？第一，我从未来的新闻事业组织上设想，觉得未来的新闻事业，它的内部组织，不但应消灭资本、劳动两阶级的对立，并且连劳心劳力的界线，也应一扫而空。因为新闻事业，是社会组织的中坚，是时代文化的先驱，我们固然不敢预想未来的中国，将有怎样方式的社会和文化，但无论如何，若将中国未来的报纸，也组成像资本主义化的美国黄色报纸一样，试问这种报纸，于未来的社会文化，有什么利益？民国二十一年，我在北平燕京大学，讲演《中国报纸之将来》。关于报纸的组织问题，我的意见是："未来的中国报纸，它应该是受民众和读者的控制，它的主权，应该为全体工作人员——无论知识劳动或筋肉劳动者所共有，它在营业方面，虽然还可与一般营业无异，但编辑方面，却应该绝对独立，不受商业化任何丝毫的影响。"这就是我不但想打消劳资对立，并且连劳心劳力的界限，也要打消的一种建议。但是我们既打算将一个报馆的主权，交给全体工作人员，那么，就现一般报馆中的劳力者尤其印刷工人而论，他们知识和道德水平的低下，自然无可为讳，一旦叫他们接受并行使这种主权，当然非常困难，就是贸然接受，等到行使起来，其结果也会要有名无实，像辛亥革命后中华民国的老百姓一样。中国国民党有训政，我们想要改进未来新闻事业的组织，似乎也应该先有一个训政。这个训政工作，一方面设法就已有的劳力者，提高他们知识和道德的水平，一方面我们来从根本做起，彻底训练一班新的报业人员。这些新的报业人员，他们将没有劳心劳力的区别，他们一方面可以做劳力的工人，一方面也可以做劳心的经理或编辑。整个报馆，就是他们的所有，他们尽可各尽所能，各取所需，如此，则不但整个报馆的组织，可以得到新的改革，而报馆内部，也一定容易协调，大家都感到共同团结、努力奋斗的必要。像现在一般报馆中常易发生的劳资纠纷，及印刷工人与编辑间每每无谓的争执、冲突，总可以不致再有。我办新专的理想，就预备最后能将这些新的报业人员，多应用到这种新的组织上去。第二，再就报馆的技术方面说，劳心劳力，实在也有融会贯通的必要。固然学术愈进步，工作愈专门，一个人决难全知全能，报馆的技术，当然也不能例外，专门的工作，自当让专门的人才去做。不过一个报馆的工作者，一方面应该有专门的技术，一方面对报馆全部工作，也应该普遍了解。正如一个专门医生，他尽管是喉科，或是眼科，而他对于人身整个生理的构造，却不能不普遍了解一样。往往受过高等教育，甚至大学新闻系毕业的人，当他开始走近报馆的编辑室时，他最易感到的麻烦，就是印刷工人不能指挥如意。有时编辑方面，要这样排，而印刷方面，偏说这样排是不可能。有时编辑方面，以为稿子还不够，而印刷方面却说已经发多了。如果发生争执，编辑方面，总大多不能说明技术上的理由。固然有时系印刷工人，故意偷懒捣乱，但当编辑的，假使他对于印刷，早就有过经验，最低限度，他已知道排版和计算的方法，那么，这种麻烦，是很易解决的。如果照我们的计划，编辑就是工人，工人也就是编辑，那自然更不成问题了。无如直到现今，编辑和印刷，还差不多是划成两个世界。许多初到报馆当编辑的，连字体大小，一行大题，应该用几个头号，几个二号，还弄不清，哪里还能从技术上，使印刷工人完全折服。所以遇到一个印刷技术的争执，尽管编辑方面的主张确当，也往往不能不为工人所屈服，反过来说，有时印刷方面的主张确当，但因为编辑地位较为优崇，在工人势力不很强大的地域，他们恐怕开罪编辑，也只好将错就错，敷衍编辑的面子。这种情形，当然从报馆立场说，都是于报馆不利的。一个有印刷知识的编辑，不但他不会感受到印刷方面的麻烦，并且的确可以在技术上，使报纸形式，比一个没有学过印刷的编辑，编得生动、美观。至于在印刷方面工作的，假使他有编辑同样的学力，那么，工作的迅速和错误的减少，甚至编辑发稿时匆忙中没有注意到的疏忽，都可以代为纠正。这与普通工人的效率，当然是不可并论。而平常因为改正排字错误，以牺牲初校、二校、大样等的巨量时间，也可以从此节省不少。这就是我主张劳心劳力不可分别的第二理由。并且这样的例子，不仅印刷与编辑为然，普通一个报馆中所谓阶级最低之报差、信差，实在同时也可以兼作一种很重要的职务——外勤。比如《世界日报》，它平时有五十名以上骑自行车直接送报的报差，他们平时除每日送报的两三小时工作以外，其余都闲坐无所事事，如果这班人是受过新闻教育的，那么，他们于北平情形，甚至在他送报的区域以内，每条胡同中，每一重要住户的生活起居，他平时照例都十分清楚，因为他们天天送报的缘故，自然也就有了同邮差、警察同样与住户熟习的机会。他们骑车技术，很好很快，每天必须有几个小时，穿行全市，如果指定他们同时负起采访的责任，那些街上突发的事件，自一定很少逃过他们的眼睛。这比报馆专请几位无事不出门，出门必雇车的外勤记者，效力要如何来得伟大！诸如此类，不胜枚举。总之，报馆的工作，都应该由受过新闻教育的人担任，尤其今后的印刷技术，突飞猛进，中国的排字方法，也一定会要大大革命。这都绝非无知识的工人所能肩负得了。凡是同在报馆工作的人，没有什么上等下等的分别，换一句话说，就是没有什么劳心劳力的分别。第三，从未来报纸大众化的倾向着想，消弭劳资对立，并训练手脑并用的工作者，更有急切的必要。因为我们要报纸大众化，是要报纸真能走到民间去，如果大众化的结果，只是造成几个像美国一样的黄色报纸大王，他们只知道个人发财，不管社会遭殃，那么，这种大众化的报纸，试问于大众有何利益？综括以上所述，由报馆的组织、技术和大众化三方面来看，所以就形成了我对于新闻教育的一种理想，更催促我下了开办新专，从事试验这种理想的决心。

本来新闻教育，是一个新兴的部门，它是否有独立的价值，到现今还在许多人的争论中。虽然欧美各重要国家，他们的大学中，不少有新闻课程的设置，但十分之九，不过聊备一格。就欧洲各国与美国比，美国的新闻教育，当然较欧洲发达。欧洲多偏重学理的探讨，而美国则偏重实用。美国最完备的新闻学校，当首推密苏里大学的新闻学院。据该大学发表的校务报告上说：自一九〇八年起修新闻学者，得授予学位，在全世界当以此校为最先（It is the oldest school of journalism in the world, having begun instruction leading to a degree in journalism in the fall of 1908）。它的课程内容也以实用为主。学校内并有三种实习的刊物，它的日刊 *Columbia Misouriun* 简直和一个普通的地方报纸没什么分别。它在当地销行很广，除印刷部分外，广告和编辑采访的人员都全由学生分任。他们当学生时，已有这样由实习得来的丰富经验，所以毕业以后到美国各地报馆去服务，都很有满意的成绩。我们随便到美国的哪个报馆中去，几乎总可以遇见这个学院出身的学生。中国的名记者，从这学校毕业的也不少。虽然这是美国人办的学校，是为美国报纸而训练的学生，里面所教授的，不能尽如我们今日的愿望。然而就现在全世界已有的新闻学校看来，几乎能像它那样完备的，实已是不可多见了。

自来轻视新闻教育的人们，总以为新闻教育，其目的只是训练一些技术的人才，是职业教育的一种，没有什么高深学理的研究，不能成为一个学术上独立研究的部门。所以到现今中国的大学中还没有正式允许新闻学系的存在，更谈不到正式的新闻学院。其实新闻教育，一方面固然是职业教育的一种，一方面何尝不含有高深学理的研究，尤其号称民本主义的国家，新闻教育更有积极提倡的必要。韦尔斯著《世界史纲》，曾反复声述，民主政治之巩固与发展，惟视新闻事业之能否普及光大。至于新闻教育的学理方面，如新闻道德对于社会之影响，公共舆论之如何形成，群众心理之如何善导，及各国报纸与其国内政治文化演变关系之所在，何一不需要有系统的高深研究？岂可以职业教育，而抹杀其学术地位？如果说，受新闻教育的人，将来不过想做一个新闻记者，没有什么高远的目的，就认为新闻教育，没有学术上独立的价值，那么学医的，百分之九十九，做医生，学法律的，百分之九十九做法官、当律师，为什么国家不禁止办医科大学和法科大学？这真是有点奇怪。况且自民本主义的立场来看，职业教育与文化教育本没有什么分别。杜威民本主义的教育，就曾极力打破这种界限。彻底的说，无论哪一种教育，都包括着实用和研究。寇墨留氏（Comenius）尝谓增进知识，须先教以实物，又谓教育须能实际应用于日常生活。现在已有许多教育家，将法律、政治、经济，甚至陆海空军事学科，都认为职业教育，那么即使认定新闻教育，只是职业教育的一种，也不应该有任何被人轻视的理由。

我的意思，新闻教育，一方面是职业教育，一方面也是文化教育的一种，技术的训练和学理的研究，都应该同样重视。不过就学习的便利，可以有先后时间的分划。像我们这个小小的新闻学校，在第一、第二两阶段，比较偏重技术，在第三阶段，则大多数课程，都以研究为主。当然我们的目的，是要他们将来能在新闻事业中，做一个真能手脑并用的工作员，但同时也盼望他们能对于新闻教育的学术方面，将来有相当的贡献。不过我们现在所试验的，仅止是一种未成熟的雏形，成功与否，还要靠国内同业和新闻教育家先进的指导与援助。我生平最佩服斯宾塞这句话：“不能遮雨，不是好雨伞，正因为雨伞的目的就是遮雨。”那么，我们要判断这个理想的前途是好是坏，只有看它将来是否能达到我们改进中国新闻事业的目的。

（原载1935年3月29日出版的《报学季刊》第1卷第3期第105~110页）

我们的宣言

（上海《立报》发刊词）

整个中国和整个世界，正被不安定、不景气的阴云笼罩着，而我们却在此时，来筚路蓝缕，开始我们所认为对于国家最紧要的一件工作，这就是《立报》于中华民国二十四年九月二十日出版。

我们应深切了解，并永远记忆，《立报》在今天，仅是一个刚刚坠地的婴孩，他的诞生，一方面离开我们过去最沉痛的一个节日（“九一八”纪念日——编者注），还只两天；一方面，眼看青面獠牙，世界最凶恶的战神，即将光临。灾难本已是人类的家常便饭，而此年、此时、此地的中国，却更已达到灾难的尖点。我们怀抱着这个吉凶未卜的婴孩，站在如此危险万状的尖点上，应如何才能打开当前的灾难，这的确是一桩最不容易的事。

我们不相信什么叫国运，我们相信，只有生息在这个团体中的全人类，共同奋斗，无论何种灾难，都自然可以度过。我们认为不仅立己、立人不能分开，即立国也实已包括在立己的范围以内。我们要想树立一个良好的国家，就必先使每一个国民，都知道本身对于国家的关系。怎样叫大家都能知道，这就是我们创办《立报》唯一的目标，也就是我们今后最主要的使命。

在今日以前我们曾向社会宣布过我们发刊《立报》的要旨，我们揭举两个口号：“报纸大众化”、“以日销百万为目的”。这两个口号，或许有人会批评我们，第一个很新奇，第二个太夸大。但我们的认定，却正在这种批评的反面。

第一，“报纸大众化”，这是十九世纪以来，近百年间，世界新闻事业，最共同普遍的一个原则。从一八三三年美国彭佳命（本杰明·戴——编者注）创办纽约《太阳报》，到一八九六年英国北岩爵士发刊《每日邮报》，报纸大众化的潮流，实已弥漫了全世界新闻王国的任何角落。只有我们孤立自诩的贵国，到现今，所谓“精神食粮”也者，还只在极少数的高等华人中打圈子，也只有这极少数的高等华人，才可以有福享受这种高贵的食粮。占最大多数的劳苦大众不但不能了解报纸的使命，甚至见着新闻记者，还要莫名其妙地问：“恭喜贵行，究竟做的是什么买卖。”我们从整个世界新闻事业的潮流说来，“大众化”不但不新奇，而且腐之又腐。我们提出这个口号，正和民国初年，拿剪辫子、放小脚，当做新政，是同一的叫人惭愧，尚何新奇之有？

第二，“以日销百万为目的”，如果我们从中国的人口土地来比例计算，那只能说，这是“大众化”报纸的一个起码数字。我们试看，不满五千万人口的英伦三岛，只伦敦一处，日销两百万份的大众报，就有四家。即人口不及百万的比利时京城，仅一个《晚报》，就销四十万。那么，我们纵不拿全国四万万五千万人口做对象，而只就所谓将近四百万人口的大上海说，这个“日销百万”的数字，还能算是夸大么？

不过我们虽然不承认“大众化”是新奇，“百万销路”是夸大，但我们所标举的“大众化”，与资本主义国家报纸的大众化，却实有绝对的差异。我们并不想跟在他们的后面去追逐，而是要站在他们的前面来矫正。因为最近的数十年中，报纸大众化，已被许多资本主义者，利用做了种种的罪恶。他们错将个人的利益，超过了大众的利益，所以他们的大众化，只是使报馆变成一个私人牟利的机关，而我们的大众化，却要准备为大众福利而奋斗。我们要使报馆变成一个不拘形式的大众乐园和大众学校。我们始终认定，大众利益，总应超过于任何个人利益之上。

我们所揭举的报纸大众化，不仅是对于中国报业的一种新运动，并且也是对于现在世界上所谓大众化报纸的一种新革命。不过我们特别感觉到中国报纸大众化的需要，那就是因为中国近百年间，内忧外患，纷至沓来，甚至遇到了空前国难，而最大多数国民仍若漠然无动于心。根本毛病，即在大多数国民，不能了解本身与国家的关系。何者为应享的权利，何者为应尽的责任，都模糊印象，莫名其妙。一方面政治可以听其腐败，领土可任人蚕食，一方面自己也不肯为国家有分毫牺牲。人人只知有己，不知有国。其所以造成这样现象，我们敢确切断言，最大多数国民，不能读报，实为最主要原因中之最主要者。诚如韦尔斯氏所说："中国报纸，内容艰涩，国民能完全了解报纸中所记载者，为数极少。"且中国多数报纸，定价高、篇幅多、文字深，所载材料，又恒与最大多数国民痛痒无关。此种报纸，固然自另有其宝贵的价值，但欲达到普及民众之目的，则显然十分困难。以致现有报纸，只能供少数人阅读，最大多数国民，无法与报纸接近，国家大事，知道的机会很少，国民与国家，永远是隔离着。在如此形势之下，要树立一个近代的国家，当然万分困难。要打破这种困难，第一步，必开创一种新风气，使全国国民，对于报纸，皆能读、爱读、必读，使他们觉到读报真和吃饭一样的需要，看戏一样的有趣，然后，国家的观念，才能打入最大多数国民的心中，国家的根基才能树立坚固。《立报》所以揭举大众化的旗帜，其意义在此，其自认为最重大的使命，也在此。

不过"唤起民众"的重大使命，决不是这样一个刚刚坠地的婴孩所能负荷得起的。尤其不是我们这十几个能力薄弱的创办人，所能保其必达的。我们仅是愿意在这划时代的中国报业的新运动中，各做一名开路的小卒。我们正期望着中国——尤其报业最发达区域的上海的先进同业，来共同努力。更期望最大多数的读众，在达到"立己"、"立人"和"立国"的共同目的下来给我们许多的指导。

此外关于《立报》营业和编辑的方针，我们还可以向读者声明今后的四个原则：

第一，凭良心说话。

第二，用真凭实据报告新闻。

第三，除国家币制，及社会经济，有根本变动外，我们当永远保持“一元钱看三个月”廉价报纸的最低价格，决不另加丝毫，以增重读众的负担。

第四，除因环境及不得已原因外，我们认定，报纸对于读众，乃一种无形的食粮和无形的交通工具，应当终年为读众服务。无论任何节日，概不许有一天的休刊。

（原载1935年9月20日星期五上海《立报》创刊号第一版头条位置）

三种报纸的出路

二十四年下半年，上海报界有种值得注意的事情，便是小型报的风起云跃。在这个时候，不仅有许多小型报降生，而且一向不振的小报，也改变作风，成为正式的小型报纸。究竟小型报与大型报有什么不同？与中型报差在哪里？它的时代意义怎样？关于这些问题，在本刊征稿之初，我们就向北平《世界日报》社长、上海《立报》创办人之一的成舍我先生征文。当时承他的盛意，答应以《三种报纸的出路》应征。后来本校新闻学会与上海“记者座谈会”、沪江大学新闻学会办理新闻学讲座，举行首次演讲。成先生应三团体的请求，就在这个题目上加以发挥。这篇虽然是讲辞，因为成先生是特地为“报展”而作，所以我们也把它揭载出来，以供未听讲人的观览。

——《报展》纪念刊编者

我是一个上海的过路客人，今天能够参与这样的盛会，当然非常感觉荣幸。但因为自己的知识过于贫乏，“记者座谈会”第一次讲演会叫我这样一个知识贫乏的人来主讲，我预料到各位听完以后的失望，我又不能不立刻感到惭愧、惶恐！

“记者座谈会”的组织我虽还不十分清楚，但从许多朋友谈话中和座谈会的刊物上面，知道这种组织，在我们同业中，的确最需要而最有价值。聚集一些职业的青年记者讨论中国新闻事业当前的一些重大问题，这是一件如何最有意义也最有兴趣的事！我在北方的时间较长，北方人提到“上海”，尤其提到“上海记者”，他们总不免要发生一种神秘的推测，由“记者座谈会”这种组织看起来，我想不但北方人，甚至全中国人，也可以从此认识“上海记者”，正和世界上其他最忠实的职业记者一样，他们不但努力于他们自己的职业，并正在苦心焦虑研究中国的新闻事业，应如何改进和发展。以前的那些神秘的推测，总应该完全打消了。我希望这种组织，能推广到全中国去，这对于中国未来的新闻事业，一定有极良好的影响，同时也可以增加我们新闻记者的修养，巩固我们在社会上的信誉。

因为在旅行中，一切的题材，都只能凭个人的记忆，一定免不了许多错误，这要请在座的各位同业特别指正。我所讲的题目，最初大家本指定过，要我说点中国新闻事业的展望。我想五年前我在北平燕京大学讲的《中国新闻事业的将来》，正是一种展望，如果讲这个题目，恐怕事实上脱不了以前所讲的范围，经商量的结果，所以临时选定了现在的题目——《三种报纸的出路》。

我讲这个题目的意思，是因为近来常有人以为社会上在某一种报纸勃兴的时候，其余的报纸就会要受威胁、被淘汰。在我的意思，却并不如此，我觉得世界上各种事业，固然有许多不同的盛衰起伏，但人类的数目，究竟是太大了，尤其在中国，四万万五千万人，就有四万万五千万人的不同趣味，只要肯努力，能满足一部分人的需要，无论如何，总有存在的价值。“三百六十行，行行出状元。”那些被淘汰的，只是自己不肯努力，不能满足任何人需要的。各种事业皆如此，新闻事业当然也不能例外，所以尽管时代的潮流，产生某一种最适合社会需要的报纸，但其余的报纸，并不是就可淘汰的。

什么是我所要说的三种报纸？现在可以从几方面来分析。就内容说，可以分为政治化、大众化、趣味化；就形式说，可以分为大型、新闻的小型、趣味的小型；从评价说，可以分为高贵的、通俗的、消遣的。我们为从俗而便于了解起见，不妨各给他们一个定名，那就是“大报”、“新闻的小报”和“小报”。除却许多专门的杂志以外，一切报纸，是都可以归纳成这三大类别的。固然第一种报纸并不是全部放弃了第二种报纸的特点，而第二种报纸，也不是政治消息一字不提，不过从大体讲，是可以如此分类而已。

先讲第一种报，那就是政治的、大型的、高贵的，普通所谓的大报。这种报纸的代表，无疑的，要首推伦敦《泰晤士报》。他的内容，是偏重于国内和国际的政治消息，他很少甚至没有将社会上可以引起大众惊奇的新闻，当做第一条登过。他篇幅很多，通常总在三十二页左右。他的文字很优美，有时竟可当做文学的读物，而每份售价为两便士，比第二种报纸要贵一倍。自一八九六年北岩爵士创办《每日邮报》以后，第二种报纸的发达，几如长江大河，狂放怒奔。一般人多替《泰晤士报》担心，以为必将为第二种报纸所打倒，而不能继续存在。但事实究竟如何，不特没被打倒，到现在还是繁荣如故。虽然他的销路总在二十万份左右，仅及第二种报纸日销两百万《伦敦日报》的十分之一，但他不仅在英国，即在全世界，论起有权威最有价值的报纸，仍然要推他首屈一指。英国报纸的广告价目，都是以销数为比例，独《泰晤士报》不然，销数纵少，广告价目仍很昂贵。每年的广告收入比起其他各报，相差并不像销数那样的悬远，他为什么永久占有这样高贵的地位？我们若仔细加以分析，可以知道他的确能够永久保持他的三大特点。第一，他能永久保持他政治上独立的观点。一般人往往将《泰晤士报》当做保守党的机关报，这实是一个错误。说《泰晤士报》的主张，许多和保守党接近是对的，若把通常机关报的意义加在《泰晤士报》身上，那他一定是不能承认的。《泰晤士报》，是代表大多数的英国人，而大多数英国人的心理都倾向保守，所以他的论调时与保守派的党人相同，但是并没有其他的关系。他对于政府，时时能作自由独立的批评，在一八一〇年的时候，且因批评政府，而受到停登一切政治广告的报复。后来他独立批评的态度，渐渐为政府所谅解。在维多利亚时代，因为他的反俄主张，与维多利亚不同，维多利亚想加以干涉，而当时的大臣巴弥尔敦，以勿损害《泰晤士报》精神为请，维多利亚的意见卒自打消。这种独立批评精神，是如何被人重视。第二，他注重国内和国际间的消息，丰富而正确，对每一个国内或国际间政治上重大问题的发生，他总不会漏给读者一个比较正确的指示。《泰晤士报》的新闻可以当史料，而他的评论则往往可以左右政府。担任评论撰述的人们，大抵总是一些专门学者，他们不但做得好，并且肯细心负责的做。从前一个《泰晤士报》的名记者狄兰（Delane）说过：“宁可从苏格兰赶快的跑回伦敦，而不愿让他人在他的离职期间代做篇关于东方问题的论文。”也可以想见他们负责的程度。第三，文字优美也是他的特点之一。因为他能始终保持着这三个特点，所以销路虽不如别人，但像这一类的报纸，他的生命并不系在销数多寡的上面。而且老实说，我所指的第一种报纸，因为定价贵、水准高，只有知识阶级的人能了解，他的销路也决不会像第二种报纸那样广大，只要这种高贵的风格，永久不变，所谓上等社会的人们，总会永远是他的主顾。一九〇八年，北岩因为要扩充他自己在报业中的势力，曾用三十二万镑，将《泰晤士报》收买过来，他要用办《每日邮报》的方法，去办《泰晤士报》，结果，引起许多人反对。他只好宣言，一切内容，不变更《泰晤士报》固有的方针，反对才稍稍缓和。北岩逝世以后，《泰晤士报》就脱离了他的关系，并且另组织了一个董事会。第一原则就是要永远保持他过去的特点，不再有被人毁灭的危险。从北岩逝世到现在，已经十多年了，这个原则，确乎还没有什么动摇。其他报纸如美国的《纽约泰晤士报》（即《纽约时报》——编者注）、法国的《时报》都像英国《泰晤士报》，具体而微。他们都有伟大的势力，中国现在有没有这种风格的报纸，我现在不敢断定。假若在形式上有点近似，而他的方针，是要想把握着中国的知识分子、政治人员和资产阶级，那么，他一定要认清他的对象，尽力去发挥像《泰晤士报》那样被人赞赏的特点。他不必为第二种报纸的发达而生恐慌，也不必为第二种报纸的风行而打算同化，因为第一种报纸自有第一种报纸的出路，不过他若仅以现存的地位为可恃，庞然大物，而不求所以把握这种报纸读者的方法，那么不幸的结果，是难免不赶快到临的。

现在讲第二种报纸，那就如前面所说，内容是大众化，形式是小型，评价是通俗的。眼前的中国报纸，是否已经有了这种报纸，抑或有了，是否一切已能具备这种报纸应有的条件，我们姑且不论。不过我们可以认定，这种报纸的产生和流行，乃是现时代各种环境互相影响的必然结果。尤其中国，如果真能有这种报纸产生，照着他应该具备的条件，始终不懈地去做，那么，他的成功，我们一定可以担保，毫无疑问。

所谓条件，第一是要人人买得起；第二是要人人看得懂；第三是雅俗共赏，那就是知识低的人固然看了有趣，知识高的人看了也不讨厌；第四是这种报纸，的确能代表多数的勤劳大众，替多数人说话。从第一至第三，欧美的许多报纸，都已做到了，我们要办这种报，那就要连同第四个条件，一起努力。也可以说，这就是新时代的第二种报比旧时代第二种报进步的地方，所以我们理想中的第二种报，更绝对不能与一般人所诟病的黄色新闻，同日并语。

这种报纸的创始，并首先得到惊人成功的，一般人首推《每日邮报》。其实纽约的《太阳报》，创刊远在《每日邮报》以前，虽然《太阳报》的方针，在后来有许多转变，但最初创办和其所以成功，大体都是循着上述条件去做的。《太阳报》出版于一八三三年，创办的人是一个印刷工匠。他因为感觉到一般报纸的定价太贵，要卖六分钱一份，篇幅多，内容又太沉闷，一般人买不起、看不懂，懂了也不发生兴趣，于是他就毅然决然来做这个大胆的尝试。定价便宜，全年定户只收大洋三元；篇幅小，那就如我们上海人所说的四开报一样；内容精要，无聊的要人演说和长篇纪事，一概从略。虽然资本小，设备简陋，从编辑、校对以至印刷、发报几乎都是他一人担任。出版第一天末，竟将报头上的一八三三错印成了一八三二，但是不到两年，就从出版时的一千份，加到了两万份。一切业务，也跟着发展。大家要知道，一百年前的美国，一个报纸要找到二万份销路，实在要比现在的二百万份还难。《太阳报》居然在短短的两年中完成了这个数目，这的确是一个奇迹。保有这个奇迹的是谁？那就是美国新闻界至今尚啧啧称道的彭佳命德(Benjamin H. Day)（本杰明·戴——编者注）。

北岩爵士的《每日邮报》比起《太阳报》，整整晚生了六十三年。他是一八九六年出版，那时的机械文明和一切物质上的进步，当然要比六十三年前的《太阳报》，占有许多便利。北岩创办《每日邮报》，或许多少受有《太阳报》成功的影响。而他当时最主要的见解，就是一八七一年英国普及教育令颁布以后，他认为识字的人，必一天一天增多。从前觉得劳动阶级，不会读报的，现在不但会读，并且一定很愿意读。不过当时的报纸定价贵，文字深，假使有一种报纸，能为一般工人经济力、了解力所容许，那么最多数的劳动阶级，首先必都是这种报纸的顾主。他抱定了这个见解，所以不辞艰苦来创办《每日邮报》。在出版那天，他就举出两个标语：一是“一便士的报卖半便士”，一是“忙人的读物”。他的方针除却未必尽能合着前举的第四个条件以外，其余这种报纸的三个条件，总算都已做到。出版时卖半便士，后来虽加到一便士，但比起第一种报，整整还便宜一半。照着英国工人的生活标准，看一份报，不过消耗他们收入百分之一略强（以月入十镑左右计算），这当然可以买得起。凡在《每日邮报》上刊出来的东西，总处处力求简括、明了。专门名词设法避免，必不得已，也要加上注解；除却特别有兴趣的新闻可以例外，普通总每条不许超过二百五十字。如此浅近，这当然可以人人看得懂。他在《每日邮报》上想出种种引人入胜的方法，让大家读了都会趣味无穷。这是很符合第二种报纸的条件。虽然他喜欢拿自己的政治主张来左右这个报纸，但大体上总多少还能替多数人说话。所以他的销路，能在二十年中，增涨到打破世界报纸的记录——二百万——这种奇迹，是更超过了彭佳命德若干倍以上了。

英美第二种报纸的成功，既如此伟大。现在我们更可以大胆的说，这种报，在中国，他目前的需要和将来的成功，不但可以赶上《太阳报》和《每日邮报》，并且更要超过他们。那就是因为中国的人口繁庶，幅员广阔，这个理由，大概是人人可以看得见的。

尤其我感觉到中国现有的一般报纸，仅就定价一项来说，实非一般人的经济能力所能担负。这一点，从前许多人多不注意，以为看一个月报，只要一块多钱，那如何可以算贵？五年前，我在燕京大学讲《中国报纸之将来》，曾特别举出，一块多钱不算贵，就月入数百元的参事、秘书、大学教授诚然如此，资本家更不待说，不过我们假使要办一种报，使大多数平民都看得起，那就一块多钱，真贵到无以复加了。我前面所说英国工人看一份报只消耗他收入的百分之一，中国呢，一般工人的收入，平均起来，每月不过十元左右，一块多钱一份报要消耗他的收入十分之一，比起英国简直是贵了一百倍。试问一个工人，自己要穿衣吃饭住房子，还要上奉父母、下养妻子，他怎能拿出十分之一的收入来看报？不但月入十元的工人绝对不能，就是月入二三十元的小学教员、衙门录事，也事实上做不到。何况在这经济凋敝、农村破产的今日，一块钱要当一百块钱用，哪能轻易消耗？所以在中国办第二种报，在平时固已需要，在目前的经济环境，这种需要就更显著迫切了。

还有一个迫切需要第二种报的原因，现在每日所印刷的报纸，纸张都完全来自外国，一个报馆的支出，纸张总占着最大部分，我们几个或十几个铜子一份，从汗液淋漓的报贩子手中，收集起来，换成洋钱，再整批的，月月送到外国，换纸回来。我们天天在那里说，要打倒买办阶级，实在我们办报的人，自己就替人做了无条件的买办而不知道。固然在本国纸厂没有大量生产以前，我们不能不忍痛去购用外纸，但我们总应该在可能范围以内，尽我们的力量，去减少外国纸的消耗。第二种报纸的发达正可与这目的相符合，因为小型报纸，篇幅力求经济。不过所谓小型，只是篇幅繁重的报纸一个对立名词，并不一定必须要裁成四开，才算小型；即使比四开大些，而他的内容仍很精要，那么，我们还是可以将他归入小型的一类。反之，虽是四开报，而日刊一二十张，他的内容并不精要，那么，我们也就不能承认他是第二种报了。

第二种报纸的需要既如此迫切，前途的展望，又异常远大，虽然我们到现在，还似乎不容易发现一个能合乎我们理想条件的这种报，但我们新闻同业，总应该鼓着勇气，去共同努力，来发掘这座正待开辟的金矿。

第一、第二两种报纸的性质和特点，上面都已说过。至于第三种报纸，那就是以趣味为中心。他不但和第一种绝对不同，和第二种虽然形式上很相近，论起内容，却仍有很大的差别。因为第二种报纸，注重当天的新闻，无论本国和国外，假使漏登或迟登了一条人人必须注意的大事，那就是了不起的失败。第三种报纸则不然，尽管是重大新闻，他可以不登，尽管是别的报上早经登过的新闻，他可以另换一个方式，从另外一个出发点，再行刊登。比如全国运动会，当天比赛的结果，在第二种报纸，是绝不应该遗漏的。若是第三种报纸，则对于这些结果，尽可放弃，他可以等到全运会闭幕后的十天半月，甚至几个月，再去追写当时运动会中一些趣话杂谈。只要真能引起大众兴趣，他仍然很有价值。这就是两种报纸不同的处所。而第三种报纸，所以能够有广大读者也在此。

讲到第三种报纸的起源和一些成功历史，也是很有趣的。因为在讲第一、二两种报纸时多是拿的一些英国报纸做例子，现在也说一些英国的这类报纸。这类报纸，既然不注重新闻，所以并不一定都是日刊，三日刊、周刊、旬刊都可以。在英国首先创办这类报纸并得到伟大成功的，当然要推刘恩士（George Neunes）。一八八一年，他受着夫人的鼓励，出版了一个周刊，叫作*Tit Bits*。他本是一个百货商店店员，每天要离开夫人，到店里工作。他们夫妇感情很好，因为夫人独坐闺房太寂寞了，于是想出一个方法，在每天工作余暇，就留心遍读各种不同的报纸。遇到奇怪有趣的东西，不管新闻也好，文艺栏中子虚乌有的故事也好，都抄下来，回到家中，慢慢的把这些抄的东西读给他夫人听，当做他们的画眉韵事。读不完的，在第二天他自己离开家，到店中工作的时候，就让他夫人在家里仔细玩味。他起先还恐怕自己觉得奇怪有趣的东西，夫人未必也一样觉得奇怪有趣，后来证明，凡是他所抄回的东西，几乎每件都可以使夫人听了，眉飞色舞地愉快。日子长了，这类材料越积越多，他夫人忽然灵机一动，以为这些东西，既然他觉得有趣，我也觉得有趣，人类的情感，大半相同，假若将这些东西印刷发卖，那么，一定是一笔好生意。她将这个意见贡献给刘恩士，刘自然十二分赞成。无如自己没有资本，四处张罗，不但无人肯帮忙投资，并且大家都讥笑他，说这是一种梦想。幸而有志竟成，最后还是得到了几位欢喜冒险的同志凑成了五百镑钱，开办起来。不料一出版，就震动了全英国的读者。仅仅十四年的工夫，资本就由五百镑加到一百万镑。出版以后虽然不专靠抄报，但他的内容，仍只是一些惊险奇闻、趣事谐谈之类，对于政治消息、世界大事，是毫不注意的。当时与他齐名而以政论见长的史蒂德（Steed），曾邀他合办政治性质的刊物，他写信给史，信中有几句话，至今英国人尚多引此作为两种不同报纸的界说。他告诉史："使一篇文章发生造阁毁阁的惊人权威，这是你的特长，也就是你史蒂德式的报纸。我呢，那只要使整天滴血汗辛苦工作的人，读了得些工作之余的安慰，那就是我刘恩士式的报纸。"跟着刘恩士、另辟了英国第二种报纸宝库的两位大记者，都在刘恩士下面工作过。他们都是受着刘恩士成功的激励。一个是创办《每日快报》的裴松，一个就是创办《每日邮报》的北岩爵士。而他们在未办这两个第二种报纸以前，都先创办了一个与刘恩士同样的第三种报纸。斐松的叫做《斐松周刊》，北岩的叫做《答问》，都有过伟大的销路。

这种报纸，在英国，现在还是不少，销数也很多。其余各国，也有同样情形，至于每日出版且是道地小型（四开）的，如《每日汇报》、《每日镜报》，都可以算作他们的代表者。《每日镜报》，在一九二二年，登载马利公主的一篇结婚特写，销去三百万份，尤其是这种报纸的一个惊人的纪录。

但是这种报纸的成功，他并不是靠着揭发个人阴私，描写两性罪恶，他只是供给人们一些消遣娱乐的资料。而如刘恩士所说，使整天工作的人，得到一些疲劳后的安慰，尤可算是这种报纸的正确定义。如果中国有人要办这一种报，就不能不希望他能多去研究一些这种报成功的经过。

我所要说的第三种报纸，已经草草的讲完。总括起来，他们的出路，第一种报纸，高贵严肃；第二种，通俗简便；第三种，插科打趣，一方面可以使人们做茶余酒后的消遣，一方面在这种包罗万象的刊物上面，也可以启发读者不少的智识。虽然近百年来，因为国民教育的发达、劳工知识的增进，第二种报纸有登峰造极、俯视一切的气概，但在现有制度和环境之下，不特第三种报，自有无限的前途——即使制度与环境变更——即第一种报纸，也决不会因为第二种报纸的兴趣而即可打倒的。所以我说，这三种报纸，只要各自努力，自然各有各的出路。

但是，无论办哪一种报纸，有四个原则，必须坚决遵守。第一，认定办报的对象，虽然我们现在，还没有到某种报纸代表某种职业，报纸是各种职业团体所公有的时候。然而，我们不能不在办报之先，打好主意，我办的是哪一种报纸，预备替哪一种人说话，用哪一种材料，给哪一种人看。鱼与熊掌，是不容易兼有的，从彼疆此界，不能过于严格，而轻重之间，自应有相当分配。第二，要以社会福利为前提，因为办报而忘记了社会福利，那么，就失去了办报的意义，也就是失去了报纸的生命，所以违背社会福利，替私人作政治或发财工具的，都不能算是正当的报纸。第三，要不辞劳苦，尤其需要继续不断的努力。正为北岩爵士所说，办报的人，天天站在奋斗的最前线，不能像煤油大王一样，可以睡在床上发财。第四，要有精密的组织，自报差、工人乃至经理、主笔，均不能不经过有纪律的训练。因为一个报差偷懒，漏送或迟送了一份报纸，或一个工人疏忽，将报纸印错或印得一塌糊涂，这与经理、主笔的用非其人，都一样地会受到读者的责备。所以凡是在一个报馆工作的人员，报馆如能遵守这四个原则，那是绝没有不能成功的。

至于不怕威胁、不怕失败、不怕无聊的攻击、不怕竞争的蜂起，那更是每一个事业家应该具备的精神，不必在此多说了。

在《三种报纸的出路》这个题目下，我所要说的话，都大概说完了。我一方面不能不感谢“记者座谈会”各位先生，给我这样好的一个机会，使我在此地，遇到我的许多纯洁而富于进取的少壮同志。但是另一方面，我也很惶恐、惭愧，那就是耽误了各位两小时的宝贵光阴，辜负了各位发起这一次扩大讲演的意义。在这正吃晚饭的时间，听了我这种乱七八糟的讲话，结果，恐怕只是徒然增加各位的疲困与饥饿，而毫无收获。现在我只好极诚恳的，请求各位不客气的指教和原谅。

（原载1936年1月出版复旦大学新闻系编《报展》纪念刊第45页。复旦大学新闻系为纪念该校创办三十周年，特于1935年10月7日在校举行“世界报纸展览会”。会后，于1936年元月出版《报展》纪念刊）

报人为什么有人不看报

中国国民党中执会宣传部长邵力子昨晨到沪，曾对记者畅谈其对于新闻界的见解。邵氏现任职务，为党治下对新闻事业的最高主持者，其意见如何，当然深值报人注意。邵氏从政虽逾十年，但其从事新闻的时间较此更久，对新闻界的观察，当然非同寻常官吏。邵氏昨日谈话中，对目下报人的批评虽较苛刻，或者就是因为邵氏对新闻界关心较切，希望较殷。我们除感谢邵氏的关心以外，很愿借此陈述我们的意见，以纠正于邵氏。

邵氏第一句话就说目下报人不看报，而以不“多看报”为报人罪，这当然是“概乎言之”。报人不看报，似乎是一件奇怪的事，但事实上的确有此现象。为什么有此现象呢？照我们想起来，不外两种原因：一是报人不信任自己所从事采访编辑的报纸；一是现在报人生活不安定，但求敷衍了事。而所以造成这种原因，就是现在新闻事业所受的束缚太重，弄得恹恹无生气。试问报纸被束缚到连报人自己都不相信，叫什么人相信呢？

邵氏又说新闻检查制度不能撤消的原因，为报人缺乏判断力和社会无制裁力量，其实邵氏所举人事更动消息的例子，似乎和判断力没有多大关系，在报人的经验上——邵氏所没有的经验——知道新闻经过检查之后，检扣的标准和真伪绝无关系，甚至一个去职的官吏不愿听到报纸登载他的病状，就不许报纸载他的有病。所以，愈检查，报人就愈难判断，而谣言也愈多。

的确，新闻检查所在邵氏领导之下，在检查工作已比较放宽，但这一些放宽，是不足以使中国的新闻事业有多大进步的。

（原载1937年4月30日上海《立报》第二版评论）

新闻来源与报馆责任

报纸记载，应力求确实。但有时以事实关系，不能立时得可靠之证明，而该项新闻，又不得不登载，则两全办法，只有将此项消息如何得来明白说出，以示报馆对此并无成见，即使有误，亦决非报馆自造也。惟报馆方面往往不愿，或因一时疏忽，未能做到，于是读者对于报纸所有错误之记载，辄认为报馆有意造谣，为报馆计，诚觉太冤。又报馆转载他报消息，更应标举来源，此则于责任以外，更有同业道德之关系。今年六月，英伦忽盛传：英国某王子，已与剑桥女士（Lady May Cambrige）订婚。最先在伦敦揭载此项消息者为两周报，内容一致，惟其标举来源之方法则迥异。六月二十八日《星期评论》（*Sunday Referee*）云："据本报探悉。"同日《星期快报》（*Sunday Express*）则直截痛快，谓"此项消息，系由纽约各报最先披露"。及至证明其为谣传，虽两报均有记载不实之咎，然读者只觉《星期评论》之谬误，而对《星期快报》则几似毫无责任可言。此据实标举来源所以为一般聪明而有价值之报纸最重要信条之一也。

（原载王文彬编：《报人之路》，上海三江书店1938年版，第41页）

增进探访部效率之一法

巴黎各报，就设备言，较伦敦、纽约远有逊色。惟《无敌报》（*L' Intransigeant*）尚能与英美最大报纸抗衡。其建筑之宏丽，与机械之精美，在巴黎可称第一。虽以销路最大之《小巴黎人报》，亦不如远甚。最近该报为增进探访部之效率起见，除飞机外，特订购高速度之特别汽车四辆，专为外勤记者，供特别事件探访之用。奥总理陶尔斐斯（Dollfuss）被刺，该报记载，最详速精确，即因该报于得讯后，立派员乘此车赴奥，由巴黎至维也纳，仅十七小时即达。当时全世界之特派记者，闻此讯而抵奥者，以此报记者为最先到达之第一人。故访问详记，该报独能首先刊出。按近代报纸之特质，即在利用最新式之印刷机械与交通器具，以视吾国今日，大部分内地报纸，印刷尚用手摇，而外勤记者，惟恃人力车以采探新闻。固宜其闭塞停滞，无从进步也。虽然，报纸之发达与否，以整个社会环境为转移，吾国内地报纸之闭塞停滞，夫岂报纸本身所得负其咎责哉？

（载王文彬编：《报人之路》，上海三江书店 1938 年版，第 41 页）

“纸弹”亦可歼敌

——抗战宣传应与军事并重　动员民众应先使报纸到乡村去

汉奸多，征兵困难，一到距离战区稍远的县、市、乡镇，大多数老百姓即浑浑噩噩，不但看不见抗战的准备，连抗战气氛，都无处寻觅。一切的一切，这是什么缘故？我们可以追根溯源，得一个结论，就是我们由过去以至现在，忽略了孙先生一个很宝贵的遗训，把宣传太看轻了，宣传没有和军事配合，军事进展，而宣传落后，所以造成眼前种种不良的现象。

在孙先生的建国大纲中，其第六条曾明白指出，军事发展到什么程度，宣传就应该马上跟着发展。这虽然指的是革命战争，但这次对日抗战，更是我们民族革命战争中一个最严重阶段，我们应该动员四万万五千万民众，和日本军阀作生死的搏斗。我们只有十分活用孙先生这个宣传与军事并重的原则，来达到动员全民的目的。宣传和军事，看来是两样东西，实际只是一个。飞机大炮，固是制敌的武器，精神的宣传战争，根本上，却更足制敌人的死命。

不仅动员民众，宣传是最主要工具，而宣传对象，实际上包括对敌、对友邦和对自己民众的三种。卢登道夫于欧战结束后，曾痛切申论欧战胜败的原因，说同盟国不是败于协约方面的铁弹，而是败于北岩爵士等的“纸弹”。希特勒在《我的奋斗》中也说：欧战胜败，实由于双方宣传技术的巧拙。协约方面，把宣传当做无上武器，而同盟方面则不过视为告朔饩羊，他最感痛而有力的几句话：“我辈视宣传为失意政客谋生的末路，为无名英雄栖身的微职，所以宣传成效，全等于零。”固然，欧战结果，是有各种必然的原因，但同盟失败最主要的三件事——捷克独立、美国参战、德国革命，无疑的，大部分由于协约方面巧妙宣传所促成。

从卢沟桥事变到现在，军事上，我们虽遭遇不少的挫折，但抗战十月，越抗而我们军队的力量越见坚强。照着孙先生十几年前预测，中日开战，日本两星期可亡中国，我们现在的军队，比孙先生十几年前所估量的军队，其力量加强多少倍，这已是一个显著的铁证。但和军事同等重要的宣传呢？不但对敌人和对友邦的部分，我们没有看见什么成绩，仅就对自己的民众部分说，上面提过，也就是大家痛切感到的不良现象——汉奸多、征兵困难、内地的民气消沉——又哪一件不是宣传失败的表现？我们是否已重蹈希特勒所说到的错误，姑且不论。但我们要抵抗到底，博取最后的胜利，军事以外，我们还必须要从宣传方面作极大的努力。

中华民国立国的基础，也就是我们这次抗战最可靠的本钱：第一，我们拥有巨额的人口；第二，我们还拥有无限资源。拿中国与欧洲任何强国比，人口土地，相差十倍，何以中国的国势，反不如人？这就因不但天然资源迄今还多半埋藏在几千万年的地层下面，没有开发，即最大多数的人力，也是同样被埋藏着。人家每一个国民，几乎都能了解本身和国家的关系，国家的荣辱存亡，就是自己的荣辱存亡。所以一千万人口的国家，就有一千万人去以身家财产拥护国家的生存。我们呢，则除国防军队和极少数所谓知识阶级外，其余几乎将国家和自己，认为风马牛不相及。数字上虽然极大，实际则拥护国家生存的，是极少数——连国防军队也不过几百万人。明白了这个道理，我们的弱不如人自然理有必至，事所固然。

造成这种畸形的现象，一方面是教育没有普及，另一方面就是宣传的不足和过去宣传方法的错误。宣传工具中最主要的一种——报纸，没有深入民间，尤其是造成这种畸形现象的主要原因。我们走进欧洲任何国度，凡是人迹可到的地方，也就是报纸可到的地方。尽管是贫苦的工人，他也要买份报看看，而每一家庭，于早晨采购食粮，当回来的时候，菜篮上面总是盖着一份当天的报纸。所以你尽管和一个年老龙钟的老太婆谈天，她也可以批评内阁政策的良否和国际形势的演变——纵然不尽正确，她心目中总还有这些观念。比起我们来，报纸只集中于几个最大的城市，尽管我们也有第一流最有价值的报纸，但他的内容，仅极少数人，买得起、看得懂。不特穷乡僻壤、野老田夫，与报纸绝缘，就是有十万左右人口的县市，月入一二十元的小学教员，找一份报读，也是困难万分，彼此相去，真不知几千万里！所以抗战十月，尽管我们失去了许多重要省市，死伤了若干万忠勇健儿，而离开战区较远的内地，简直还仿佛不知道有什么抗战，为什么抗战。一般人所认为最能动员民众最能普及宣传的某路军，在他们的防区内，有一位记者曾写过一篇访问记，中间有这样一段："在乡下，这样跑来跑去，感觉到最苦闷的，就是消息太不灵通了。人人都跟聋了耳朵一样，到处费多大劲也找不到一张报纸看，我最想知道的一点，是最近国际间的情势。所以当我听到一个年轻的同志告诉我们说，村公所有报看，我立刻抓着他，一同跑到村公所，可惜报纸还是前五六天的呢！"

这位记者所说的地区，还是临汾未失陷前，某陆军总部在同蒲南段上所驻扎的一个大镇市。由此类推，我们现有的报纸，未能普及内地和人民需要报纸的迫切，可以想见。我们要想纠正抗战时期民众方面的畸形现象，就必须从宣传方面积极努力，而第一步工作，就应设法，如何使宣传的主要工具——报纸——像水银泻地似的，钻入每一个乡村、每一个识字民众的神经中枢。换一句话说，就是"如何使抗战宣传到民间去"！

在讨论具体办法以前，关于宣传的方法论，我先应提出三个原则——统一、集中和普及。

第一，宣传机关，尽管因事实和历史的关系，有种种主管不同的存在，但宣传的最高决策和宣传的主要材料，则必须绝对统一。如果各不相谋，甚至互相矛盾，结果不仅不能收到预期的成效，且必有绝大弊害因以发生。

第二，宣传目标，应集中在最重要、最简单、最明白，人人应知、人人必做的几桩大事件上。琐碎、复杂、艰深，都应该绝对避免。我们过去，就是犯了目标太多的毛病。墨索里尼的成功，他的口号，只是恢复历史上罗马的光荣。希特勒的成功，他的口号，只是完成大日耳曼民族的统一。我们现在要博取抗战的胜利，我们的口号，也以越单纯越好。因为宣传之终极，在造成举国一致的信仰。琐碎、复杂、艰深，则共信最难造成。在宣传目标决定以后，我们就可以集中全力，去求这些目标的实现。方法尽可花样翻新，但目标则必百变而不离其宗。每一个目标，都以各种不同的方法，适应事实，反复吁呼，一年三百六十五天，无时无刻，不断地向每一国民的神经中枢输送，至造成共同信仰为止。宗教家的传道，就正是利用这个原理。天堂地狱，翻来覆去，总不外那几个重要教义，结果要人人信奉，变成他们忠实的信徒。

第三，统一了，集中了，最后的原则，就是普及。我们要将已经集中的宣传目标，普及到全国大众。使全国的每一角落、每一国民，不论他识字不识，都受到宣传的影响。上面的三个原则，互相关联，缺一不可。如果都能做到，则我们的宣传工作，即可有十分美满的把握。关于宣传标准，好在最近临全大会，已有了一个最合理想、最切实际的抗战纲领，现在只需要一个宣传上的统一组织，将这种纲领集中全力普及到全国民众。尤其重要的，我们要将这些纲领的每一字每一句，灌注给站在国防前线的几百万忠勇士兵。因此，在技术方面，我建议应该以特殊方法，创办一个足供五千万人阅读的报纸。方案内容，略如下述。

一、工具器材应求简便

依普通公开张贴，及辗转传观的情形，每报一份，平均可供五人阅读，如此则五千万人阅读的报纸，至少每天须出报一千万份。但全世界现尚无日销一千万份之报（世界销行最多之日报，现亦不过三百万份左右），我欲办此大规模宣传机关，即在平时，印刷工具、纸张来源、发行方法，实在已不易解决。况现值军事期间，普通日出一二万份之报，一遇形势变化，机器纸张，即难迁运。过去东战线《阵中日报》之无法继续出版，及《中央日报》大部分机器之随首都而沦陷，即其明证。且普通办报，一切器材，多来自国外，抗战十月，各地已极感困难，则此大规模报纸，若仍依通常办报方法，自绝无产生可能。故技术方面，必须另行策划。如何使此日销千万份之报，印刷、纸张、宣传在战时均因应裕如，甚至一地陷落，立时可在附近另一地点照常出版，工具器材，绝不至有笨重难迁之危险。此均事先所应逐一预先解决者，盖不如此，此一千万份之普及计划，则将无由实现。

解决方法，即广设分社，由总社将所有报纸内容，以短波无线电报播送，各分社接到后，再用吉士得速印机印刷，该项印机，不需铅字排版，非常简便，如此，则全国二千五百个分社，即可同时出版内容完全相同之报纸一千万份。（详细办法见下节）

二、如何统一？如何普及？

上节所述办法，其详细程序如下：

（1）选定一重要都市，足为抗战时期政治及军事重要枢纽者，为此报总社所在地。

（2）总社为使一般民众士兵，明白易解，及便携带起见，于所在地出版一小型报。内容简要、文字浅显，依据宣传原则，以发扬民族精神，报告抗战消息及国际情势。

（3）总社自设短波无线电电台，将当晚本报所有评论、要闻、文艺等，再加精选。评论通常勿超过三百字，须绝对代表中央意旨，最好能由各负责当局，亲自执笔。国内外要闻，自七条至十条，及足以鼓舞抗战情绪之小说诗歌，总计以三千字为度。并标题大小、次序先后，均由总社编定，每夜依一定时间，用短波无线电，普发全国。

（4）总社于国内各地，以县为单位，每县设一民众版，于国军所在地，以团为单位，每团设一阵中版。民众版可选拔当地党部人员，阵中版选拔各该（团）军政训人员，每一民众版或阵中版，约需职员三人至五人，开办前，应集中总社，予以思想上及技术上之训练。

（5）各民众版及阵中版，每一单位，应备短波收报机二具，每夜接收总社拍出之评论、要闻、文艺。其所以不采用广播收音机者，一因收音易被扰乱；二因各地方言不同，易致舛误；三因报告时如有文言，往往需要解释，时间上殊不经济。故不如无线电报，稳妥便利。

（6）每一单位，应备一英制吉士得式特大号简便速印机。该项印机，形式轻巧，用法简单，全机重量不过百磅。每一小时，用电力可印五千份，不用电力，可印一千五百份至二千份。

（7）每一单位，于接到总社发出之电讯后，完全依照总社指示，即标题大小、次序先后，亦不得擅自更改。唯应有一条至三条，为该单位区域内之消息，或其他公告事项。此项消息，由该单位职员自行负责采编。如此可使在该区域内阅者，不但明了整个国内外重要形势，而与本身关系密切之当地新闻，亦得随时知悉。所有全部材料，均由各单位自行誊入蜡纸，印成一较总社更小一半之八开报。此报在军队中，可完全为非卖品，义务赠阅，在民众方面，则可酌定一最低售价，其原则以收回纸张成本为限。

（8）每一单位，可称为某某报某某分社，其报首可刊为某某报某某版。各单位均一律于每晨出版。因每一单位，其地区并不辽阔，阵中版即可于出版后立时分达于各士兵；民众版，城中阅户，亦可立时分布，余则可以邮寄或其他方法，配达于各乡村。

（9）每一单位，其职员约自三人至五人，以一人为主任，全体职员除分任收电、缮校、印刷、发行各技术工作及编采本单位内之重要消息外，每日并应根据本报所载评论、要闻、文艺，向民间广大宣传。在阵中者，军队长官应以此为向士兵训话之资料。在各县区者，行政机关、党务机关及各级学校，应以此为向民众宣传之唯一标准。同时并采用讲演、游行等方法，使不识字之民众，亦受到与读报同样之影响。

（10）由各负责宣传机关，选拔代表，合组一宣传最高委员会。除宣传原则根据抗战纲领外，并承最高领袖之命，对此报全权指导。所有每日根据宣传原则而采编之一切资料，由总社传达全国各分社，各分社根据第七条所载，无丝毫自由窜改之职权。而军队长官，与地方工作人员，又须根据此报，作训练士兵、训练民众之准绳，如此，则全国宣传，自趋一致。下级干部之负责宣传责任者，既能有所依据，又绝无意志庞杂，甚或掺入反动宣传之危险。宣传统一，即意志统一。最高领袖欲如何领导全体士兵、全国民众，即均可藉此举国一致之宣传工具，直接注入每一士兵、每一民众之灵魂与血液，收效之大，自可操券以待。

（11）假使阵中版以团为单位，则现在应约有一千三百个阵中版。民众版以县为单位，除已陷落及边远地区外，应约有一千二百个民众版。阵中版每单位以三千份计（除士兵外，附近民众，亦可分令阅读，并藉此可以促进军民间之联接），民众版每单位以五千份计，则每日共可发行九百九十万份，连总社本报，即约合前述一千万份之数。通常每报一份，阅及五人。依此数推，此报所能直接发生影响者，即可如前所述，有五千万人。如再以其他宣传办法，普及不能直接读报之民众，则全国即几乎可谓无一人不受此报影响。

（12）此报工作时间，除总社与普通报纸无甚差异外，其发至各分社者，预定每夜自十二时至晨三时，分批将三千字电稿，拍发完毕（因各单位只有收报机，如遭受扰乱，或字句错误，即无法与总社校对，故每次发电，应用两种波长，使每字每句，均得重发一次，故不能不较普通发电所需时间，加倍计算）。各分社收到电稿，随译随缮，当晨四时半以前，可缮毕付印。该简便速印机，因内地有电力处所较少，故拟一律以人力摇转，预计每小时印一千五百份，则阵中版需两小时印毕，即每晨六时半前出版。民众版需三小时至四小时印毕，即每晨八时半前出版。

三、开办及经常费预算

每日印一千万份之报纸，其全部预算：

（一）开办费

总社：十万元。设备印刷，装置短波无线电台，训练各分社人员，及其他用项。

分社：每一单位，应备短波无线电收报机两具，约三百元；英制特大号吉士得式简便速印机一具，约一千元；零件及杂费约二百元；共一千五百元。全国以二千五百社计，共需三百七十五万元（按：速印机，我国亦有仿造者，但容易损坏，且不能多印，唯价格仅及英制十分之一强，如大批制造，特约该项厂商，设法改进，倘有大效，费可大减）。

以上总分社合计，共需开办费三百八十五万元。

（二）经常费

总社：每月一万元。

分社：一是薪给，每社职员，平均以四人计算，每人平均以五十元计算，共二百元，工友二人，每人平均十五元，共三十元；二是印刷原料，蜡纸、油墨、电池等，约共一百元；三是纸张，每社平均以印四千份计算，或用报纸，或用当地国产纸张，平均按报纸价格，暂以六元一令计算（报纸依现在香港市价，约四元五角，但内地则因运输困难，纸商居奇，价格有时特巨，本报在运输方面，应设法取得便利，如绝难办到，则可就地采用国产。因此种机器，国产纸张，任何种类，大抵均可印用），每令足用一日，每月约二百元；四是杂费，约七十元。以上每一分社，月需六百元，全国以二千五百社计，应共需一百五十万元。

以上总分社合计，月需一百五十一万元。

四、分期举办、力求撙节

经费预算如上所列，初观之，虽似过巨，但我们既认定宣传与军事同等重要，则此种普及全国之创举，事实上并不算多，甚至可以列为军费之一部。不过抗战期间，国库支出，总以愈省愈好，故上项计划，不妨分期举办。各机关若通力合作，将现有用于宣传方面之经费，设法调整，则一切开支，必更可抵补不少。

（一）开办费

总社方面，可就现在党报或政府机关主办之任何报纸，择其设备较为完整者一所，照前述原则，予以改进，作为总社出版之日报。无线电台，就现有军用无线电，或中央社置备之无线电，指定两机，在一定时间，为总社拍发电讯。如此，则最多新发两万元，训练技术人员，补充各种器材，即可足用。全国分社第一期暂先设一百所。阵中版，先以师为单位，并专以前线作战部队为限。民众版暂以湘鄂赣等省，其行政专员驻在县或其他人口较多之县市为限。如此，则只需十五万元。其民众版开办费，并可由各省社会教育经费、党部宣传费中，拨充一部分。

（二）经常费

总社既就现有之报改进，则经常费只须酌增三四千元。分社方面，其阵中版，主办职工，可由政训人员担任。民众版，由县党部人员担任。分社办公处所，并可附设于政训处及党部内。且政训处党部原列预算之宣传费，因已有此报，可大部移拨分社。而民众版则尚可酌收报费。如此，则每社每月，平均只增支约二百元，即可足用。

依上估计，则最初试办，开办费，总分社共需十七万元；经常费，每月共需二万余元，仅等于一普通日报之所需，当较为轻便易行。

以后再分期举办，当视国家财政状况，于半年或一年内，设法全部完成。

此报目的，既在普及全国、统一宣传，则与普通营业报纸，全然牟利者，自极不同。但果拥有一千万份举世无匹之销行数量，发行、广告即均有大量收入可能。将来战事结束，政府尽可以营业部分，付托于一商业性质之公司主办，而编辑部分，及宣传方针，则仍由国家全权统制。如此，则国家不费一文，甚且能分得若干盈利，亦未可知。

五、初期试办需时三月

按上述初期试办方法，其进行步骤如下：

（1）选定总社地址，筹办印刷，装置无线电台，如完全新设，约需两月至三月；如以原有设备改充，一个月即可完成。

（2）征调政训及县党部人员，约五百人，至总社所在地，受技术上之训练——收电、缮写、印刷、采访、编辑、宣传术等，约需两月至三月。

（3）定购无线电收报机，吉士得速印机及其他有关器材，约两月至三月，可全部交货。

（4）筹备时间，共定三个月，以上三项，同时并进，自第四月起，总分社即可一律出版。

总括上述，就是我所建议的——“如何使抗战宣传到民间去”。如果这个建议能得到政府的采纳，那么大家所焦虑的汉奸问题、壮丁问题、民众麻木问题，在最近期间，或就可一一解决。而全国民众，尤其数百万站在国防前线的忠勇士兵，因为我们有了统一、集中、普及的大规模宣传，与军事进展，得到配合，抗战力量必更可绝对加强。从此，我们四万万五千万人口的中国，就可以真正有四万万五千万人参加抗战，发挥我们最大宝藏的人力，最后胜利，还有什么疑问？

至于对敌和对友邦的宣传计划，俟异日再行论述。总之，我们伫盼最近的将来，使跳梁倭寇，于铁弹以外，再尝尝我们“鲁登道夫”所谓“纸弹”的苦痛！

（原载1938年5月13日至15日《大公报》第三版及5月18日《大公报》第五版）

上海《立报》奋斗的经过

——贯彻我们“报纸大众化”的主张 使《立报》走进上海社会的每个角落

（上海《立报》“被迫停刊周年纪念”）

去年今天（1937 年 11 月 24 日——编者注），我们的上海《立报》，在第一版上，突然发表了下面这样一个启事：“本报因环境关系，自本月二十五日起，停止发刊。敬以满腔热忱，于此临别之时，向爱读本报诸君，致其最大之谢忱。”

同时，我们还发表了一篇《本报告别上海读者》，郑重提出我们和读者的共相策勉。其中一段是：

“我们虽然暂时在上海停刊，我们决不放弃我们的责任；我们也相信我们在上海的数十万读者，虽然暂时不能和我们相见，也决不会放弃他们对民族的责任的。……”

“小记者”先生，在他一篇最简短的小文中说：“我们愿意这离别要长久！我们要长期抗战，长期抗战的结果，我们必得最后胜利！我们下次与读者相见之期，就是在最后胜利之时。”

虽然决定停刊的前后，我正在由南京到汉口的流亡旅途中。那时上海和京汉间的电报，都已发生障碍，馆中给我的停刊通知，于停刊后两星期我才在汉口收到。但当我前一个月到上海时，在沪同仁，本就下了“宁为玉碎勿为瓦全”的决心，所以我对于这种措置，和上面那些表示，都认为是十分必要而十分同意的。

关于停刊经过，在“躬逢其盛”的一位同事所写另一篇文章中，已经详细叙述。我现在再补充一下。自从国军退出，到我们停刊，在短短十一天期间，上海新闻界同仁，所遭受的苦痛，恐怕要比十一年，还长得无法容忍。当时我们所可采取的几条途径，如不停刊，则只有：①和缓我们的抗战态度，最简明的方法，就是变“敌军”为“日军”，并将一切稿件，送至日人组织的新闻检查所接受检查；②改由洋商出面，但如此则全部记载，均须采取第三者中立的口吻。经大家详细考虑结果，不但《立报》决定贯彻“勿为瓦全”的决心，大多数同业也先后宣布停刊，正完全表示了我们新闻界抗日意志的坚毅。

以下，再回溯我们由创办到停刊的经过。

《立报》创刊于民国二十四年九月二十日，到停刊时，恰为两年零六十六天。在《立报》创刊以前，上海还没有同样姿态的报纸。民国十三年，我在北平创办《世界晚报》；十四年，再创办《世界日报》。《世界日报》是大型报。十六年，国民政府定都南京，那时除了党政机关几份刊物外，私人主办的日报异常缺乏。我当时决定了个人对于未来中国报纸的一个见解。我觉得革命后最重要、最伟大的一种精神建设，是要尽量多办人人买得起、看得懂的大众化报纸。因为中国虽称拥有四万万五千万人民，但真能了解本身对于国家的责任，称得起一个国民的恐怕还是不到百分之一。这固然是教育关系，然最有效而普遍的教育工具，仍是报纸。如果能做到人人读报，我们就不怕人民不来拥护民族的利益、制裁贪污的官吏、抵抗外来的侵略。达到人人读报的方法：第一，定价必便宜到最低限度；第二，文字浅显而意识正确；第三，少登阿猫阿狗所谓各级要人的起居注，多载有关大众生活的事实和动向。能如此，就可以人人买得起、看得懂，也就是我所理想的大众化报纸。而因中国工商业不发达，广告价值太低，又本国尚无大规模纸厂，纸本昂贵，要想减轻读者负担，即绝不宜走英美报纸的途径。所以，这种报纸，篇幅要异常节省，最好小型。本着这些见解，我就于国府定都南京后的六个月（十月十六）开始创办了一个后来被人们称为“大报小型”的《民生报》，作为尝试。及至我在国外仔细研究了一些近代报纸的趋向，尤其我看到伦敦《每日邮报》和《每日译报》，日销二百万份，而号称最有权威的《泰晤士报》，日销仅二十万份的这个事实，更使我坚定了定价愈便宜，内容愈浅显，就愈可以深入民众的信念。（民国十九年我在燕京大学演讲《中国报纸之将来》，对以上各点说得最为详细）《民生报》在首都不到两年，居然成了一个最得民众拥护的报纸。销路最多，而因广告发达，虽是小型，也日刊到四五张。不幸这个报，在“九一八”事变后，某先生（指汪精卫——编者注）掌行政院时，由于我们外抗强敌、内肃贪污的坚决主张，与某先生一面交涉、一面抵抗的理论，和纵容一二亲信营私舞弊的事实，过于冲突，在二十三年七月二十三日，被某先生以绝对非法之手段与暴力，勒令停刊，我自己且尝了四十天牢狱之灾。某先生更下了一个严厉命令，不但《民生报》在南京须永远停刊，并永远不许我再以任何名义在南京办报。这不仅是《民生报》和我个人的厄运，简直是所谓民主政治下一个最不可磨灭的污点。不过我虽然受了这个挫折，而我所抱大众化报纸的理想，仍丝毫未受影响。在北平的《世界日报》，某先生也曾同时转令黄郛和王克敏，令采取与《民生报》同样的措置。不过那时北平还非黄郛、王克敏等所能完全控制，所以只停版三天，依旧复活。我出狱以后，一面经营《世界日报》，一面仍在计划着如何到南方，去再办一个与《民生报》同样的大众化报纸。几个月后，这个计划，不料就得到实现机会——上海《立报》，就是在这个理想中产生出来的。

《立报》的产生，是在上海水上饭店的一餐便饭席上，匆促决定的。大约是廿四年的五月，我到上海，有几位新闻界朋友，约我吃饭，顺便问我对在上海办报的意见。我就很坦白，很详尽的贡献了我的一切。这班朋友，都大感兴奋。饭后，大家一路步行到我所住的新亚酒店，当时，又详细讨论一番，并立时要我写了一个简单计划和预算。预定资本总额十万元，第一年赔本，第二年起收支相抵，第三年能有盈余。计划定出不到两星期，十万元股本，就由这些朋友和我，全数认定。经过短期间筹备，这个被称为“大报小型”的《立报》，又即在上海与读者相见。

这班和我共同创办《立报》的朋友，有些固然过去有相当交谊，有些则简直初次相见，居然都肯于倾谈之间，不但热烈赞助我的计划，而且肯将各人平日辛苦血汗的积蓄，来投资到这个一般人认为有赔无赚的“新闻事业”。其中有一位，他做了十年外勤记者，好（不）容易积了五千元，因为恐怕银行倒闭，分做十个折子，存在好几个银行内，从来不肯挪动，也居然全数投资。像这样的热忱和信任，真不得不使我抛弃一切，以全副精神，夜以继日，来照料经理和编辑两方面的事务。

虽然我们内部，一致赞助这个尝试的计划，但外面一般人的批评观察，在我们未出版前，却都带着讥讽和轻蔑的精神。有一家在上海销数最大的报纸，他的总经理，竟以友谊劝我放弃这个计划。他说：“上海人不肯看纸张少的日报。你看，许多日出两三大张的报，都失败关门；不关门的，也永远赔钱，何况这样小而又小的小型报?”出版以后，这种见解，虽然渐见改变，然而最初几个月的困苦，恐真要和我们抗战以来浴血奋斗的战士们，有着同样的感想。不过我从来没有对自己上述的主张发生怀疑。而且我一生最坚定的信条，合理的打倒不合理，进步的打倒不进步，科学的打倒不科学，无论怎样艰难，我们相信总都可以克服它。

幸而全部创办人和全部工作同仁，都是以十分坚忍的精神，使这个报纸尽量前进。居然在出版第十个月时，营业方面，收支得到平衡；第十四个月起，股东就有了股息，两条都提早了我原来的估计。因为《立报》始终也是抱定“外抗强敌、内肃贪污”的宗旨，所以极得广大读众的赞许。发行数量，一天比一天增加，“八一三”抗战开始，尤突飞猛进。到停版时，竟日销到二十万份以上，打破上海自有报纸以来的纪录。学生、工人、店员，几乎都人手一编。所谓“高等华人”，也并不以我们的小型而鄙弃。《立报》实在已走进了社会的每一角落。同时，这也就是日人为什么首先要逼迫《立报》在上海停版的唯一理由。

上海《立报》停版以前，北平的《世界日报》，随着北平的沦陷，不但几十万元的资产，全数被日劫掠没收，他们还拿着原来的招牌，继续出版。直到今年，才换成了《新民报》，这是日人在华北的最高机关报，而所有机器、房屋、用具则无一不是我十多年来所流血汗的产物。最近更听说，他们占据了我在南京《民生报》自建的馆屋，改做了《南京新报》。“皮之不存，毛将焉附”，这些物资的损失，当然是每一个不甘做汉奸的国民，所应该牺牲的。但于此，也可以看出，日人在中国，为什么对文化机关——学校和报馆——要这样尽量一贯的摧残。

上海《立报》，已停版一周年了，我们并不觉得这一年期间太长，也正如“小记者”先生所说：长期抗战的结果，一定可得到最后胜利，因为要得到最后胜利，所以我们尽管可以咬紧牙关，等这个机会到来。只要我们仍守定各人自己的岗位，大家为民族复兴而努力，任何牺牲，在所不惜，那么，机会或许已在眼前。我们（与）广大的上海读众，一定很快就可在狂欢的凯歌声中握手再见！

（原载1938年11月24日《香港立报》第二版）

我们需要“平价报”

“胜利愈接近，战斗愈艰苦”，所谓战斗，并非专限于飞机大炮、血肉相持的前方，举凡一切与争取胜利最有关联的部门，如“经济战”、“宣传战”之类，也都包括在内。固然在这一切艰苦战斗的过程中，我们保有许多不可磨灭的惊人优点，但尽量自我检讨，寻求本身缺憾，加以补救，似亦确为当前每一参加战斗者必须注意的工作。

我是一个终身从事新闻事业的半老“小兵”，现在，且将我所认为与“宣传战”最有关联及最迫切的问题——我们需要平价报——提请大家，尤其我们宣传当局和新闻界的前辈领袖，共同研讨。

在最近二十天以前，我从桂林到江西某处，做一两周时间的短期旅行，除衡阳、耒阳两大城市外，我曾在三个人口两万以上的县城和若干人口五千以上的市镇住宿或经过。在这次旅行中，对于一般人认为难于忍受的苦痛，如汽车抛锚、臭虫满床之类，我都极能遵守“素位而行无不自得”及“莫非命也顺受其正”的教训，毫无感觉，其真能使我苦痛的，则是往往一连四五天看不到一张报纸。我是不能一天不看报的人，报纸常被称为“精神食粮”，四五天不看报，实等于四五天不吃饭，是可忍孰不可忍？起初尚以为仅向小市镇和普通店户找不到报，万不料在一个县城中，向县党部及国民小学去找，也都一样地回答没有。有一位小学教员告诉我，他们早已把看报列为奢侈生活之一，与穿西装、吃鱼肉，同为可望而不可即。他们要知道国事，只有从县政府门首张贴的一张播音记录去寻取。但这种播音记录，也不一定能天天贴出，或许天气障碍，或许机件损坏，也或许主办的人另有要公，遂至遗忘，所以他们知道的国事，都是东鳞西爪，不相联属。至于为什么会把报纸列为奢侈品，就因为一个国民小学的办公费，通常不过数十元，笔墨、纸张、灯油、茶水一概在内，而一份报纸的价值，继长增高，由每张两角、三角、五角，加至一元，连邮费每月已在三十元以上，几乎要占到办公费的全部。这如何还看得起？小学校之不能不把报纸当奢侈品，其理由在此，县党部的情形，大约亦相差不远。据说，全城只一县长公署，和两三位发了国难财的商人，订有报纸，但我和他们不相识，未便烦扰。结果遂使我每天所最突兀不安的，倒不是汽车抛锚不抛锚、臭虫吃人不吃人等问题，而是前线情形、盟国战况及世界局势，究已进度到何等境地。每经过一地区，除极少特殊人物，对当前大局，尚能略知梗概外，其余大抵浑浑噩噩，莫名其妙，老百姓则更多数呈现着“不知有汉何论魏晋”的情态。去年九月间，我从桂林循西南国道远来重庆，由金城江起，除在贵阳有报可看外，其余各地，找报也极困难。但或者因那时报价普通还只到每份五角的关系，固困难程度，似还不及此次严重，县市的小学和党部，偶尔还能找到一两份看。如果照此次旅行所得的经历继续推展下去，那么，将来报纸成为都市贵人的专利品，连县政府也找不到一份报纸的时期，也许很快就会到来。我们的抗战宣传，和最多数勤劳大众隔离到如此遥远，岂不是“宣传战”中一个急需补救的重大缺憾！

国家总动员委员会秘书长沈鸿烈氏，在考察湘赣闽桂等省宪政施行情形回到重庆以后，他曾刊布一个公开报告，认为宪政宣传没有普及民间，是宪政成效欠佳的最大原因之一。其实当前的许多重大问题，如征兵难、汉奸多，何尝不都和宣传工作未曾普及民间有着同样关联。当“七七”抗战初起时，我在汉口《大公报》发表《“纸弹”亦可歼敌》一文，对抗战宣传曾提出三个原则——指挥统一、目标集中、对象普及。我极力呼吁，宣传应以全国军民为对象，最低限度应每团有一阵中版，每县有一民众版。而所有宣传资料，连题目大小、次序先后，都应完全由中央主管宣传之总机构编定播发。我提出的口号，是“报纸下乡”，在那篇文章第一段，我有如下的意见：

“汉奸多，征兵困难，一到距离战区稍远的县市和乡镇，大多数老百姓，即浑浑噩噩，不但看不见抗战的准备，连抗战气氛，都无处寻觅。一切的一切，这是什么缘故？我们可以追根溯源，得一个结论，就是我们由过去以至现在，忽略了孙先生一个很宝贵的遗训，把宣传太看轻了，宣传没有和军事配合，军事进展而宣传落后，抗战开始，这情势还未改变，所以造成眼前这种不良的现象。"

我这一"卑之无甚高论"的呼吁，虽曾得到若干方面同情，而现今业已举办、尚待扩展的，如政治部主管的《扫荡》简报，宣传部主管的各地简报，也正就是向着普及军民的大道前进，但因为战局变化和器材困难，像抗战开始时我所拟议的三大原则，似都还难即实现。一方面我们上述的宣传原则，尚须相当时期始可完成；一方面则我们全国各大都市固有的报纸，在此时期，却更因种种关系，其销行愈集中于都市本身，其对象愈集中于少数公务员及知识阶级。"报纸下乡"，仍只被视为一种空泛的理想。老百姓没有尽量普遍受到抗战宣传的洗礼，其浑浑噩噩的情境，由我这一年两次的旅行所见，比抗战初期还要加甚。因此，除祈祷扩展中央普及全国的简报计划能尽速圆满奏效外，一方面我不能不提出一个迫切要求——我们需要平价报。

我国报纸售价，与大多数国民生活水平不相配合，这早在抗战以前，就已深刻感到。民国二十年，我在北平燕京大学，讲"中国报纸之将来"，曾列举欧美各国报纸售价与其国民收入和我们比较，结果，证明实相差太远。如以英国一小学教员为例，通常月入二十镑，即四千八百便士，购报一份，月不过三十便士，仅占其总收入百分之零点六强。而我国一小学教员，通常月入二十元，购报一份，通常以每月一元计，就须占其总百分之五。小学教员尚如此，更穷苦的勤劳大众，自然尤不易有购读报纸的资力。所以中国报纸，始终不能得到广大的销路，销路最大的报纸，自己宣传，也不过十五万份。要像英国四大日报——《每日邮报》、《每日快报》、《每日民声报》、《新闻记事报》——动辄在两百万份左右，真是无法比拟。其唯一致命的原因，就是报价太贵，老百姓看不起。因此，我曾极力主张以勤劳大众为对象，文字通俗，取材精要，一块钱可看四个月（零售每份一分）的小型报。抗战以来，我们全国报纸，随着物价高涨的洪流，即小型报其售价也有增加到每月三十元，甚至三十元以上的。固然一般读者的收入，亦已增加，然每月三十元，与战前每月二角五分比增加一百二十倍。至日出一大张的报纸，以战前的日出三大张月售一元为比例，所增亦恒在百倍左右。除了发国难财的特殊人士，谁的薪俸能有这同等倍数的增加？其不能深入乡村，普及大众，那是势有必至，理所固然的！

所谓“平价报”，正为挽救上述缺憾而起。这一名词，看来似乎新奇，然而他的重要，实不在“平价米”、“平价布”之下。且自限价政策颁行以来，报纸所居地位，纵不是民生必需品中数一数二的老大哥，至少也应是八种以下的第九种，可惜大家都不大注意这问题，就弄到连肥皂、牙膏也不如。肥皂、牙膏，还有人替它议价，报纸的价值，却始终无人过问。主办报纸者，遭受经济环境的压迫，呼吁无门，不能眼看自己的报馆关门，结果，也只好随着物价洪流的激荡，由战前每月售价二角五分的小型报，售到每月三十元以上。这当然不是办报者愿意如此，如果国家有一个精密公平的办法，解除报馆当前的困难，那么，报纸售价，何尝不可遵照政府管制，减到合理的标准。

三年前，国内报纸售价，通常约在每份零售一角五至二角之间，我由香港来重庆，某次，偶应某公垂询关于宣传方面之意见，我当时曾痛切陈述抗战宣传不能普及全国的危险，并指出随着物价工资的高涨，报纸售价，恐仍将有增无已。换言之，即抗战时间愈延长，报纸售价愈提高，一般购买力薄弱的勤劳大众，愈将与报纸绝缘。我曾提供一个“平价报”的办法，即报纸售价，听由政府规定，而由政府以适当定价，供给各报馆用纸。例如政府规定小型报零售每份一角，报馆除去批发折扣及破纸消耗外，实际收入，平均按每份五分计算。每纸一令印报二千份，是报馆印纸一令，可实得报价一百元。政府于严格核定每报实发行数目以后，即可以每令一百元以下之价值供给报馆用纸。其市价高过一百元之损失，概由国库负担。倘政府能再将报价减低，仍可依此比例，减低纸价。自来纯粹经济独立之报馆，其营业方针及收支标准，大抵以发行所入（即售报）抵纸价，而以广告所入抵薪俸及其他一切支出。其广告发达之报馆，为求增强广告之效力，尚宁愿减低售价至纸张成本以下，冀以推广销路。同时，广告部分之增益，即可填补发行部分之亏损。报价增减，纯依纸价为转移。故政府只须以一定价值，供给报馆用纸，报馆即自无提高报价之理由及必要。目前全国报馆，纷纷提高报价，其唯一原因，即在纸价高涨。假使，这三年前“平价报”的办法能够实现，则即在今日，我相信热心为抗战宣传努力的全国报业先进，固仍绝对有欣然接受的必能。

从另一方面看，今日报价最高已涨到战前的一百倍至一百二十倍，而纸价则除白报纸外，任何地所产土纸与战前白报纸比较，似最高尚未涨到四十倍。如以重庆为例，战前白报纸，通常在每令七元左右，而今日重庆土纸，限价为一百六十七元，仅当战前白纸之二十四倍，黑市以二百五十元计，亦仅战前之三十五倍。现在报价之所以涨到一百倍至一百二十倍，未尝不是受着纸价涨风，无法预测的一种恐怖心理所支配。因办报者本身，自然不愿涨价，更不愿效法一般商品，时时涨价，今日决定涨价时，总希望以后不再涨，最低限度，亦几个月内不再涨，而纸价之涨到如何境地，则早晚可有极大不同。今日之三十五倍，安知几个月内不像几何级数的上增，由三十五倍而到七十倍，而一百四十倍。故政府只要安定纸价，予办报者以保障，此种恐怖心理，即自然不再存在。至报馆之广告定价，则政府可尽量放任，听其自然。因今日一般报馆之广告定价，虽然已比战前加到一百倍左右，但仍然还有不嫌昂贵，刊登全版或半版封面广告的商店，可见商人借抗战获得之利率，远在广告增价以上。虽然现在报馆的各项支出，比战前还未全部加到百倍以上，如战前一总编辑之薪俸通常为二百元，今则任何报馆，尚未闻有月薪二万之总编辑。但若物价工资再有增涨，广告定价，即再增百分之百，亦无不可。且因报价减低的结果，销路一定扩大，而销数扩大的结果，广告效力一定增强，广告效力增强，则每一全版封面，像英美报纸的比例，纵售十万元一天，也自会毫无吝色，有人欣然惠顾。照此办法，减低报价，对国家固可使抗战宣传普及深入，其所以增强我国宣传战斗力量者至大且巨；对报馆，毫无损失，且因供给用纸可减少纸张无限制高涨甚至缺市的恐慌，其必然的收获，还可大量提高广告效力，增加广告收入——这就是我所建议“平价报”一举两利的简单轮廓。

切盼负宣传责任的当局及全国报界领袖，对这办法，能予以缜密考虑，倘有实现可能，则报纸向大众去，最低限度，两万人口以上的县，五千人口以上的市镇，在国民小学和党务机关内，总不至再有找不到一份报纸的缺憾。其于动员全民，争取胜利，也总不至毫无补益罢。

（原载《东方杂志》第39卷第9期，第24页，1943年7月15日出版）

《新闻记者法》应速设法补救

在“现阶段”各种客观事实及特殊环境之下，我们中国新闻记者对于“言论自由”的新义，当然有其一定程限，任重致远，相忍为国，绝不会超越现实，作过分的期望。像英美所谓极端“言论自由”制度的解释，政府平时对于一切出版物所能采取之合法行动，只能事后追诉，不能事前防制。报纸出版无须请求登记，任何记载不得经过检查，否则即为政府之重大违宪事件。[①] 此在现阶段之中国，如欲求其实现，自有不可达到之困难。我们深信中国新闻事业目前最切要的课题，不在新闻界本身需要何种广泛庞大的“言论自由”，而在政府所欲施于新闻事业的管制能缜密合理、措置适宜。因此，我们并不反对政府在“争取整个国家民族福利”的号召下，所颁行有关管制新闻事业之任何法令，但我们必须指出，此种法令至少必具备三个要素：第一，确为国家民族福利所必需；第二，培养中国新闻事业，争取国家民族福利之战斗力，积极的扶助应重于消极的约束；第三，同性质之法令宜有其统一性，不可疏漏、重复、互相矛盾。

根据上述原则，对于最近公布的《新闻记者法》，我们也同样认定，并不因其为一种管制新闻事业的法令而感到不满，我们所深切遗憾的，乃是这种法令一旦实行，距我们理想中政府合理管制的目标，还相差太远。它所应该包括的三个要素，第一项，我们为信任贤明政府，固然不容疑虑外，但在第二和第三两项，却很显明地缺乏积极扶助的意义，并充满了不少疏漏、重复和互相矛盾。为切望得到及时补救起见，所以不能不趁此“施行日期”、

① 见 Roue R. Barlou 著 *World' s Press System* 第二节。

《施行细则》尚待制定以前，提出我们研讨的结果，以供国人——尤其贤明当局和全国同业——参考。

一、应从积极方面鼓励报业发展

《新闻记者法》，公布于二月十五日。或许正因为施行日期、施行细则均尚未制定的关系，所以大家还不十分感到这个法令的重要性。但若稍加检讨，我们就立可发现，这个法令的第一重大缺陷，是它根本违弃了中央现行的《本党新闻政策》。该政策第六项规定：对全国新闻事业，应一面施行有效之统制，一面给予切实之扶助。① 可见统制扶助，在中央并未偏废。记者为新闻事业中最主要因素之一，维护记者即所以扶助新闻事业。然从记者法全部条文看来，除统制以外，实在找不到有任何切实扶助的迹象。当去年八月十八日行政院会议通过将内政部所提出之此项记者法草案，送交立法院审议时，重庆“中国新闻学会”即于九月一日，大会议决，以其对于新闻记者太缺乏积极维护的意义，呈请有关机关中止审议。② 但不幸这一呼吁并未得到完满的效果。虽第二十一条——“新闻记者于法律认许之范围内，得自由发表其言论”，似立法者或可指为“维护记者”之唯一表现，然此类广泛抽象之原则，因早由《中华民国训政时期约法》第十五条——“人民有发表言论，及刊行著作之自由，非依法律，不得停止或限制之”，确切规定。国民政府于保障言论自由及记者安全，并曾迭布明令。③ 是则此一条文，权威既不能超过约法，文字且不及约法切实，徒为词费，何补实际！自此以外，试问更从何处能有只字片语可证明其为对于“记者”之扶助与维护？谓为缺乏积极的意义，夫岂过当！

中国新闻事业，无论战时战后，其对于国家民族之贡献，必均极伟大。尤其最近之将来，抗战胜利，建国工作千头万绪，而“心理建设”实为一切

---

① 五届三中全会通过交中宣部执行。

② 见三十年九月二日《重庆中央日报》。

③ 如民国二十一年二月通令保障人民言论出版自由权等。

建设之基础。因若不能改造社会，转移风气，则任何建设事业，一为腐败、偷惰、贪污、苟且之积习所乘，即将弊端百出，土崩瓦解。完成心理建设最有力之工具，首为报纸，故如何使中国新闻事业突飞猛进，发扬光大，换言之，即如何培养中国新闻事业为“争取国家民族福利”所具备之战斗力，此实举国上下所应共同奋勉，全力以赴之鹄的。关于新闻事业之一切立法，必须遵奉中央最高方针，统制扶助，不可偏废。而积极的扶助，其重要性有时且远过于消极的约束。是政府今后不欲提高新闻事业之地位，增强新闻事业之功用则已，如其欲之，则此次公布之《新闻记者法》，为鼓励新闻记者尽职奉公起见，在积极方面，最低限度，即首宜包含下列各项：

甲、凡新闻记者，具有下述事项之一，国家应特予褒奖或抚恤。

1. 由于职务上之非常成就，对国家有重大勋劳者。

“说明”：无论平时、战时，如能发扬民族精神，增进国家福利，转移风气，改造社会，并有确实功效，可资证明者。如美国主持《本雪尼亚公报》(*Pennsylyania Gazette*) 之佛兰克林 (Benjamin Franklin) 在独立战争时，一再鼓吹“不联合抵抗即死”，于美国独立战争之胜利，收效极大。又如被称为“美报之父”的葛雷 (Horrance Greeley) 于南北战争时，应《纽约论坛报》(*New York Tribune*) 鼓吹放奴，所作《二百万人之呼吁》一文，为美国自有新闻史以来，影响政治最成功作品。[①] 倘中国而有此种勋劳卓著的记者，国家自应特予褒奖，以示尊崇。英国新闻史上成功之新闻记者，以一普通平民由国家晋爵授勋者，代不乏人。提倡报纸大众化，创办《每日邮报》，并于第一次欧战，赴美担任宣传工作之北岩爵士，即最著之一例。我国过去，以文字报国，著有奇绩者，未必无有。使国家对此种成功的记者，有崇德报功的定典，其足以增进记者对于国家之贡献，必非浅鲜。

2. 忠于职务，致被杀害或残废者。

“说明”：正义感特别发达之记者，宁死不屈。如北洋军阀时代，若干报

---

① 见 Barbara O. Cochran 著 *The Evolution of Journalism* 第四节及 Reuel R. Bahow 著 *The Preuas A Political and Social Foros* 第二节。

人因反军阀而被杀。抗战军兴，又有若干报人因反敌伪而遇害。此外记者以职务关系，躬冒危险，亲临前线，以致死伤者，其英勇均与荷戈卫国之将士并无轩轾，且实为民族精神所依倚。国家对此种忠于职务之记者，自不能不有以表彰而慰藉之。

3．对新闻事业之发展，新闻学术之研讨，在技术上，或学理上，有重大贡献者。

“说明”：新闻事业，在技术上，学理上，特别为适应中国新闻事业未来之发展，均应依时代演变，谋重大改进。现在工艺品及文艺品之创作，其有特殊价值者，国家均不惜特订规例，优于奖勉。则对此“民族原动力”所依倚之新闻事业，当更不容例外。

4．继续服务新闻事业十五年以上，著有成绩者。

“说明”：新闻记者，职业清苦，其信念不坚者，往往或兼任他职，或见异思迁。为求新闻事业之稳固发展及培养新闻记者高尚品格起见，奖励新闻记者专业化，使新闻记者以服务新闻事业为毕生目的所在，实为重要。似宜仿照教育部褒奖服务教育事业满若干年者之办法，予以褒奖。

乙、新闻记者，于执行职务时，得请求有关机关，予以适当之利便。

“说明”：我国各级政府机关，对于新闻记者，非贱视如皂隶，即长之若鬼神。在调查事实、征集资料时，往往极难获得有关机关之协助。又交通工具，如飞机、舟、车、电报、电话等，或准其优先乘坐，或价格酌予折减，政府为扶助新闻事业起见，似均不妨著为法令，而所谓适当之便利，在政府固仍可随时衡量，并非一绝对刚性的立法也。

丙、下列事项，由国家予以适当之限制。

1．新闻记者之待遇，应视当地生活程度，由主管机关会同该地记者公会，规定一最低之标准。遇重要物价之剧烈变动时，得随时予以调整。

“说明”：欧美各重要国家，其记者公会对于新闻从业员之待遇，多定有最低之标准。我国地域辽阔，生活程度各地相差甚巨，全国标准自难一致。但欲求记者专业尽职，敦品立行，则各地分别订定最低限度之生活保障，自极重要。英美记者待遇较优，故受贿敲诈之事极少。法国记者待遇在全世界几为最低，因之一部分不肖记者乃不仅受国内之贿，向国内敲诈，且公然接受外国津贴，为外国作宣传工具，致法国记者之声誉最为世人所诟病。[①]《新闻记者法》既欲严格提高记者之地位与品格，故此种生活保障即应由国家制定之。

2. 新闻记者之工作时间，通常应以每晚十二时为止，其担任十二时以后之深夜工作者，每人所担任工作时间之总数，应不得超过四小时。

3. 新闻记者，每星期应休息一日。

“说明”：我国报纸，虽进步不如欧美，但记者之不顾健康，吃苦熬夜，其艰苦卓绝之服务精神，则似为世界第一。他国报纸，编辑部工作在每晚十二时以前即大部终了。后到消息，除特殊重大者，多仅由一“夜记者”（Night Editor）负责，编入最后消息栏。此夜记者之工作，时间短，故新闻记者在各国虽仍被视为最劳苦工作之一，但持与我国比较，则其程度实不及我十分之一。我国大多数报纸，特别在各大都市中有地位之报纸，编辑部工作多自晚上八时开始，黎明终了，而以黎明前一二小时为最紧张。实则就每日新闻发生之时间计算，其真须候至夜深始能达到报馆者极少。徒以相习成风，互为影响，遂至上午九时中央纪念周之报告，亦往往非在次日黎明前，报馆不能编发。星期无休息，酷暑奇寒，向无例假，近且并若干节日例假亦均取销。此固为我国新闻从业员负责勤劳最崇高美德之表现，然无形中已不知因此而促短若干记者之寿命。及因健康关系，而使若干富有天才可望成功之记者，不得不中途改变职业。此于整个新闻事业之前途，损失极大。提早出版及星期休息，各报本早有同感，第以缺乏全体一致、公共商决之机会，故多无法实行。《新闻记者法》，倘能有此规定，其造福新闻记者实非浅鲜，惟仍应以不减损报纸内容及信誉为原则。

以上三项如均能逐一列入《新闻记者法》内，则《新闻记者法》对于记者“积极维护”之意义，自可为全国记者所公认，其被全国记者踊跃接受之

---

① 见 Roue R. Barlou 著 *World's Press System* 第二节。

感情，亦必远较“保障言论自由”之空洞原则，及若干专事约束之消极条款，增高百倍。而中央辅助新闻事业之最高国策，因此即不难获得具体之实现。这是我们对《新闻记者法》切望补救的第一点。

二、撤销记者证书必须力求审慎

至于消极方面的约束，在记者法中，其最重要的部分即关于记者登记证的各项规定。主张新闻记者应登记领证的理由，一般多以为新闻记者为自由职业之一，律师、会计师均须登记领证，始能执行职务，新闻记者何可例外，实则新闻记者之是否为自由职业，在今日已大成疑问。因“自由职业”（liberal profession）之含义系指依个人意志、才力，独立营生，无一定雇佣关系者，如律师、会计师、医生、著述家。新闻记者所以通常亦成为自由职业者，大抵因为初期之新闻事业“文人办报”，声气相求，即或有馆主与职工之分，亦多相互敬重，去就自由，并无一定雇佣关系之拘束。而馆外投稿，依件计酬，更与一般著作家之为“自由职业者”无异。新闻记者遂似与律师、会计师同为“自由职业者”之一。然此种情况，由于近数十年来新闻事业之急速进展，已全部改变。今日之新闻事业，绝非过去一赤手空拳之文人，所可创办。亦绝非仅有一二手摇机、脚踏机之印刷店主［伦敦《泰晤士报》创办人华德（John Walter）即最初系一印刷店主］所能兼营。无巨额资本、大量机器，便不能组成一现代式之报馆。报馆所需条件，实与大规模汽车工业、百货公司，并无差别。服务于此种新闻机关之记者，均有一定雇佣关系，如美国新闻职工总会（American Newspaper Guild）即为美国劳动总会（American Federation of Labor）会员之一。过去为要求提高待遇，缩短工作时间，亦曾发生多次罢工运动。[①] 试问如此记者如何尚可称为自由职业？中国新闻事业，其资本化与企业化之程度，虽尚不如英美，然赤手空拳之“文人办报”时代，则确已过去。新闻记者之雇佣关系，多数亦已逐渐演变，成为固定。故仍视新闻记者与律师、会计师同等，主张须登记领证，其凭借之理

① 见 Barbara O. Cochran 著 *The Evorntion of Journalism* 第六节。

由实已不复存在。即退一步言，新闻记者确仍为自由职业者之一，然新闻记者之为自由职业，亦与律师会计师直接关系人民权利义务者不同。新闻记者苟不隶属一新闻机关，即无法执行职务，非若律师会计师之可以个人执行职务，直接对外负责。国家对新闻机关既有出版法及各种法令，层层管制，则于新闻记者之个人登记，即已失其必要。虽纳粹德国有此类“记者登记证”的规定，然其目的在取缔犹太人、非纳粹党员，及非雅利安种人充任新闻记者。我国人民一律平等，载在训政时期约法，与纳粹德国歧视异己者不可并论。故无论新闻记者之是否为自由职业，但出于消极的意义，以登记给证为管制新闻记者之方法，则从任何方面观察，均觉其徒足减少新闻记者之从业感情，及其对于国家之向心力，有害无利，莫此为甚！

但若登记给证，其目的在予记者以法律之保障，如前述中央通过《本党新闻政策》第五项之所规定“积极培植报业人才，施行登记，予以法律上之保障”①，则变消极为积极，当然与前述纳粹德国之专事消除异己者，判若天渊。其与前述扶助新闻事业各办法，将同为全国记者所踊跃接受，自无问题。无如记者法中，又未能尊重此项原则，全部有关登记之条文，对于颁证“记者”，不特毫无法律上之保障，且专以撤销证书为宣布新闻记者职业上之死刑之唯一手段。其轻率恶滥，与律师会计师所受之法律保障，真乃无可比拟。兹将记者法中有关撤销登记证的条文，列举如下。再与律师会计师撤销证书之法定程序，做一对照，即可证明记者法所予记者之待遇，为何等酷虐！不公！

“第四条　有下列情事之一者，不得给予新闻记者证书，其已领有新闻记者证书者，撤销其证书：一、背叛中华民国，证据确实者；二、因违反出版法第二十一条之规定，或因贪污或欺诈行为，被处徒刑者；三、禁治产者；四、褫夺公权者；五、受新闻记者公会之除名处分者；六、国内无住所者。”

“第二十条　新闻记者于职务上或风纪上有重大之不当行为，得由所属公会全体会员三分之二以上出席，出席会员四分之三以上之同意，于会员大

① 见《律师章程》第三十五、三十六、三十七各条及律师惩戒委员会规则各章。

会将其除名。”

“第二十八条　新闻记者违反第二十二条至二十四条之规定者，撤销其证书。”

上列三条，除第四条第一项，像汪逆兆铭一类的汉奸，背叛民国，证据确实，我们决不能许其登记，他也不会来请求登记，这与“三”、“四”两项，同为当然的规定，无待讨论外，现在我们且先将第四条第二项，与第二十八条，及第四条第五项与第二十条，分为两类，加以检讨。

一、第四条所指出版法之第二十一条，其出版法原文为：“出版品不得为下列各款言论或宣传之记载：一、意图破坏中国国民党，或违反三民主义者；二、意图颠覆国民政府，或损害中华民国利益者；三、意图破坏公共秩序者。”第二十八条所指同法之第二十二条至二十四条，其原文第二十二条为：“新闻记者不得有违反国策、不利于国家或民族之言论。”第二十三条为：“新闻记者不得利用其职务，为欺诈或恐吓之行为。”第二十四条为：“新闻记者于其职务解除前，不得兼任官吏。”除记者法第二十四条，记者在执行职务时是否兼任官吏，其事实较易证明，且记者不得兼任官吏，早有法令规定，本可无庸复举外，至第二十二条所列实即等于出版法第二十一条之缩写。惟所用词句远不及出版法之明确。出版法对于违反第二十一条者处罚为：“一年以下有期徒刑，拘役，或一千元以下罚金，但其他法律规定，有较重之处罚者，仍依其规定。”所谓其他法律，殆指刑法内乱、外患、妨害秩序、公共危险等罪，及危害民国紧急治罪法之类。第二十三条与第四条后段意义相似，然贪污、欺诈、恐吓，均为刑事范围。故凡记者法所列明应行撤销证书之条款在其他法律均已有规定。但其他法律，对于此种内乱、外患、妨害秩序、公共危险、贪污、欺诈、恐吓等罪名，均非经法定之手续，正式审判，反复辩证，不能成为定谳。记者法并未指出撤销证书系在刑事判决确定以后（第四条后段所指系已处徒刑为唯一之例外），则是等罪名乃专凭主管行政机关，自由认定、自由裁决。弊害所及，恐非流于罪陷，即将失之轻纵。因所谓言论，何者为“违反国策”，何者为“不利于国家或民族”，及何为“利用职务诈欺恐吓”，此皆非有真凭实据，则在解释适用之时，稍一不慎，即失之毫厘，差以千里。新闻记者，即尽有动辄得罪，啼笑皆非之苦。而撤销证书，乃可成为行政机关任意威胁新闻记者最残酷可怕之武器。其易流于诬陷，自不待言。反之，倘记者而真犯有危害国家，诈欺恐吓之罪行，记者法中，既无如出版法违反某条，依法处刑之规定，则国家对此等罪情重大之记者，不为刑事之追诉，而仅撤销证书，即可视为已施惩罚，是又未免过于轻纵。故从任何观点言，关于上述记者法之各种条文，似均不免有失出入，自相矛盾之嫌。

除触犯刑章外，撤销证书本为对于自由职业者最重大之惩罚。故一切判定撤销“自由职业者证书”之法定程序，莫不异常郑重严密，以免对被惩罚者有所冤误。亦必如此，始足以保障自由职业者之权利。记者法之公布，其最易使人惶惑的，即一方面，记者法认定新闻记者为自由职业者的一种，应该和律师会计师一样，非核准登记、非加入公会，不能执行职务；但另一方面，记者法关于新闻记者的惩罚，如前引各条款，其撤销记者证书之程序，轻率恶滥，较之律师、会计师，简直人间天上，相去万里。律师、会计师的惩戒，均须由惩戒委员会决议。而惩戒委员会之组织，关于律师者，以高等法院院长为委员长，高等法院庭长及推事四人为委员。律师如有违法行为，应由当地地方法院首席检察官，呈请高等法院首席检察官，提起惩戒之诉于高等法院。高等法院认为应付惩戒，再提交惩戒委员会审议。律师被提付惩戒后，得向委员会提出申辩。如不服委员会所为惩戒之决议，并得在一定期限内，向司法行政部部长申明不服。司法行政部部长认为合法时，应咨交“复审查律师惩戒委员会”。复审查委员会系以高等法院院长为委员长，高等法院庭长及推事四人为委员，必由复查会决议应受惩戒时，此惩戒处分乃始确定。而惩戒处分之最严重者为除名，即撤销证书。除名后经过四年，仍得再充律师。至关于会计师者，其初审、复审、辩诉等程序，大体亦均与律师之惩戒相似。[1] 总之，无论如何，没有不经初审、复审、辩诉而即可宣告一

① 见《修正会计师条例》第二十二、二十三、二十四各条及修正会计师惩戒委员会组织章程各条。

自由职业者之除名处分，至终身无可恢复者。有之，则惟有被认为自由职业者之新闻记者，在记者法中，其惩戒乃无需上述之任何程序，一听主管机关，自由处决，不许声辩，不经审判，并永远不许再当记者。此其有欠公允，实无疑义。

二、至于记者法第四条第五项及第二十条，所授予记者公会撤销其会员记者证书之职称，轻率恶滥，恐流弊所及，较所赋予行政机关者，尤有过之无不及。因主管撤销证书之行政机关，在整个政治机构之下，如对记者有过分诬枉情事，尚有上级机关或其他监察机关，可以使其畏忌。倘如记者法所定，准各地记者公会，得直接开除会员会籍，而开除会籍之结果，即不仅现有之记者证书应即撤除，且与主管行政机关所为撤销证书之处分，同其效力，终其身不得再为领证之申请，则记者公会，随时均有被多数把持，排除异己之可能。虽记者法第二十条，将决议除名的法定人数，规定较严，但以市县记者公会会员最低数之十五人计算，只须十人（三分之二）出席，八人同意（出席四分之三），即可决定。我们固相信各地记者公会多能组织健全，所有会员多人格高尚，然安知全国之大，毫无例外，就过去一般社团情形看来，所谓“好人不管事，管事非好人”，此种不合理之论调，有时竟亦异常流行。假使某地有一公会，被人结党操纵，彼等自身在职务上不努力，而惟忌他人努力，自身有重大不正常行为，而惟恨他人行为正当，不同流合污。试更举例说明。假使此所谓某地公会者，其结党操纵乃当地报馆之若干记者，彼辈所主持之地方报，资金微薄，设备简陋，专以联合敲诈为事，报纸业务并不注意，于此有一从附近某大都市著名报馆派来一通讯记者，在该地工作。依记者法第七条规定，此通信记者应加入该地公会。惟因彼异常尽职之故，所采消息均较当地各报迅速确实。于是彼所服务之某都市大报乃盛销于该地。加之，此记者品格优美，颇不直当地记者所为。当地记者，既忌且恨，遂捏词诬陷，反利用公会机构，将其除名。此某地公会，除被诬陷之某都市记者以外，余均系该地出版之各地方报记者。故除名处分，应需之法定人数毫无问题。试问在如此情形之下，此尽职奉公记者，将如何始能得合法之昭雪？

记者法对于公会除名处分，既无许其声辩上诉之规定，一经通过之即成铁案。且一地除名，全国有效。除名以后，永远不得再为记者。以八人之决定，而竟能发挥如此无上之威权，以视律师公会、会计师公会，其于惩戒会员之职权，经决议后，只能依前述律师会计师之一般惩戒程序，送由法院或最高主管机关审理者，真乃不可比拟。例如，律师被公会通过惩戒案，应由公会送请地方法院首席检察官提出惩戒之诉于高等法院，经律师惩戒委员会及复审查律师惩戒委员会两度裁决，惩戒处分始能确定。[①] 同为公会，何记者公会之职权特为庞大！同为会员，何记者公会会员之地位特为渺小！如谓真理属于多数，受多数判决有罪者，其人即无可宽恕辩正，又何以律师会计师之多数判决，其效力仅等于一普通人民之告发告诉，并无确定执行之权？此中理由，诚令无法索解。

（原载1943年3月31日重庆《大公报》第三版、4月3日第三版、4月5日第三版、4月7日第五版。其中，4月7日第五版所载第四部分因原报版面文字漫漶不清，无法辨识，暂付阙如）

---

① 见《律师章程》第三十五、三十六、三十七各条及律师惩戒委员会规则各章。

附：《新闻记者法》（1943 年 2 月 15 日颁布）

第一条 本法所称新闻记者，谓在日报社或通讯社担任发行人、撰述、编辑、采访或主办发行及广告之人。

第二条 依本法声请核准领有新闻记者证书者，得在日报社或通讯社执行新闻记者之职务。

第三条 具有下列各款资格之一者，得申请给予新闻记者证书：

一、在教育部认可之国内外大学或独立学院之新闻系或新闻专科学校毕业，得有证书者；

二、除前款外，在教育部认可之国内外大学独立学院或专门学校修习文学、教育、社会、政治、经济或法律各学科毕业，得有证书者；

三、曾在公立或经立案之大学专门学校经前二款各学科教授一年以上者；

四、在教育部认可之高级中学或旧制中学毕业，并曾执行新闻记者职务二年以上，有证明文件者；

五、曾执行新闻记者职务三年以上，有证明文件者。

第四条 有下列情事之一者，不得给予新闻记者证书，其已领有新闻记者证书者，撤销其证书：

一、背叛中华民国，证据确实者；

二、因违反出版法第二十一条之规定，或因贪污或诈欺行为，被处徒刑者；

三、禁治产者；

四、褫夺公权者；

五、受新闻记者公会之会员除名处分者；

六、国内无住所者。

第五条 声请给予新闻记者证书者，应于声请书载明下列各款事项，向内政部为之：

一、姓名、性别、年龄、籍贯、现在住址及永久通信处；

二、学历、经历；

三、曾执行新闻记者职务者，其所服务报社或通讯社之名称地址，及开始执行职务之年月，与其服务期间。

第六条 本法施行前在日报社或通讯社执行新闻记者职务者，应于本法施行后三个月内声请给予证书，在其声请未被驳回前，得照常执行职务。

第七条 新闻记者应加入其职务执行地之新闻记者公会或联合公会，其地无公会者，应加入其邻近市县之新闻记者公会。

第八条 市县新闻记者公会，以在该管区域内执行职务之新闻记者十五人以上之发起组织之，其不满十五人者，应联合二个以上之县或与市共同发起组织之。

第九条 省新闻记者公会，得由该省内县市公会或其联合公会五个以上之发起及全体过半数之同意组织之。其县市公会及其联合公会不满五单位者，得联合二个以上之省共同组织之。

第十条 全国新闻记者公会联合会，得由省或其联合公会或院辖市公会十一个以上之发起及全体过半数之同意组织之。

第十一条 在同一区域内，同级之新闻记者公会以一个为限。新闻记者公会之会员以领有证书而现执行职务之新闻记者为限。

第十二条 新闻记者公会之任务如下：

一、关于新闻学术及新闻事业之研究与发展事项；

二、关于三民主义之阐发与国策之推进事项；

三、关于宣扬政令与协助政府之宣传事项；

四、关于社会文化之促进与地方风习之改良事项；

五、关于新闻记者品德之砥砺与风纪之整饬事项；

六、关于新闻记者共同利益之维护增进事项。

第十三条 新闻记者公会之主管机关为各级社会行政机关，其目的事业并受有关机关之指挥监督。

第十四条 新闻记者公会设理事监事，其名额如下：

一、县市公会或其联合公会理事三人至九人，监事一人至三人；

二、省公会或其联合公会或院辖市公会理事九人至十七人，监事三人至五人；

三、全国公会联合公会理事十五人至二十七人，监事五人至九人。

前项各款理事、监事之任期，不得逾三年，连选得连任一次。

第十五条 市县新闻记者公会或其联合公会每年开会员大会一次，省以上之新闻记者公会每年开会员代表大会一次，必要时得因理事会之决议或经全体会员三分之一以上之请求，召开临时大会。

第十六条 新闻记者公会得向会员征收入会金及常年会费，有必要时，并得经主管机关之核准，筹集事业用费，新闻记者公会每年度终了，应将财产状况报告主管机关并刊布之。

第十七条 新闻记者公会应订立章程，连同会员名册及职员简明履历册各一份呈请主管机关立案。

第十八条 市县新闻记者公会或其联合公会之章程，应载明下列各款事项：

一、名称、区域及会所所在地；

二、宗旨、组织、任务或事业；

三、会员之入会及出会；

四、理监事名额、权限、任期及选任、解任；

五、会员大会及理事会监事会会议之规定；

六、会员应遵守之公约；

七、经费及会计；

八、章程之修改。

省以上新闻记者公会之章程，除准用前项规定外，并应记载会员代表产生之方法。

第十九条 新闻记者公会会员大会或会员代表大会或理事会监事会之决议，有违反法令者，得由主管机关撤销之。

第二十条 新闻记者于职务上或风纪上有重大之不正行为，得由所属公会全体会员三分之二以上之出席，出席会员四分之三以上之同意，于会员大会议决，将其除名。

第二十一条 新闻记者于法律认许之范围内，得自由发表其言论。

第二十二条 新闻记者不得有违反国策、不利于国家或民族之言论。

第二十三条 新闻记者不得利用其职务为诈欺或恐吓之行为。

第二十四条 新闻记者于其职务解除前，不得兼任官吏。

第二十五条 新闻记者应于开始执行职务后十日内，将证书及所加入之新闻记者公会会员证，缴由服务之日报社或通讯社报请市县政府查验后，转请登记。其变更所服务之日报社或通讯社或解除职务后，而复执行职务者亦同。

第二十六条 新闻记者执行职务，于受有查验证书之命令时，非有正当理由，不得拒绝。

第二十七条 未经领有证书而执行新闻记者职务者，除停止其职务外，处二百元以下罚锾。但第六条所定情形，不在此限。

第二十八条 新闻记者违反第二十二条至第二十四条之规定者，撤销其证书。

第二十九条 新闻记者违反第二十五条之规定者，处五十元以下罚锾。

第三十条 本法施行细则由内政部会同社会部定之。

第三十一条 本法施行日期以命令定之。

（首载1943年2月16日重庆《中央日报·扫荡报》联合版第三版）

报纸必如何始“真”能代表“民意”

——“言论”与“资本”分立的一个创议

胜利在望，宪治有期，争取“言论出版自由”和“改善检查制度”的呼声，因之又重新引起了各方注意。我十分确信这种呼声，在战事结束以后，一定会收到预期的效果。目前所急当缜密研讨的，乃是与上项呼声最有密切关联的中国新闻事业，一旦跟着时代进展，挣脱了一切束缚，是否继此以往，就真能善用其代表舆论的机会，使老百姓的意见经此机构充分发布？据我个人推断，假使我们事先没有准备一个良好、满意的新制度，而仅抄袭英美式的“言论出版自由”，则其结果，将只是资本家或政党的言论出版自由，真正最大多数的老百姓，仍必有冤无处诉，有话无处说。此其原因，即办报要钱，今后步入科学化工业化时代，办报更要最多的钱。最大多数的老百姓，当然不能人人有钱办报；有钱办报的，仅是少数资本家，或有资本家做后台的政党。他们以报馆为保护本身权益的利器，当老百姓权益与他们本身权益冲突的时候，试问有何方法，能使他们扳转枪口，不打老百姓，先打自己？

在法律上，英美的确给予了每一国民以最大限度的言论出版自由权，办报不需登记，事先绝无检查，可惜的是不能人人有钱办报。十五年前，我因为已故某名记者，在某一报学名著中，曾谈到英国报纸有一法例，如果人民为公益事件，投函三次不登，则投稿者可以依法控告此不予登载之报馆。我十分怀疑，英国法律能保障人民言论自由权到如此程度。当我和程沧波先生同游英伦，某次在伦敦《泰晤士报》一记者家中吃饭时，我偶然举此相询，该记者笑谓，假使英国真有此种法律，则每家报馆，即将无一日不在被控告中，因以《泰晤士报》为例，其“致记者函”一栏中，每天所发表的，最多只及来函总数百分之二三，百分之九十以上的来函，都弃掷在废纸堆中。我问是否这些被弃的来函，多与公益事件无关？他对这句话，没有明白作答，但无疑的是登载标准，别有所在，固与公益非公益并无若何联系。某已故名记者的记载，虽系传闻致误，然由此可见最能尊重言论出版自由的国家，实际上并不是每人都有权能将自己有关公益事件的意见，经过报纸充分发表。而自报纸“黄”化以来，一部分英美报纸更借“言论出版自由”的护符为资本家“招财进宝”，败坏风化，唯利是图，这更是英美言论出版自由制度下一种最不幸的现象。所以我们要争取真正的言论出版自由，就不能完全抄袭，一定要惩前毖后，免蹈英美覆辙。而战后中国新闻事业的发展，也即有厘定新制、从速研讨的必要。

或有人要说，我这些话等于“痴人说梦”、“杞人忧天”。因为第一，战后建设千头万绪，一般倾向多集中农林工矿，新闻在一切事业中，显然尚居于次要之列，无人重视。第二，即使有人认新闻事业为一重要工作，然以中国过去及现在报纸情况推断，每日发行数字，极少超过二十万份之记录，通常不过数千份以至数万份。较之英美大报，动以日销数百万份计，相去极远。销行不多，即不需最新式之机械设备，亦即无巨资经营之必要。所谓英美资本家操纵之弊害，在中国根本无从发生。第三，即假定中国报纸有大资本家经营必要，但中国资本家，其投资眼光，多别有所在，不特新闻事业，未易使其动心，即对农林工矿，亦尚少感觉兴趣。他们宁愿花几千万开大旅馆、百货公司，但如有人以报馆股票向其销售，则百分之九十九，势必掩耳疾走。因此种种，所以，凡我对于中国新闻事业未来的忧虑，多认为神经过敏。但我的看法，仍始终坚定，决不动摇。

第一，我认定战后中国新闻事业，以其具有“改造国民心理，转移社会风气”之决定的力量，故在建国时期，地位最为重要。不特不应次于农林工矿，且我敢大声疾呼，依然提出一“建国必先建报”的口号，吁请全国上下，一致注意。第二，中国人口繁庶、土地辽阔，如以英美为例，则一旦随着教育、交通、工商业的发达，报纸销路恐将打破全世界记录，新式设备，与巨资经营，均有必要。第三，多数中国资本家之不热心投资于新闻事业，虽系事实，但若新闻事业，如英美之年获巨利，则彼等眼光，自将转变。以前愿花几千万开大旅馆、百货公司者，今后安知不能以几万万改开报馆。我的看法如此，所以我仍坚持为争取真正的“言论出版自由”起见，我们战后新闻事业，万分需要一良好、满意的新制度。

对此新制度之建议，当然需要全国贤达，尤其我新闻同业各抒己见，共同研讨，在我个人所能想到的，是欲于全世界现行的三种报纸制度——英美式、苏联式、法西斯式——以外，提出一三民主义下中国独有的新闻制度。内容可以四语概括，即“资本家出钱，专家办报，老百姓说话，政府认真扶助、依法管制”。主要办法为将资本权、言论权划分。每一报馆，略如私立学校之董事会，由国家立法，组织一编辑委员会，除投资主办报馆者得自由延聘委员三分之一外，余由学术机关、法定民众团体、读者代表选派三分之二。凡主笔编辑之任免，言论方针之制定，胥由此委员会决定，资方无权干涉。诚能照此做去，则新闻事业需要大资本，无大资本不能建立现代化的新闻事业。但资本家败坏报格，尤其大资本家操纵下之报馆，并不能代表真正舆论，此两大矛盾即可望合理调整。言论权与资本权分划之拟议，我民国二十年在北平燕京大学讲演《中国报纸之将来》时，即曾提到。惟战后中国新闻事业，资本化倾向，必益显著，此问题乃依环境需要而愈感迫切。当然这一建议，绝不敢自认完妥，但最少总可提供国内热心研究此问题者作一参考。现再于阐明此一制度之前，先将报纸在建国工作中地位的重要和中国报业前途何以伟大无限，略加解说。

建国成否首在建报

先讲第一点，抗战胜利以后，报纸在建国工作中，其重要性究将达何境地。目前极普遍的两句口号，也是全国上下一致争取的目标：“抗战必胜，建国必成。”“抗战必胜”，那自“七七”以来大家共有之极坚定的信念，而且这个信念，现已很快就要成为事实了。至于“建国必成”，则我却可以极坦白的说一句：“不敢担保。”因为建国工作的艰巨，比抗战还要加上许多倍。假使国民心理和政治社会的风气，不能从根本上有一彻底改造，那么，“建国”云云，百分之九十九，是会要失败的。许多人总以为抗战胜利以后，只要英美肯大量给予我们技术上物质上援助，建国大业，即不愁不能成功。这实在是一个极浅薄错误的看法。姑举一例，如果偷惰苟且的心理，贪污欺蒙的风气，不能消除，试问英美即供给我们无限资金和机器，让我们开办无数最新式、最伟大的工厂，结果还不将和五十年前在“变法图强”、“推行新政”口号之下，张之洞、李鸿章、盛宣怀等所倡办当时认为极新奇伟大的枪炮局、造船厂、纺织厂、招商局，同一运命，被贪官污吏、冗员惰民，侵蚀一空？所以，我们不需“建国”则已，如真要“建国”，则“精神建设”，确比“物质建设”重要百倍。而精神建设最主要亦最有力的工具，是报纸。因此，我敢大胆而肯定的作一论断：即“建国”之必成与否，要看我们“建报”的成就如何。换一句话说，就是“建国首须建报”。

大家不要以为我这个论断，过于离奇，实在说，我这样对“精神建设”的重视，还是遵据国父遗教和蒋主席训示而来，国父以中国积弱衰败，全由于知易行难之心理，弥漫全国，使全国暮气沉沉，一蹶不振，于是创知行哲学，冀从心理上谋根本之改革，他还郑重于民国十一年指示国民党员：“奋斗之法，宜兼注重宣传，不宜专注重军事。”他说：“改造国家，要根本自人民的心理上改造起，所以感化人群的奋斗比武力更是重要。”又说：“革命成功极快的方法，宣传要用九成，武力只可用一成。”可见国父革命建国的全部计划，实以心理建设为唯一出发点。至蒋主席注重“精神建设”，在所著《中国之命运》中，训示最为明确。第六章论述“革命建国的根本问题”，于阐明国父知行哲学而外，即首先指出：“国家的治乱，民族的兴亡，当以社会风气为转移。”谓：“今日的社会风气，如不改造，没有笃实践履的精神，则建国工作，仍难使其完成。”更痛切断言：“国民的心理，社会的风气，不返于朴实诚笃，建国复兴事业，断没有成功可能。”可见精神建设，为革命建国的基本因素，国父及蒋主席均有一贯的认定。而改造国民心理，转移社会风气，在科学未发达时，它仅能靠少数学者，修身示范，传道讲学。这种方法，当然散布的时间很慢，影响的范围较狭，决难与现代三个最伟大工具——学校、报纸、广播——相提并论。三者之中，报纸的效率尤巨，假使朱元晦、顾亭林、颜习斋之流，生于现代，我敢相信他们将不会仅以聚集少数门徒开山讲道为事。为求他们自己的抱负得立己立人，迅速宏布起见，他们于做大学教授及不时广播讲演以外，一定还要办报馆，当新闻记者。现代的报纸，可以将一种主张，在数小时之内，广大传播，达于全国，甚至全世界。这比对少数门徒讲道，再靠听讲者逐渐转播出去，功效相差，真乃无可比拟。既然建国的基本因素，首在“精神建设”，“精神建设”的两大目的，为改造国民心理，转移社会风气。而现代因以改造国民心理，转移社会风气，最有力的工具，是报纸。那么，我前面所说的“建国首需建报”，实乃当然的结论，毫不离奇。威尔基于环游世界返美以后，曾研讨苏联二十五年间建国成功的由来，尤其此次抵抗纳粹侵略，全国一致，英勇绝伦，他认为最大原因，是苏联新闻事业的成功。他力言此二十五年中，苏联报纸，已整个改造了苏联人民的心理和风气。这样看来，我们中国的新闻事业，当抗战胜利以后，其在建国工作中，所居地位，如何重要，真已不言可喻了。

中国报业前途无量

至第二点“中国报业前途，何以伟大无限？”我想每一个懂得现代报纸与人民关系，及报纸发达之必然趋势的人，对此问题，都能深切了解。只有那些头脑还没有受过现代洗礼的，才会轻蔑的说：“中国报纸无前途，不敲竹杠即赔本。”一听到办报募股，就避之唯恐不远，即使勉强参加，也认为等于捐助施舍。这种人根本不配谈“报”，且根本不配做一现代化的中国人。

中国有四万万五千万人口，一千一百多万平方公里土地，过去报纸不发达，只是受了政治不安定，教育、交通、工商业停滞不前的影响。一旦政治安定，教育、交通、工商业，平行并进，则人人识字，销路自然增多，公路铁路，遍于全国，报纸流布，即可普及乡村，工商业兴盛，广告乃能有巨额收益。这种景象，我想抗战胜利以后，实施宪政，在三民主义共和国之下，马上即将到来。美国只有一万万三千万人口，七百余万平方公里土地，而全国两千种日报的每日销数，却有五千万份，平均约每两个半人看一份报；每年全部日报的总收入，平均约十万万美金。姑不论中国人口超过美国三倍以上，土地也超过三分之一，我们报纸的销路和收入，应照此比例增加。即退而自认中国现代文化，一时追不上美国，我们照美国的数目，打一对折，日销二千五百万份，年入五万万美金；此五万万美金，以抗战前汇率折算，即约为国币十五万万元，已超过抗战前我四大国家银行所发纸币之总额，或全年国家总支出。如果这“打一对折”的算法，还认为估计过高，仍要大摇其头说“中国报纸无前途，不敲竹杠即赔本”，那么，他是彻底怀疑中国有成为现代国家的可能。我们除听其自暴自弃，还有什么办法？固然，中国现在的报纸，其销路数量和每年收入，诚极微细，然正如刚才所说，只要阻碍中国报纸发达的各种环境，一有改善，这种数字，就立刻会以惊人的速度得到增进。英国在义务教育制度未实施时，报纸销数也很有限，及十九世纪后半期，此制度付诸实施，各种现代化的报纸，即勃然兴起。由于北岩爵士之首先倡导，使定价低廉、文字浅显、重风趣、戒沉闷之伦敦四大日报——《每日邮报》、《每日快报》、《每日民声报》、《新闻纪事报》——其销路乃各相继高达二百万份左右。发达之速，无可比拟。再如苏联，在帝俄时代，日报仅八百二十九种，销数二百七十万份，革命以后，据一九三九年所发之数字，则日报已增加十倍，为八千五百五十种；销数增加十七倍，为四千七百五十二万份。英国本部人口五千万，苏联人口一万万七千万，均远较我国为低。就上举两例看来，我国决不必因目前报纸的不发达，而怀疑到未来的发达。我有十分信心，敢担保中国报业前途确伟大无限。而销行的数字，最后还会要超过英美苏任何一国的。

战后报纸怎样办　国家与报纸将建立何种关系

既然中国报纸，在建国大业中，地位那样重要，而他本身的前途，又如此伟大，那么，抗战胜利以后，我们将采用什么方法，来实行我们的“建报”工作，这就是我前已简略说过，而现在更要详细提供大家研讨的问题核心所在。

不仅从事报业的我们为然，所有关心中国民主政治如何建立的人士，目前似乎都有一个惶惑不易解答的疑问，横梗在心。即：“言论出版自由，为民主政治之最大支柱，而且有人主张要订入未来世界宪章之中。报纸为言论出版自由之主要产物，但全世界报纸的现行制度，实在都不足以代表真正的言论出版自由。我们如果要使战后中国报纸，能代表真正的言论出版自由，尤其能适合三民主义共和国之原则与环境，则我们的报纸制度，究应怎样规划确定?”

全世界报纸的现行制度，通常不外三种。

第一种，是英美式高度的“言论出版自由制”。在这种制度之下，有五个特征：第一，创办报纸，除依普通商业的手续外，不须特别登记；第二，无事前检查；第三，不能以命令禁刊某项消息；第四，批评政府官吏失职，不犯毁谤法，但鼓励暴行者除外；第五，有权发表任何消息。虽英有公务秘密法之限制，事实上此法极少援用。这五个特征，是英美报纸所引以自豪的。醉心民主政治者，多以为非如此不足以实行民主政治。他们认民主政治基本要件之一，是大家不受欺蒙，能真正得到一切公平可靠的消息，然后全国国民，乃根据这种正确消息，发表主张，批评得失。正如拉斯基（Harold Laski）在其《政治典范》（*Grammar of Politics*）中一四六页所说：“得不到正确消息的人，他就失去了自由的基础。”所以英美报纸的发表消息，原则上总不愿受政府任何检查或限制（当然战争时期除外）。但一方面，报纸虽然从国家立法得到了言论出版自由，然另一方面，这种自由却完全被报纸的所有者，换言之，即少数资本家劫持操纵，宰割无遗。英美人民，既不能个个办报，个个都是报纸的主人，只好眼看少数资本家，打着“代表舆论”旗帜，实行其自私自利勾当。政治上的党同伐异，固不待论，下焉者，为求迎合低级趣味，更不惜败坏人心，流毒社会，所谓报纸“黄祸”，乃为英美现行报纸制度下最所痛心疾首之事。政府固亦曾以种种方法，企图补救。其由法律制止报纸滥用言论出版自由权者，如鼓励暴行、对个人公开诽谤、淫秽文字及春药广告，广告而含有欺诈意味者，离婚案件中有关风化之供词，宣传含有赌博性质之彩票，批评未判决案件等。特此种补救方法，实际收效甚微。至过去与英美同采“言论出版自由”原则之法国报纸，其主人则更有变本加厉，接受外国津贴为外国宣传，以出卖本国利益者，如法记者西蒙（Andre Simone）所著《法兰西罪人》一书中，曾列举许多法国报纸，勾结希特勒、墨索里尼，甘为法奸，背叛祖国。由上述各种情况，可见英美式的“言论出版自由”制，虽确已达到相当高度，但这种自由，人民得之于国家平等的法律，失之于社会不平等的经济，试问这种制度下的报纸，安能代表真正的言论出版自由？我们要建立战后中国报纸的制度，当然应采其原则，汰其流弊，决不能囫囵抄袭，即为满足的！

第二种，是苏联式的“报纸国有制”。依据史达林宪法第一百二十五条第一、二两项，虽每一公民均有其言论出版自由权，但这种自由权，不仅赖以表现的报纸，只共产党党部、政府机关及劳工团体有权经营，即连印报的一切工具，个人也不许私有。在理论上，苏联式无产阶级专政的国家，国内既只有这一个阶级，则仅许代表这一个阶级的机关团体有权办报，亦即等于允许每一个苏联公民有了自由权。不过这种解释，无论其正确程度如何，但在不分阶级，以争取全民福利为目的的中国现有三民主义政制之下，当然是未便采用的。

第三种，要算是法西斯式的“报纸统制”了。纳粹德国，最足为此类国家之代表。在这种制度之下，其主要特征，与英美恰成一对照。如以纳粹德国为例，不仅报纸出版，须先经过特种登记，且每一从事新闻事业之记者，亦须具有雅利安种族、纳粹信仰，及其他特定资格，取得记者登记证，并加入工作区域之记者公会后，始能执业。宣传部长有权随时取消任何记者之登记证，而无任何法院，可以接受被取销登记证者之控诉。新闻去取，评论要点，均须遵照宣传部指示，宣传部并于每报派编辑一人，驻馆督导。像这样被严厉统制着的报纸，当然毫无“言论出版自由”可言。但在纳粹说来，“自由”还是“无恙”，因为他准许私人经营报纸，但真是对“言论出版自由”这神圣灿烂的高贵名词一重大侮辱。现在三个主要的法西斯国家，墨索里尼既已倒台，纳粹和日本，眼看溃败不远，这一种报纸制度，正是全体爱好自由的民主国家，应共予打倒的。于我们未来应采的报纸制度，自不在此数之列了。

我所建议战后报纸新制度

去年四月，许多重庆的新闻同业，因参观物产展览会，齐集成都，在某一新闻学术机关的座谈会上，似乎大家讨论的重心，都集中于中国未来的报纸制度。“应国营，抑应私营?”大家曾发表了许多珍贵的意见。这一问题，于我们的“建报”前途，确极重要。不过就我个人的看法，像苏联式的国营，诚如我上面所说，我们既不是一个阶级专政的国家，三民主义包含所有各阶级的利益，而国民党所争取的乃是全民政治。因此，苏联报纸国有，即一个阶级所专有的制度，在我们自无法采取。我们所能采取的，当然是准许人民自由私营——不是纳粹式的私营，而是英美式的私营。但英美式的高度的“言论出版自由制”，原则上，固似与国民党政纲“人民有完全言论出版自由权”相符，然其为少数资本家劫持操纵的流弊，我们却必须预为防制，不可盲目追随。总之，无论国营私营，世界现行的三种制度，没有一种，可容许我们囫囵抄袭。我们今后乃只有根据中国的特殊环境，在三民主义最高纲领之下，创建我们中国未来的报纸制度，而所谓国营私营的疑问，亦即可迎刃而解。

我所建议的制度，可以用四句简单的话，表达他全部轮廓，那就是：

“资本家出钱；

专家办报；

老百姓说话；

政府认真扶助，依法管制。”

现再逐一说明其意义及方法。

一、资本家出钱

什么叫“资本家出钱”？我的看法，中国报纸，如果不成为国家独占事业，而允许私人经营，则无疑的，这种事业定会一天一天走向大规模资本化。也和经济的自由主义下其他事业一样，资本越小越赔本，越大越赚钱。结果，小资本报馆无法存在，大资本连锁制（Chan System）的报业托拉斯，即应运而兴。唯一原因，就是现代报纸，需要高速印刷机，及一切新式装备，如飞机运送、电传写真之类。这些工具，都绝非小资本所能置办。而且资本愈大，所办报馆及附属事业愈多，支出愈能节省，成本愈能减轻。试举一例，假使和平会议，在华盛顿举行，一个报馆，派一记者驻华盛顿，每月预算，包括薪金、电费，及一切开支，额定美金一万元，这就目前中国报纸的经济状况说，已是一个最大的负担。如果有一家新闻公司，他在全国各重要都市，拥有二十个以上的报馆，那么，他派驻华盛顿记者的全部预算，即使加至每月美金三万元，二十家分摊，每报所出，仅一千五百元，比一报月支一万元者，要减省六分之五。此记者在华盛顿之活动及其收获，无论如何，因预算比月支一万者，增加了二倍，当然他的成绩，公司所派会大大超过仅仅一报所派的记者。由此类推，正如威尔基在《天下一家》中所说，美国汽车工业，大工厂造一辆汽车，成本要比小工厂减省四倍。这是自由竞争主义也就是资本主义下必然的铁则。中国未来的新闻事业，也无法例外。要再像二十年前，我以一个赤手空拳的青年，仅仅二百元资本，在北平创办《世界晚报》，经十五年苦斗，由晚报而加办《世界日报》、《世界画报》，到被日寇没收时，全部资产已值百万（就战前币值计算）。这种佳运，是再不能找到。老实说，假使战后有人在桂林办报，要我替他拟预算，即用最经济、最简单的设备，照战前物价和币值，没有一百万元（依战前对美金三比一汇率计算）我是不敢劝他动手的。因为二十年前，还是文人办报时代，只要你能经常写几篇动人的文章，访几条出奇的特讯，威武不屈，艰苦有恒，就可以获得读者赞赏，使报纸日趋发达。那时，不特不需要一小时印二三十万份的轮转机，就连一小时印一千二三百份的平板机，也尽可无庸自备。一个印刷局，可代印一二十家报纸，报馆本身，很少有印刷装置。岂仅战后中国报纸，此种因陋就简的情况，难再存在，就在抗战前二三年，全国各大都市报纸，没有轮转机及若干新式设备的，也多已纷被打倒。我们既认定未来的中国报纸，将走向大规模资本化，则新闻事业，自然不能不欢迎"有钱出钱"。换一句话说，为求未来中国新闻事业有快速伟大的发达，我们第一个原则，应该不拒绝资本家向新闻事业投资。

二、专家办报

新闻事业资本化，需要大量资本。但别的事业有了资本，一切问题，即几乎都已解决，新闻事业则不然，未来的新闻事业尤不然。因为新闻事业的成功与否，一部分因素，固然靠资本大、设备好，而另一部分，也就是最重要部分，还在报馆的言论记载，如何真能把握重心、争取时间。至于报馆本身的管理，对事、对物、对人，均较其他事业，倍多困难，尤其印刷、运输及传达消息之各种工具，日新月异，技术关系，亦特感繁复。如果一个报馆，不能得到最优秀的工作人员，尽管资本雄厚，也是绝无把握可以保障成功的。试举一例，印度国大派领袖尼赫鲁，他的父亲很有钱，尼赫鲁自己当然也很干练，但他父子在印度合办的《独立报》，就以管理不良，终于倒闭。尼赫鲁因此发誓，不敢再自己办报。又如太平洋战事发生前，我著名某侨领，曾在海外办报多处，他总以为资本可战胜一切，但截至战事发生时止，他所办各报，仍多未达到成功目的，即因替他办报的人，缺乏办报专才。可见新闻事业，需要专门人才主持，其重要性质更过于需要资本。过去办报的人，他的学历及毕生志愿，多不一定和报纸有关，骚人、墨客、官僚、军阀，都可以做新闻记者，甚至一个学采矿冶金的，也可以在报馆写国际论文或编文艺副刊。他们多半视报馆为传舍，流动性极大。在科学发达、分工精密的现阶段，我相信战后新闻事业，这种现象，亦必将归于消灭。只有研习新闻或新闻事业中之某一技术部门，并以办报工作为终身职业的人，才能参加新闻工作。我曾有好些朋友，他们文章写得很好，学问也不错。但一到报馆，做社论、编新闻，无论如何，总不十分适宜。又有一类朋友，他们做过很多大公司的总经理，以为报馆事务部分，也等于普通商业，做一个报馆总经理，自不至发生问题。然而一进报馆，种种困难，无法应付，尤其监管印刷，最使一般初做报馆经理者感到头痛。这些都还仅是最简单的技术问题，在未来新闻事业益趋专门化时代，当然更非专家不能办报。在资本家出钱之后，我紧接着提出“专家办报”这一口号，就是这个意思。

三、老百姓说话

现在问题核心之核心，业已到临。因我此处所提出研讨的，本以“战后中国新闻事业制度应如何建立”为核心，而在我所建议的第三点——老百姓说话——又是这一制度的核心。如果仅如我已经说过的两点，“资本家出钱”、“专家办报”，则目前英美式“言论出版自由制”下被资本家劫持操纵的报纸，其轮廓本已如此。只有真能做到“老百姓说话”，才是我们中国新闻事业制度的一个特征。我的办法，要将资本家投资所得的利益和报纸所代表的人民言论出版自由权，完全分开。伦敦《泰晤士报》创办人华特（John Walter）后裔，以其一部分主权，特别关于决定言论政策之权，移让于特别组织之董事会，及《每日民声报》将经理权交一出版公司管理，言论权则由工党主持，都稍稍含有言论不受资本控制的意义。因为未来的新闻事业，需要大资本，我们现所尊奉的三民主义，只“节制资本”，并不打倒资本。资本家投资一切事业，其主要目的，在获取利润。新闻事业，欢迎他们投资，但只许他们和投资其他公共福利的事业一样，于获取合法利润外，仍须听从国家或社会有关公团之控制。如以公用事务为例，资本家绝不能于获取电灯、自来水或公共汽车之营业权以后，而可将所有灯、水、汽车，居奇垄断，或专凭自身好恶以定供人使用与否之标准；且亦不能专为本身利润，而任意提高价格或减低成本，使电灯不明、水源不洁。英美新闻事业资本化之所以为世诟病，多由于英美学者，通常未认识新闻事业亦为公共事业之一种。他们总以报纸为一种私人经营的自由商业。其列举不能算作公共事业之一证，即公用事业，不能无故拒绝某一人之使用，而报纸主要商品之一——广告——却可以任意拒绝刊登。这实在是一个很可笑的说法，广告可拒人刊登，难道报纸出版后，亦可任意拒人购读吗？如以公共福利为标的，则凡不损害公共福利或违背法令之广告，报纸亦不应有拒绝之权，事实上亦不至拒绝。电灯、自来水、公共汽车，其对于公众之影响，不过限于一区，报纸则可由一市一省推及全国，甚至全世界。资本家不应以投资关系而即攫取整个报纸并其言论为个人私有，事理至明。因此，我主张国家立法，报纸虽准许私营，亦准许与其他任何大规模企业，在同一原则或限度内，获取利润，但每一报馆，必须组织一编辑委员会。私立学校创办人，必须组织一董事会，不能视学校为个人私有，其意义亦颇与此相似。委员会人选，除三分之一得由投资主办报馆者自由延聘外，其余三分之二，则应依一定比例，由学术机关、公共法团、读者代表分别选派。至比例如何规定，代表选派程序如何，在立法时，当然尚须详加研讨。尤其宪政时期，政党林立，由政党主办之报纸，如何能在此制度之下，不妨害其本身正当的宣传目的，要均有悉心考虑之必要。此编辑委员会一经成立，则凡主笔总编辑之任免，报馆言论政策之制定，及对每一重大事件发生时采取之态度，即悉应由其决定，主办报馆者，无权干涉。此委员会既有三分二之多数，出自人民选派，则报馆言论记载，亦即自可真正与老百姓意旨相配合。以资本家个人利益及意志支配报纸言论，及所谓黄色新闻之流弊，亦从此可望避免。从另一方面说，报纸既真能代表老百姓说话，当然即可得到老百姓爱护。过去资本家之所以败坏报格，迎合低级趣味，无非在争取销路，销路多则广告多，广告多则利润多。今以代老百姓说话，而得到大量销路，对于资本家争取利润之目的，并无损害。在资本家自亦不致因编辑权被限制，而即减少其投资新闻事业之兴味，且虽受限制，究比开大旅馆、百货公司，仅仅获利以外，尚多一推派三分之一编辑委员之权。此真一举两得之办法。不必国营，可收到与国营同等效用。且此种报纸所反映之国民意见，必可极端忠实，甚至如我最初所举已故某名记者偶尔误传的“英人为公益事件，投函三次不登，可以控告报馆”之办法，在英国认为绝不可能者，在此新制度之下，竟可做到。此非英美式“言论出版自由”制下之报纸所可比拟。而与我国现所遵行三民主义之原则，及国民党“人民有完全言论出版自由权”之政纲适相吻合。战后报纸私营，一方面需要大资本，一方面又怕蹈英美资本家操纵报纸之覆辙，但此重大矛盾，由于上述“言论权”与“资本权”的切实划分，即有合理解决可能。总之，“老百姓说话”，乃是我所建议新制度中最重要一点“核心之核心”所在。

四、政府认真扶助，依法管制

最后，即这一制度中的第四点，我是切望政府，对战后新闻事业，能“扶助”与“管制”，双管齐下。所谓扶助，一定要“认真扶助”，不能仅以若干空洞好听的名词，敷衍了事。如我去年三月二十一日，在大公报发表《〈新闻记者法〉应速设法补救》一文中所说，政府为鼓励新闻记者尽职奉公起见，最低限度，记者法中应包括下列各项。

甲、凡新闻记者具有下述事项之一，国家应特予褒奖或抚恤：

①由于职务上之非常成就，对国家有重大勋劳者；

②忠于职务，致被杀害或残废者；

③对新闻事业之发展，新闻学术之研讨，在技术上或学理上有重大贡献者；

④继续服务新闻事业十年以上，著有成绩者。

乙、新闻记者，于执行职务时，得请求有关机关，予以适当之便利。

丙、下列事项，由国家予以适当之限制：

①新闻记者之待遇，应视当地生活程度，由主管机关会同该地记者公会规定一最低标准，遇重要物价剧烈变动时，得随时予以调整；

②新闻记者之工作时间，通常应以每晚十二时为止，其担任十二时以后之深夜工作者，每人所担任工作时间之总数，应不得超过四小时；

③新闻记者每星期应休息一日。

以上三项，虽所指专为新闻记者，但保障新闻从业员，亦即为扶助新闻事业之最大因素。其他一切，不难由此类推。

所谓管制，一定要“依法管制”，不仅没有法律根据的管制，在报馆不能接受，且这种法律的订定，除了最不得已外，顶好能包括在一般法律范围以内。特别为报馆订定的法律，以愈少愈好。比如鼓吹暴行、公开诽谤，普通刑法都已有严厉的惩罚，即不必另为报馆而在特别法中别有规定。至开办报馆，既为一种商业组织，则公司法及一般商业法规，均有必须遵循之手续，即亦无庸另行登记。我的意思，中国自有报纸以来，即备受满清及北洋军阀之恶毒摧残，再加以各种客观条件不够，故近代式报纸，虽已有近百年的历史，但规模极小，销路极狭。尤其报馆与记者，随时均有被封、被捕、被杀的危险，故报馆应负的使命，本身迄无法达成。战后建国工作，第一步既须改造国民心理，转移社会风气，报馆在此一工作中，地位异常重要，国家对此种事业，实应尽力倡导。只要报馆的言论权，真能由人民掌握，不至为少数特具野心者操纵败坏，则国家消极的管制，与积极的扶助，其唯一目的，无非促进新闻事业之发展。在过去打倒军阀时期，以军阀政府为对象，报馆与政府立于敌对地位，因而有“报馆不封门不为好报馆，主笔不下狱不为好主笔”之名言，以激励报人反抗军阀、视死如归之勇气。军阀政府，亦即报以封报馆、杀记者为不二法门，且有种种特为镇压报馆而制定之苛法严刑。今军阀政府，既早经打倒，尤其抗战胜利以后，政府与报馆，均同负建国重任，双方正惟有相需相倚，竭诚合作，以完成建国大业。于此，政府而或犹勾心斗角，视报馆为寇仇，及报馆而或犹恶意攻讦，以政府为对象，即均可谓时代错误。在建国的、民主的、法制的政府之下，根本不应有非法封报馆、捕主笔之事，如其有之，即不啻自行否认其为人民拥护的政府。惟若所封所捕，确均依法执行，则此种报馆，当系仅以报馆招牌为掩护，实或阴谋暴动，或贩毒走私，报馆仅为彼等集合党徒、交通联络之秘密机关；又此种主笔，或系假借报馆名义诈欺取财，是其被封被捕，实际上与报馆及主笔之本身地位，毫无关联。尤其绝不能因此而指为破坏言论出版自由之原则。故今后每一报馆，每一记者，应以不违背本身职务、触犯法纲为荣，而以被国家法律正当制裁、封闭捕杀为耻。所谓过去打倒军阀时期奉为圭臬之名言，当反其意义，变为“报馆不封门才是好报馆，主笔不下狱才是好主笔”。必如此，政府与报馆才算确实走上了建国、民主、法制的正轨。

至于扶助和管制的详细办法，当然非此匆促时间所能说明，但扶助要“认真”，管制要“依法”，这在我提出的两个原则中，已大体包括无遗了。而因我所建议的这个制度，每个报馆言论权，既都为纯正人民公意的表现，报馆编辑权操于人民代表之手，英美资本家操纵报馆的流弊，都可免除。则民主国家对报馆的几个基本原则，如前述之：①创办报馆，不须登记；②无事先检查；③不能以命令禁刊某项消息；④批评官吏失职不为毁谤；⑤除有关国家利益之机密文件外，有权发表任何消息。在战后的中国报纸，国家似乎更可放心大胆，毫无保留的全部赋予。国家只要从人民控制报馆言论一点，能详定法案，严密监察，重心在握，一切问题，即均不难迎刃而解。

我所建议“战后报纸新制度”，至此已说明完毕，假使真能做到，则资本家、专家、老百姓和政府精诚合作的一幅远景，转瞬不难实现。而报纸言论，既真由人民主持，我们所争取宪法上人民有言论出版自由的权利，即人人均可平等享受，较之英美，亦远为普遍切实。我确信中国报纸，在建国时期，其地位极为重要，至战后报纸之大规模发达，尤属无庸置疑。当前课题，仅制度上必须得一完善良好的方案。我这建议，不过为寻求这方案的一种尝试，希望引起国内贤达尤其新闻同业研讨的兴趣，使真正符合理想的方案，最后得告成功。而且这方案成功以后，不仅解决了我们“战后新闻事业需要然又恐惧资本化”的矛盾，并也解决了全世界，尤其英美，新闻事业制度的矛盾。我切望这个奇迹，能在三民主义的中国，首先发现。

民国三十三年二月二十四日，桂林

（原载 1944 年 11 月 20 日出版的重庆《中国新闻学会年刊》第 2 期“战后新闻事业研究”专栏，第 20～30 页）

我们这一时代的报人

——北平《世界日报》复刊词

停刊八年的《世界日报》，在全国庆祝胜利声中，于中华民国三十四年十一月二十日，仍在北平原地复刊。我们不愿罗列名公巨卿的祝词贺词，装潢门面，也不愿陈腔滥调写什么宣言、献词之类的新闻八股，浪费篇幅。现在，只老老实实，将我们及《世界日报》同仁心坎上的一些杂感，写献给我们今日的读众，尤其我们这一时代的报人。

我们真不幸，做了这一时代的报人！在同样艰苦奋斗的万千报人中，单就我自己来说，三十多年的报人生活，本身坐牢不下二十次，报馆封门也不下十余次。《世界日报》出版较晚，他创刊于民国十四年，因为诞生地在北平。北平，此伟大庄严的古城，二十年来却多灾多难，内有各种军阀的混战，外有日本强盗的劫踞，《世界日报》和许多恶魔苦斗，所以也就不能不与北平同遭残酷的厄运。厄运的最后一幕，竟使我们经过八年零三个月的悠久时间不能和读者相见，全部资产被敌人没收。起初竟盗用原名继续出版，后改称《新民报》，再改《华北新报》。《世界日报》的生命中断，一个纯粹壮烈民营的报纸，竟遭受如此大的牺牲。实则此种艰辛险恶的遭遇，在这一时代的中国报业，也可算司空见惯，极其平凡。做一个报人，不能依循轨范，求本身事业正常的发展。人与报均朝不保夕，未知命在何时。我们真不幸，做了这一时代的报人！

但从另一角度看，我们也真太幸运了，做了这一时代的报人！我们虽曾遭受各种军阀的压迫，现在这些军阀，谁能再压迫我们？许多恶魔叱咤风云，这一个起来，那个倒去，结果同归于尽。枪杀邵飘萍、林白水以及若干新闻先烈的刽子手，有几个不是杀人者人恒杀之？在林老先生就义的后一天，我也曾被张宗昌捕去，并宣布处死，经孙宝琦先生力救得免。当时张宗昌杀人不眨眼，那威风，真可使人股栗。

然而没有几年，我却在中山公园，时时看见他闷坐来今雨轩，搔首无聊。他屡想和我攀谈，我只是报以微笑。民国二十三年，因为反对汪精卫的媚日外交和包庇贪污，被他封闭了我的南京《民生报》，并将我关在南京宪兵司令部四十天；一面又电令他的北平“同志”，将《世界日报》也停刊三天。他无法定我罪名，也无法消除由此而起的全国沸腾的清议，我终于恢复了自由。他的党徒唐有壬劝我：“新闻记者怎能与行政院长作对？新闻记者总是失败的，不如与汪先生妥协，《民生报》仍可恢复。”我很坚决地答复：“我的见解，完全与你相反，我有四大理由，相信最后胜利必属于我。”此四大理由，最重要的一点，就是“我可做一辈子新闻记者，汪不能做一辈子行政院长。新闻记者可以坚守自己主张，保持自己人格；做官则往往不免朝三暮四、身败名裂”。我们的谈判，因此破裂，《民生报》被强制“永久停刊”。然而几个月以后，当我在南京挂出了“《民生报》”招牌的那一天，我从中山陵回来，经过所谓梅花山“汪墓”，只见许多游人在他墓头排队撒尿。我举以上两个例，并非故作快语，更无自我宣传之义。而且张、汪两贼，势倾全国的时代，凡稍有正义感的，哪一个报人，不恨张宗昌？哪一家报馆，不反汪精卫？我仅是万千同等报人中的一个。

现在我只真凭实据，证明我们的确太幸运，做了这一时代的报人。过去凡是我们所反对的，几乎无一不彻底溃灭。这不是我们若干报人的力量，而是我们忠诚笃实反映舆论的结果。再以此次全世界反法西斯战争来说，在中国，因抗日而牺牲的报纸，不知有多少。当敌人没收我们资产时，岂不志得意满？利用我们的资产，出版了多少伪报？曾几何时，我们终于旧地重来，物归故主。我为收回上海、南京、北平、香港的报纸器材，曾因小小波折，写过一封信给中央某部当局，我很率直地说：“抗战八年，我们做报人的，没有饿死、炸死，已算托上帝保佑，心满意足。我不希望向政府要一官半职，也不向任何机关要一文半钞，更不想藉此机会混水摸鱼，抢他人一草一木，但凭自己血汗，辛苦经营得来的一草一木，可以掉头不顾被人没收，却绝不能在自己政府之下，自动放弃，无故牺牲。”我们有笔，要写文章；有口，要说话。报纸是发表意见最著功效的工具，我们自己一定要竭尽心力，珍重爱护。北洋军阀和日本强盗，都不能打倒我们，不仅过去如此，相信一切反时代、反民众的恶势力，无论内外，都将永远如此。打倒我们的，只有我们自己；只有我们自己，变成了时代和民众的渣滓。我们向正义之路前进，我们有无限的光明。我们的确太幸运，做了这一时代的报人！

如何向正义之路前进，这确是摆在每一报人前面的重大课题。对此，我愿从政治及社会两方面，指出我们今后的任务。

第一，中国现在虽已是全面胜利，列为四强之一，但无可讳言的，威胁国家民族生存的内外危机，在今日并没有整个消除，甚至比以前更严重。站在国民立场，无党无派的超然报纸，对此危机，决不能有丝毫忽视。且正赖这种中正超然，代表最大多数人民说话的报纸，能充分发挥舆论权威，始可使这种危机，归于消灭。不过所谓“超然”也者，既不是一般人所应想的，像两个车夫打架，警察出来，一人一巴掌。也不是由不分皂白的和事佬，东边作一揖，西边作一揖。这两种办法，都不能息争排难，解决问题。我认为“超然”的可贵，就因他能正视事实，自由思想，自由判断，而无任何党派思念加以障害。以目前震动中外的国共纠纷来说，决非空口敷衍写几篇呼吁和平的文章，所能奏效。我们必须发动全国舆论，造成一种最大的力量。就当前情势，我敢放心大胆代替最大多数的中国老百姓说，老百姓一致的要求，是“国民党还政于民”、“共产党还军于国”。假若现政府不能实行民主，肃清贪污，安定人民生活，而欲一手把持，天下为私，我们就要向政府革命；假若共产党不能从民主政治的正轨，争取政权，而仍私拥重兵，四处窜扰，尤其破坏铁路，奴役民众，使国家无法复原，人民无法还乡，自毁国家的地位，将八年抗战，牺牲无数千万生命财产换来的成果，化为乌有，我们就要请政府剿匪。革命不是做汉奸，剿匪不是打内战，这是我们全国真正“超然”的报纸所应该一致确认的，也就是全国老百姓心坎上真正要说的话。我们如不将这一个最大前提决定，不明辨是非曲直，而只想两面求饶，甚或因为怕现在被国民党捉去砍头，就不敢喊“革命”，怕将来被共产党捉去砍头，就不敢喊“剿匪”，这乃万分卑怯可怜的乡愿，决不配称报人，更不配称“超然”。我们要在这样的原则下，去发动全国舆论，正视事实，自由思想，自由判断。老百姓是主人，主人有力量，任何党派，应该听主人的话。国共纠纷，自可得到解决。而威胁国家民族生存的内外危机，也就有从此消除之望。这是我们这一代报人今后在政治上应尽的责任。

第二，我们这一代报人，还另有一重大任务，这就是社会风气的转变和国民心理的改造。“抗战必胜，建国必成”——前一个口号，我们自始就没有怀疑过，至于“建国必成”，则确实大有问题。不说政治纠纷，专从社会方面来看，假使我们一大部分中华贵国的国民，还像从前那样偷惰泄沓、贪污苟且，那么，我们要想建国，试问将从何建起？几十年前，李鸿章、张之洞那一班人，也未尝不想将中国建成一个近代化的国家，他们办过造船厂、枪炮厂、纺织厂等等，然而结果如何？哪一个厂，不是弄得一塌糊涂？长官贪污、职工偷惰，不是关门大吉，就是虚有其名。现在抗战胜利，中国要大规模建设，纵然英美盟邦能够供给我们几千万万的资本、最新最好的机器，然而国民心理不改进，社会风气不转变，我敢预下断语，他的结果，一定不会比几十年前李鸿章等的时代，胜过几何。旧官僚贪污，多少还有点顾忌，目前大多数青年，一经做官，只要权势在手，开宗明义，就想着怎样买汽车、盖洋房、换老婆。我们看看抗战以来所谓经济建设中的若干官营事业，有几件真有成绩？所以我们不谈建国则已，要建国，心理建设，其重要实超过于物质。我们必须将全国贪污苟且、偷惰泄沓的心理与风气彻底扫除，然后才有物质建设可言。否则所谓建设，不过替若干新官僚增加揩油发财的机会。至于心理如何改造，风气如何转变，这一重大任务，除了教育以外，就完全落在我们这一代报人的肩上。我曾经提出一个口号——“建国必先建报”，也正是这个意思。

以上所述，就是我们应走的正义之路。归根结底，我们真不能否认这一时代的报人，确实太幸运。国内军阀摧残不了我们，国外帝国主义者也消灭不了我们，我们现在还能挺起腰杆，替四万万五千万国民说话，我们要发挥舆论权威，一方面建立民主自由的国家，另一方面改造封建腐恶的社会。我们的任务，是何等伟大；我们的前途，是何等光明。眼前若干错综复杂的危机，只是黎明前暂时的昏晦。大家努力，我们这一时代的报人，将为国家奠下富强康乐的基石，将为后世留下灿烂丰厚的资产。我们何幸而为这一时代的报人，在万千报人奋斗的行列中，我及每一《世界日报》同仁，都愿发愤淬励，将永远追从先进，成为这行列中的一员。

（原载1945年11月20日《世界日报》复刊号第一版）

当前报业的几个实际问题

报纸的配给问题，最近将在上海开会讨论。白报纸在今日政府的管制下，整个数量可以说已经够了，问题的症结在于分配的合理与否和是否公平。过去几个月来，政府以全部配纸的二分之一供给上海报界，所余的二分之一中的二分之一又拿去供给全国党报用，党报和上海以外的全国报纸只得到二分之一之二分之一。上海报馆不过十多家，全国党报亦仅二十多个，就分去了四分之三，试想全国民营报纸仅有全部配纸的四分之一，当然不够用，我此次南来就是为全国民营报纸呼吁增加纸的配给数额。

纸的节约是当前最重要的问题，战时欧洲各国报业每天篇幅都限于一张。今天我国的局势还没有脱离战时状态，应该仍以一大张为限。

谈到缩减幅篇，当然有人以某些报纸的广告多或专刊多为由，希望不必以一定的尺度去衡量使大家平头。其实广告多的报纸既然赚钱，政府可以不必另外增加他们的纸，使他们多赚钱。至于副刊多为黄色小说，根本不必要，应该裁减，配给时应以出版一张为标准。

报纸的任务，是发表重要的言论和刊登重要的新闻，报纸并不一定要以篇幅作竞赛。日本战前的报纸，每天不过两大张或两张半，欧陆德国法国也是一样，我们不能因此说日本及德法的新闻事业不发达。我国报纸自始即走上英美的路线，尽量扩充篇幅，战前新申等报多在七八张，殊不知英美因为工商业发达，广告多，非增加篇幅不可，但在工商业并不发达的我国，徒效法英美的皮相，实在不需如此。我国的报业，今后应走大陆国家的路线，缩减篇幅，以宝贵的篇幅，刊载重要的言论和新闻。

纸的配给制度，本质上不如自由采购，我想各报自己采购应该比配给制度好些。如果维持配给制度，也要由民营报业参加核配，不然像上海有些小报纸那样早要倒闭了，多量的配给使这些报领来卖出，反而救活了这些小报。另一方面，各地的民营报，都在过少的配给下闹纸荒，陷于风雨飘摇之中，这是不很适当的。

纸的根本解救办法，当然是自造，以达自给自足。战时敌人在天津、营口、台湾都有大规模的造纸工业，因为日本的纸本国也不敷用。如果将天津和营口的纸厂全部开工，大量生产，产量足够华北之用。就以台湾来说，也差足供给华南。胜利后，百废待举，政府似无暇贯注于此，而致造纸工业在不生不灭的状态中，产量微薄得可怜，我国每年报纸需用量不过五万吨，依然无法解决。任何工业均以大量生产为减低成本之不二法门，政府宜拨大笔经费用以发展原有的工厂，增加经费不免要增发钞票，使通货更加膨胀，但其影响决不如大量消耗外汇去外国购纸影响之大。

如果说要报界像战前一样，投资开设第二个温溪造纸厂，似不甚易为。因为现有的造纸厂都在资源委员会控制下，要发展非常容易。另设厂问题便多了。就以投资来说，今日一切事业，多半由经手人办理，投资的人管不了工厂。再者，报界没有一个全国性的联合机构，一切事都不能共同合作，所以投资也无人管理。

说到新闻教育，高深的研究和普通技术的训练，两者都不可偏废。

就高深的研究方面说，任何学术均应有专门研究的必要性，新闻学研究如何使报纸更有益于人类，他的范围广及于社会学、政治学、经济学、心理学、史学和报业的关系，及报业发展应循的路线。中央研究院设有社会科学研究所，新闻学是社会科学的一种，应在社会科学研究中设所研究。

就技术的训练和教育上看，与高深研究同等的重要，这种教育的目的，是如何使报业能发挥它的最大力量，报人如何工作和如何使工作生最高的效能，这种教育，报馆不能完全胜任，需要新闻教育的学校来办理。

[原载 1947 年 12 月 25 日出版的《新闻学季刊》第 3 卷第 2 期。按：1947 年，《新闻学季刊》曾邀请马星野、成舍我、曾虚白、陈博生等就当时白报纸短缺（所谓“纸荒”）等问题，展开讨论。以上为成舍我发言的记录稿]

出版法与出版自由

——在《报学杂志》第一次座谈会上的发言

我的基本看法是：最好不必有出版法。

现在法令如毛，要找根据的话，都有法律上的根据。我的意思是出版法实在没有制成单行法的必要。例如报纸的登记，普通商业行家都要经过登记，才能设立，报社自然也不能例外。再说报纸诽谤他人，触犯刑法，刑法上的处罚已有明文规定。同时，出版法在人们心目中，印象很坏，四十多年的历史，人民都认为是政府处处压迫人民的言论自由，现在行宪时期，为了适应国家的需要，在政治手腕上，政府何必再以出版法的手镣脚铐加于报界呢？如果政府认为非有出版法不可，那么，基本观念应该认清，就是应该保护多于限制，建设多于破坏，积极多于消极。报人信条也可以使它成为法令的一部分。目前记者的资格乱七八糟，竟有连中学也没有毕业的人持记者名片，到处乱闯；跑单帮的商人，为了种种便利，也以记者身份出现。这些现象与新闻记者社会地位的低落，很有关系，关于记者的学历、资历，应有严格的限制。又如报上随便登载桃色新闻，妨碍他人名誉；报人的健康和安全……这些问题，出版法上都应该注意到才对。

从现实上说，出版法的修正案，我们可以批评的，只有在登记的时间上，由三十五天缩短到十天，比旧出版法稍感进步以外，其余都没有特殊改进的地方。

有几点是很成问题的，例如第十三条："有下列情事之一者，得禁止其为新闻纸或杂志之发行人或编辑人……"如犯刑事，褫夺公权时，还有一个期限，何以在第十三条规定中，却永远不得再做新闻记者呢？可以说没有道理。

第十七条："新闻纸或杂志登载之事项，本人或直接关系人请求更正或登载辩驳书者，在日刊之新闻纸，应于接到请求三日内更正，或登载辩驳书……"

我们报人都有这种经验，有时，的确是属于新闻登错，可是有时明明是消息报导正确而来函更正。根据第十七条规定，是不是报馆明明知道对方是假的，还一定要接受其更正？所以，对于这一条，实在有补充的必要。

最严重的是第二十一条——"出版品不得为下列各款言论或宣传之记载：①意图颠覆政府或危害中华民国者；②妨害邦交者；③意图损害公共利益，或破坏社会秩序者。"所谓"颠覆政府"一点，已有人说过，际此民主时代，颠覆政府为在野党平常之事。再说，所谓"意图"者是一种思想，没有表现于行为，这不应该认为是犯罪。进一步说，"意图"两字即使指颠覆政府或危害中华民国的宣传而说，其界说也太笼统。如果没有一个界说，无异是莫须有，那么，报纸可以说天天违法犯罪了。以我本身来说，民国二十三年在南京办《民生报》时，由于登载行政院某员于建筑行政院时，有贪污嫌疑的消息，为当时行政院长所不满，于是即遭封闭，当时何尝不是认为颠覆政府？所以，如果这样子含糊说下去，每一报纸随时都有被封的危险，每一记者，随时都有下狱的忧虑。

谈到"妨害邦交"，有两段故事可以叙述。英国维多利亚女王时，她主张亲俄，伦敦《泰晤士报》却常有攻击俄国的言论发表，维多利亚有一次召见首相，命他转告《泰晤士报》，不要反对俄国。首相当时回复她说：如果政府对报纸不管，则政府不负责任；如果要管，则今后英政府对所有出版物的言论都要负责了。于是女王表示敬服，这是很值得注意的一件事。

当日本积极在太平洋上建筑防地的时候，美国一家报纸刊出一幅漫画，画日本天皇拖着一辆人力车在街上到处跑，日本也曾向美国提出抗议，却为美国所拒绝。

可是在中国就不同了。我们一定还记得，第二次世界大战以前，杜重远在《新生》周刊上发表《闲话天皇》（应为《闲话皇帝》——编者注）一文，日本大使馆认为污辱天皇，向我政府提出抗议，结果杜重远下狱。又如现在各方批评苏联的文字很多，如果，出版法中有这一条规定，我相信苏联可以根据这点向中国政府提出抗议。所以，我认为我们不需要这手镣脚铐。

说到“意图损害公共利益，或破坏社会秩序”，其所包括的范围更广，危险太大。像这样模棱两可的规定，千万不能列在出版法上！

第二十四条：“出版品不得为妨害他人名誉及信用之记载。”侵害他人名誉，不能由政府代为处理，一定要受害人的“请告”。因之不必再规定在出版法上。

第二十六条：“战时或遇有变乱及其他特殊必要时，得依中央政府命令之所定禁止或限制出版品关于政治、军事、外交或地方治安事项之记载。”这可以说是变相的新闻检查。“特殊必要”指的是什么？换句话说，如果某项新闻对私人不利时，对方就可以利用“特殊必要”，要报馆不登这个新闻，如果登出，就可遭到处分。

出版法第五章为行政处分，所有犯法行为都要受行政处分，危险太大。根据第三十条规定，内政部认为某出版品有违法者，“得指明该事项，禁止出版品之出售及散布，并得于必要时扣押之”。平常的司法诉讼，尚有三审的机会，而不幸的出版品则遭受到随时扣押的待遇。并且，我们可以想象的，如果这项措施，决定于内政部，尚能慎重从事，而发生在地方上，所谓“天高皇帝远”，一定将发生无穷的乱子。所以，我认为如有处分，也应该交由司法机关办理。

以上是我简单的见解，如有不当的地方，请各位指正。

（原载1948年8月16日出版的《报学杂志》试刊号。《报学杂志》于1948年9月1日出版创刊号。按：1948年7月24日，《报学杂志》召开有关“出版法与出版自由”的座谈会，黄少谷、成舍我、陶希圣等均参加。以上为成舍我发言的记录稿）

“用不着《出版法》”

——在《大公报》沪馆时事座谈会上有关“出版法问题”的发言

出版法问题在立法院审查会讨论过。上次内政部代表要大家对这问题加以审查，我个人觉得这东西（指出版法修正草案——编者注）仿佛像小学生的卷子，无从改起，因此决定等下届立法院开会再改。当时陈博生先生也在场。现在我把我个人对这问题的看法分别加以说明：

（1）出版法要不要的问题，在上次审查会也谈起过，后来另外参加一个关于这问题的会议，有的主张不要，也有主张保留的。我个人是主张不要的，因为我们这部宪法是无条件的，人民有言论自由。在北京政府时代的出版法，对出版品有种种限制，现在的出版法的精神和几十年前的互相比较，并没有两样。用行政处分来限制自由，这种精神应该改变。

（2）出版自由精神的违背。很多国家没有出版法，一般书报犯了法，也有一般的法条加以制裁，似乎用不着画蛇添足。我们根本不需要出版法。这是违背时代、违背宪法的东西。一切既有刑法规定，就不必再对书报加上镣铐。我们所说的原则虽如此，但是同时我们不能不顾到环境。在戡乱时期，政府也有理由限制。假使有必要时总动员法内有规定，而且比出版法还要严厉，如果有妨碍戡乱的言论，也可以实施。退一步说，即使要有，不必用正规的永久性法律，可以称为临时性的规则。

（3）基本原则应该是保护多于管制，建设多于破坏，这是我个人的基本看法。

上次立法院讨论修正草案时，内政部代表承认草案本身太草率，最重要的是第四、第五两章，尤其是一、二两项。今天在座的有很多权威，我觉得每个人犯罪应该依行为而定，思想绝对不能算是犯罪。上面“意图”两字根本不能成立。再说我心里想颠覆政府，但是没有暴动，怎么能够算是犯罪？所谓“意图”字样是莫须有的。尤其“妨害邦交者”这一项要不得。如果依照现在的出版法，一旦对美对苏有什么批评，他们向外交部提出抗议，外交部就无法应付了。第四章第二十四条妨害名誉罪，很难解释，譬如记载一个坤伶很多人追求她，有人送汽车给她，她倒以为是光荣的；不登载，她反而认为损失。第二十五条“出版品不得登载禁止公开诉讼事件之辩论”，这一条在保持司法独立上有它的意义，不过应当规定相当的范围。第四章的流弊太大了。

关于第五章行政处分，第三十一条规定地方官署可以暂时扣押出版物，这样报纸的生命太脆弱了。行政处分我希望恢复起来不要太困难，如果恢复困难，则行政处分可停止。工务局叫人民拆房子，可以暂时停止处分，而报纸却不可能。报纸扣了一天，明天就不能拿出来卖了。行政处分太小看了报馆，尤其是三十四条规定永久停止，太不合理。

出版法各条已经包括在刑法之内，为了适合时代潮流，请不必为言论界加上新的镣铐吧。如果为配合戡乱时期需要，出版法最好是临时性的，是保护性的，而第四、第五章却必须修正。

最后，我以为出版法不能有，这不是说我们可以丝毫不受控制、不受法律管制，我们记者是不会没有责任感的，政府可以根据刑法来取缔不法言论。在现况下，政府也可以用总动员法。

（原载天津《大公报》1948 年 8 月 11 日第三版。按：1948 年 8 月 5 日，《大公报》上海馆召开有关“出版法问题”的座谈会，成舍我、程沧波、陈训念、桂中枢、史良、万枚子、王造时等人参加。以上为成舍我发言的记录稿）

我记得……

《新闻天地》问我新年对大局的看法，我是一个不欢喜多谈将来，而愿意追溯过去的人。下面的几段话，是否能作为我对《新闻天地》的答复，就请《新闻天地》的记者先生去自由鉴定吧！

我记得，当十年前，一九四一年十二月八日，珍珠港突被偷袭，及香港、新加坡发生激战的消息，传到重庆，重庆的男女老幼，在那天无不极度紧张兴奋，认为日本小鬼竟又敢和英美巨人挑衅，这真是自寻死路！一位向以“征倭必胜”被称专家的老朋友，曾尽一夜工夫，写成一本小册子，题为《新加坡是日本的坟墓》。第二天满头大汗，匆匆来找一家出版社主人，要他设法在最短时期出版。刚巧我也在座，我笑着说，你如此强调新加坡军港的坚强，但日本先发制人，英美措手不及，也许你这书还没出版，而新加坡业已陷落。他立刻和我大吵一场。结果，不幸这本书，他竟真正白赔了纸张和印刷费，在新加坡陷落以后，一本也未能送到市场去卖。这对于当时一般人所抱“英美最强”、“民主必胜”的信心，确受到不小打击。

我又记得，从那天日本向英美开战起，仅仅三个月，不特香港（十二，二五）、新加坡（一九四二，二，十五），如风卷落叶，迅即陷落，且相继攻占了仰光（三，八）、巴丹（四，九）、爪哇（三，九），更进而直捣澳洲。眼看日军凶焰，将横扫整个东南亚。我们每晚听东京日阀和南京汪记广播，都无不大吹大擂夸扬战果，尤其是汪记汉奸政权，一方面把皇军神威，捧到三十三天，一方面痛骂英美，斥为不堪一击。最妙的是汉奸政权更异想天开，临时造两新字，将“英”、“美”各加一犬旁，改为“獏 ”、“羙”，尽情侮辱，以取媚于主子。那时，重庆却有不少人，对“反侵略战争”的前途，感到彷徨。特别在最后日军攻到独山的一段时期，若干动摇分子，受了汉奸宣传影响，曾偷偷溜出重庆，向汉奸政权靠拢。日本倒台以后，这些三四等汉奸，也有被政府追捕究办的，他们偶然见到抗战时期同跑警报的旧友，几莫不捶胸痛哭，表示愧悔。然而这又有什么办法？谁叫他们在黎明前的黑暗，不咬紧牙关，再多苦熬一下！

最后，我还记得，在我的杂记中，对大陆上贵人们所高捧为“民主革命领袖”的李闯王，曾摘抄过一些有关他一生兴亡的史实。李闯王起家延安，以打倒腐败政府，救济穷苦人民为号召。他的反政府文告有云：“贿通官府，朝廷之威福日移；利入戚绅，闾左之脂膏尽竭。狱囚累累，士无报礼之心；征敛重重，民有偕亡之恨。”这对于当时政府贪污腐败，横征暴敛，及滥捕知识分子，历历如绘。无怪历史上说，“一时读者，多为扼腕感叹”，这似乎对闯王抱着无限同情。

但闯王得势之后，他的恐怖政策，杀死了不少他所号召要拯救的贫苦人民。武昌一役，杀十余万人，大江为之不流。并且他明定条文，除望风投降外，进攻一地，凡拒守一二日的，杀阖城十分三四，如拒守五日以上，即全数屠杀，不留一人。如果农民革命领袖是这样的一种典型，则每城每天，仅枪毙几个或几十个“国特”、“文特”，那真是后不如前，遗笑先辈。也或许这小的残杀，正是未来大残杀的开始吧！

闯王用兵，史称锐不可当，他刳人腹为马槽，或于马前杀活人，以血饮马，因此一到作战，马看见人，就奋跃前进，以为食料。士兵出战，有回顾者，即斩之。这真是“人海战术”的老祖师！无怪乎他能在很短期间，瓦解了大明帝国，逼死了庄烈帝，大摇大摆，坐上了北京皇帝的宝座。

不过他从这宝座跌下来太快了。尤其这位被誉为农民革命领袖的闯王，他的生命却竟是被结束于愤怒的农民之手。明史的记载如下：

自成自武昌走通城，沿途掠杀。通城有罗公山，山有元帝庙，村民正集会谋捍卫闾井。自成单骑登山谒元帝，村民见自成至，争持农器碎其首以死。

“挂羊头，卖狗肉”的下场，如此如此！

（原载1951年1月6日出版的香港《新闻天地》周刊第151期第21页）

“小型报”的远景

——想起十年前手创的《立报》（上）

写稿子最难找题目，也正为这一缘故，《新闻天地》的文债，就一连拖了好久，没有偿还，到了无法再拖的前夕，我偶然翻开了上月三十一日“新天”的第224期，从《恽逸群是个例子》那一篇大文中，触发了我一些回忆。因此，我就以《想起十年前手创的〈立报〉》为题，穷一夕之力，拉杂成篇。不过有一点，我必须对“新天”读者郑重致歉，即“新天”预告中，曾说我有一篇“精彩文章”发表，这“精彩文章”四字，是“新天”的“广告文学”。老实说，我做了四十年记者，写了四十年文章，却从来没有一篇是值得称作“精彩”的！

从恽逸群说起

在《恽逸群是个例子》一文中，曾说“上海租界沦入日军之手时，恽逸群来港，初与主办《生活日报》之邹韬奋相共，后入《立报》继卜少夫兄编副刊《花果山》，兼写短评，文章精犀，富有煽惑性，共产党看中了他，准其恢复党籍，大概在这个时期”。这里面涉及《立报》的一段，在时间上，作者所记，与事实似稍有出入。因为恽入《立报》工作，系在“七七”以前的上海，《立报》迁港出版，他虽也到港，但我并没有再请他参加，继少夫先生编《花果山》的，最初即为少夫夫人，以后由我自兼。他在港时，系替胡愈之办“国新社”。抗战初期，国共合作，郭沫若任政治部第三厅厅长，“国新社”拿政治部津贴，替共产党宣传，他确曾大卖气力，我相信作者所说：他的共产党籍，是在香港恢复的。这话的可能性极大。

《立报》创刊于民国二十四年九月，不及两年，“七七”战起，上海沦陷以后，二十七年四月，《香港立报》出版。当淞沪抗战最紧张时，《立报》发行数字，每日都超过二十万份，曾打破我国自有日报以来之最高纪录。三十年香港沦陷，《立报》在港资产，全部损失。屈指迄今，计距《立报》在沪创刊，现已十七年，距在港停刊，也已十一年。时间虽然过去了如此悠久，但这张报纸的言论、编排，尤其它所倡导的“大报小型化”作风，似乎许多读者还记忆如新，留下了不可磨灭的深刻印象。过去我曾不断从一些报纸的副刊或杂志中，看到若干作家，对《立报》频致其珍重的怀念，他们多很惋惜这报纸精神、型态的消逝。虽然他们提到当时《立报》的一些经过，与事实偶有出入，其所予《立报》的温厚恳挚的同情，却永远是非常令人感动的。因此，曾亲手创刊这张报纸的我，为了一方面使当时若干情形，不致历时愈久，去真相愈远，一方面对中国报纸未来应采途径，像《立报》这一作法更获得充分说明起见，所以在看到《恽逸群是个例子》以后，就也立即触发了我自己对《立报》的一连串回忆。

解答三个问题

为针对过去若干作者对《立报》所抱的疑异，于此我想特加解说的，计有三点：第一，小型报与小报的区别，及小型报在新闻事业中的未来远景。第二，《立报》是怎样成功的，在经济上，他究竟是赔是赚？第三，《香港立报》，在太平洋战争勃发前一月，是否曾做过日本即将突袭英美的警告？当时《立报》既有此预见，何以未及早内迁，而竟让在港资产全部损失？

关于一、二两点，似乎有好几位，都曾将“小报”与“小型报”混为一谈。说到“大报小型化”的做法，许多人都承认《立报》曾获得伟大成就。

不过也有人叹息，谓《立报》以发行为本位，在广告是报纸命源的上海资本社会中，致经济上终于亏本。因此，他们的结论，是小型报在中国不容易有远景。至第三点，所谓《香港立报》曾作过“日本偷袭英美的预测”，这件事我自己本来已几乎忘记了。前几个月，偶然在报纸上看到一篇小说，文中自述作者于太平洋战争时逃难经过，大意曾这样说：一九四一年十一月，东条内阁登台，我那时在香港，看到《立报》有一篇长文，说东条内阁，一定将发动太平洋战争，实行南进，我仔细读过，觉得时机确很危急，我于是先将家眷送走，我一人留在香港，没有多久，太平洋战争，果然爆发，虽然我的家眷幸免于难，自己却饱受了沦陷苦痛。尤其可怪的，即预言日本要发动突袭的《立报》事先却并未搬走，一样的沦陷了。我对于这位作者信任当时的《立报》，及其对《立报》的同情，不胜感动。在又一场战争行将到临的今天，我也愿意趁此机会，一并解答。

小型报与小报

现在，让我先行说明“小型报”与“小报”的区别，及“小型报”在新闻事业中的展望。我不仅认为小型报在中国新闻事业中，将有无限前途，即就全世界新闻事业的动向看来，也早就显露了美丽远景。不过我们必须将两个名词弄清楚，即“小型报”和“小报”，意义绝不相同。小型报是tabloid，他主要原则是要将一切材料，去其糟粕，存其精华。换一句话说，即“小型报”乃“大报”的缩影，他每一篇文章、每一条新闻，最好都不超过五百字。举凡一般大报所刊载冗长而又沉闷，特别像我们中国若干要人们又长又臭不知所云的演说，是绝对不容许在小型报内全文照登。小型报重视言论，竞争消息，广用图片。总之，除量的方面以外，质的方面，只有比大型报更优胜、更精美，亦即中国所谓“以少许胜多许”。他的工作重心，在改写与精编。至于人才的储备、新闻网的布置，绝没有任何一点，可以较最进步、最完善的“大报”减色。至于“小报”，通常了解的意义，正即西方所指的“蚊子报”（Mosquito Paper），不竞争新闻，不重视言论，他只以乱造无稽谣言，揭发个人隐私，为其首要任务，正如夏夜之蚊，到处嗡嗡，扰人清梦，惹人厌恶。这种报，当然不能与“小型报”相提并论。不幸在中国，绝大多数读者，却很容易混为一事。他们在习惯上，往往把改写精编的小型报，也喊作小报。举一个例子，甚至当我正在上海主持《立报》时，在某一中外记者社交集会中，我竟被一位“大报”社长介绍，说“这是现在上海销行最广的一家蚊子报主人”。我当然了解这位社长，并不是有意和我开玩笑，然而小报与小型报的界说，不易被人分辨清楚，同业中尚且如此，广大的读者，自然更难剖析。由这一事实，就很够充分证明了。

四百五十万份

小型报在现代世界新闻事业中，得到显著成功的，业已不少。以伦敦《每日镜报》（*Daily Mirror*）为例，他虽然尚不能完全符合我上述小型报的理想标准，但他的销路，现在已不仅是英国日报中第一位，而是在全世界，没有一家日报可以和他抗争。他目前日销四百五十万份，比全世界最享荣誉的大报——伦敦《泰晤士报》（现日销约二十四万份），差不多超过二十倍。当然，我们不能说《泰晤士报》对英国政治方面的影响，也同样比《每日镜报》差二十倍。不过，当民主政治日渐抬头的今天，报纸的大众化，无论如何，都有他的重要性。如果报纸真能影响读者的政治意见，而一切政治问题，又真靠人民意见来决定，那么，二十多万份《泰晤士报》所谓“上层”人物的读者，他们投票的效力，又如何一定能比四百五十万平民投票的效力大？民主政治，人民的投票权，是平等计算的！因此，像镜报这样的小型报纸，对政治方面的影响，我们自然也不应轻易低估！

即就“上层分子”来说，精编的小型报，对他们也不是不被欢迎的。因为今天的工业社会，人们都是全天生活在紧张中，大家除工作外，很少有悠闲的时间。像纽约《泰晤士报》（即《纽约时报》，下同——编者注），平时每天出版四十面（即十大张），星期日一百面，这岂是一个政党巨头、工商领袖公务丛脞，社交广阔的所谓上层分子，能够从容欣赏、阅读完毕的？北岩爵士于一八九六年主办《每日邮报》（*Daily Mail*），他就曾以“忙人的报纸”号召读者。《每日邮报》在形式上，虽是大型，但创刊时，他所宣示的一切作风，却正是今日小型报的开端。《每日邮报》及北岩爵士过去在英国报业的成功，也就等于小型报的成功。小型报有两大条件，一方面是内容精要，一方面是篇幅缩减。《每日邮报》本来这两个条件都已做到，仅篇幅缩减一点，他之比当时大报如伦敦《泰晤士报》等，减少张数，而没有缩小面积。但这一“忙人报纸”的号召，不特一般体力劳动的工人，热烈欢迎，所谓“上层”分子，也同样感觉便利。直到面积也已缩小，如《每日镜报》之真正小型，在英国市场，争夺读者，此过去销路第一之宝座，才由邮报转移到镜报。

英美之所以产生那样篇幅丰厚的大报（英国自二次大战至现在，因受纸业影响，篇幅已全体缩减），主要是因为工商业发达，广告收入极为庞大。篇幅的增减，完全视广告为转移，新闻、评论、副刊，都只是广告的附庸。在“生意眼”原则下，有时为了版面拥挤，报馆宁可牺牲一条新闻，而不愿牺牲一条广告。上海在中国，过去本是远东最大的商埠，所以许多报纸，都以广告为本位，一切做法，尽量仿效英美。二次大战前的申新两报，就曾拼命竞争，看谁的张数最多，《新闻报》有时连本埠增刊，出到八大张，真是煌煌巨制！那时《新闻报》销路，确也曾压倒一时，他自己宣称日销十五万份。不过许多读者，并不因“新闻”而读《新闻报》，只为了《新闻报》篇幅多，小商店、小摊贩，用来包扎货物，非常合算。包花生米，尤其普遍。即在一般住户中，精于计算的主妇，也愿意订阅《新闻报》，因为除了糊墙、包物、引火等用途以外，按照旧报纸价格，如果每天八大张，每月约合十二市斤，阅后出售，与当时《新闻报》每月一元左右的报价，已所差有限。这是《新闻报》销数特多的主要原因。及战后复员，百业萧条，纸价高涨，《新闻报》这一竞争篇幅的政策，也就被迫放弃，正与英国各报减缩篇幅情形，遥相类似。

用大报当柴烧

“包物”与“引火”，的确是大报篇幅丰厚、寻求销路的有力因素。伦敦《泰晤士报》，就曾因“引火”不够迅速，引起读者责难。在《泰晤士报》“读者投书”中，刊登过一位署名艾利生（Peter Allison）的投函，标题是《从火炉发出的呼声》（A Cry from Heartb）。他开始就向《泰晤士报》抗议，说“我想不到像你们这样一份历史悠久的大报，竟对影响全国每个家庭的一项重大问题，毫不注意”。接着，他说明了这所谓重大问题，即当他用阅过的《泰晤士报》，引火发炉，一连三次，都遭受失败。他警告《泰晤士报》：“如果你们还不赶快换用一种容易燃烧的纸张，那么，我就马上不再看《泰晤士报》了。”这封信登出以后，许多读者替《泰晤士报》辩护，有位主妇写信给《泰晤士报》，说“我一向用《泰晤士报》引火，都烧得很好，简直可以代替柴，艾先生烧不好，大概是艾先生的烟囱应该打扫了”。当这一问题炒得最热闹时，纽约《泰晤士报》非常关心，他请了一些专家将伦敦和纽约两份《泰晤士报》，比较试验。先后用三种方式引火：第一种，紧紧卷起来烧，第二种，松松折起来烧，第三种平平摊开来烧。结果，证明伦敦纽约两报，都同样容易发火，火力都很强烈。这才使纽约《泰晤士报》的心头，放下了一块石头。而向伦敦《泰晤士报》抗议的艾先生，也就似乎再没有向报馆啰嗦了。

对美报的警告

靠篇幅多、可以给读者引薪发火这一保障销路的办法，实在近于滑稽。一遇纸价上涨，越是篇幅多的报纸，就越受威胁。韩战爆发后引起之纸价涨风，前年下季和去年上季，不仅各国报纸，大感不支，即豪富骄人的美国报纸，也显露窘态。许多美国炫耀张数特多的“大报”，只好限制篇幅，限制广告地位，有些则要求广告户补贴纸费，作变相的广告涨价。如果不是最近一年来韩战没再扩大，纸价没再上涨，相反地且已回跌，则美国报纸，可能遭遇到任何一国报纸所未遭遇的恶运。《幸福杂志》（*Fortune*）就曾这样警告过美国同业，“如果美国报纸不设法缩减篇幅，终有一天，将遭受致命的打击”。本来美国报纸，浪费世界“纸”的资源，他通常要消耗全世界纸的总出产量三分之二。仅仅威士康辛州密乌奇（Milwukee）一家《新闻报》（*Journal*），一九五零年就用纸六万吨。这个数字，恰和拥有三亿四千六百万的印度全国报纸总年用纸的总量相等。这是一个何等惊人的比较！因此，我相信，不合理现象，早晚总可以获得调整，竞争篇幅的风气，不久总会过去，而精编、节约的小型报，在美国必将代替许多篇幅丰厚的大报，更抬头、更流行。

报价一再上涨

通常报馆应付纸价上涨的最简单办法，总不外提高报价，但这和报纸传播文化、普及大众的使命，是十分抵触的。因为报纸应以廉价供给读者，人类之需要报纸正与需要阳光、空气、水相似，虽然报纸不能如阳光、空气免费供给，但最低限度总当与自来水的便宜标准，相去不远。假使一味以加价来解决本身困难，则继长增高的报纸势将成为一种资产阶级专用的奢侈品，这是现代报纸所断断不可容许的现象。不幸各主要国家的报馆主人，除英国外，似乎都不大注意这一点。就是最近各国报价，与二次大战结束前的价格比较，计英国由一便士加至一便士半（伦敦《泰晤士报》系由二便士加至三便士），美国由二分加至五分（有若干报纸已加至七分），法国由二十生丁（即一佛朗五分之一）加至十二佛朗，澳洲一便士加至四便士。其中以英国所加的百分比最低，而其应付高物价的对策，也比较合理。英国在半个世纪以来，报纸加价的次数极少。以《每日邮报》为例，他于一八九六年五月四日创刊时，售价半便士。第一次大战中，英国物价飞腾，一九一七年三月五日，与其他同等报纸，改售一便士，去年五月再改售一便士半。即历时五十五年，《每日邮报》仅加价三倍，比之同一时期英国货币的贬值，还万万追赶不上。因为五十五年前半便士的购买力，绝不仅等于今天的一便士半，英国所以能维持相当标准，不过分增加报价，即当纸价及其他物价工资大量上腾时，他们总不肯全部将这一负担，转嫁给读者，而尽量去从篇幅上设法缩减。一九一八到一九四○年，邮报售一便士，他的篇幅通常是六大张到八大张。目前改售一便士半，他的篇幅，则早已减为一大张半到两大张，故加价虽少，比其他国家加价多而篇幅还不减少的，经济方面，仍远为合算。伦敦《泰晤士报》，且在去年五月那一次同业加价中，他单独保守原价三便士，未肯再加，自六月起，更缩小字体，增加容量，将原来每英寸十二行的，增至十六行。这种办法，当然都比不顾读者负担，背弃本身使命，只知盲目加价的那些报馆，要特别来得高明！

读报小型最便

照英国报纸现有作风，实已迫使一切报纸都走向精编的途径，即使形式上仍保持大型，精神上却全部变成小型了。我相信这一作风，将会影响到其他国家。而形式的缩小，在不远的将来，一定会广为采用。人类是进步的，人类日常需要的物资、工具，自然也将以精巧便利为主要原则，今日人们之不会整天穿大礼服上写字间，又或带着整套铺盖携着大樟木箱做短程旅行，这是理有固然，势所必至。那么，当公共汽车、电车、地下火车最普遍的时代，为什么每个清晨坐车到机关、工厂、商店上工的劳动男女（无论是体力或脑力的劳动者），他们不带一份容易折叠可以随时在车上展开，随时再插进衣袋的小型报，而一定要带一份重量几达半磅，无法在拥挤的车辆中摊开阅看，也无法插进衣袋的笨拙大报呢？因此，我深切感到，未来的报纸，内容固需精编，面积也必将缩小，除在某种意义上，大报仍有其存在价值外，小型报必然是突飞猛进，大大发展的。

中国的小型报

中国的小型报，虽然一直到大陆沦陷（解放——编者注），还没有广泛发展，但就我所知，远在几十年前，小型报的销数，就往往超过大报。中国小型报最早也最流行的地区，是北平。满清末年，《京话日报》即曾风行一时。民国六年，我到北平，一面就读北京大学，一面主编北京《益世报》，那时北平销数较多的大报，是《顺天时报》（日本人主办）、《益世报》、《晨报》、《北京日报》，然而出乎意外，这四家大报的总销数（《顺天时报》在每一军阀战争时，因为他有日本政府撑腰，敢于报道不利于北平城中军阀统治者的各种消息，销数可大涨特涨，但战事一停，迅疾下跌），竟常不及一小型的《群强报》多。《群强报》没有任何特色，新闻都剪自两天前的上述四大报，他也没有像上海香港一些小报通常具有的色情小说，字体都是老四号，排版很恶劣。一张四开纸，除广告外，总共不到八千字，但就凭他这样一张毫无特色的小型报，北平的“引车卖浆”之徒，真几乎人手一纸。黄包车夫，当没有生意时，即坐在车的踏脚板上，从头到尾一字一句，细细咀嚼。我曾仔细研究，并问过那些车夫，何以如此喜爱这张内容不好的报纸。我将所得结果，加以归纳，我发现，第一，他全部新闻，虽然剪自大报，但每条都已缩编为几十字，最多亦不过二三百字，识字不多的，比较容易看懂。第二，那时白话文运动，还刚开始，而这张报，却从出版起，就已多半采用了“三国演义”式的白话体。其中有一栏“说聊斋”，将文言改为白话，尤受劳动阶级欢迎。此外，另有一最大原因，即报价便宜，大报每份要售银元二分或三分，这张报只需铜元一枚，劳动者易于负担。又因报价便宜的关系，一般报贩，多用来赠送“大报”阅户的传达、仆从。在三十年前的北平社会，“大报”阅户多半为达官贵人，或富翁、遗老，报贩无法与主人直接接触，如果传达、仆从从中刁难，则自己这份生意就随时均可能被其他报贩抢夺而去。“大报”转贩的利益是很优厚的，而且有些阅户，往往阅报不仅一份。

他们为了巩固本身利益，就甘心向每家传达、仆从，赠阅一份《群强报》，作为变相贿赂，这情形非常普遍。至报贩对《群强报》，当然仍照批发付价，这也是《群强报》销路特多的原因之一。

老牌终于打倒

从民国六年到十二年，是《群强报》的黄金时代。十三年起，竞争者逐渐增多。《群强报》主人叫陆哀，他父亲于辛亥革命时，任山西巡抚，被迫殉难，因此，他痛恨革命党。他又曾和章士钊合办过《甲寅》日刊。《群强报》在极盛的七年中，每月最少可盈余两千银元。他以为这份生意比同仁堂还稳固可靠，子子孙孙，永无问题。他从来没有想过应如何追求进步。他自己抽鸦片，除责成掌柜（经理），要每月向他送回至少两千银元外，其余一概不管。我记得民国十一年，有一次和他遇见，我劝他对《群强报》内容，应不时有所改进。那时我还是一个二十三岁的青年，他笑着答复我："你是劝我革命么，我告诉你，一个报馆，只要招牌做开了，一切最好不要动，一动，人家就要疑心你换了老板，要变态度，不愿再看。"我不屈服于他的这一说法，我接着追问："照你意思，连现在用了好多年的铅字，印出来一片模糊，看都看不清楚，难道你也觉得换了会引起读者疑心，读者竟愿意永远看笔划不清楚的字吗？"他连连点头："我正是这个意思，字越看不清楚，读者就越相信我的牌子老，这是一定不移的道理。"自从我和他这次谈话以后，我就十分相信，他这张老牌子报纸，一定很快就会被其他新起的小型报打倒。果然不到三四年，《群强报》销路，一天天减少，抢他销路的《实事白话报》（以下简称《时报》——编者注）、《时言报》之类，并不是办得比他特别好，不过这些新起小型报，铅字是新的，排版再不像《群强报》那样书版式，全面直行，别无横栏。新闻虽仍然剪自大报，但比《群强报》抢前一天，《群强报》剪两天以前的大报，《实事白话报》等则剪自一天以前。白话语句，一律现代化，不咬文嚼字，作三国演义体的白话。仅这几点，就逼使

《群强报》江河日下。《时言报》的主人，其获得成功是中国新闻史上一个奇迹，这位小型报社长常振春，原替我做过勤务，民国十二年我创办《世界晚报》，叫他帮助发行，他每天和一些报贩弄得很接近，以后他竟和人合伙筹了几千块钱，自己办报，当社长。他不认识字，每晚要编辑将全部内容，从头到尾念给他听，他认为有不合劳动界口味，或触犯权贵可能招致封门惨祸的，就立刻指示删改。这张报到"七七事变"北平沦陷时，已经日销两万份。北平沦陷，如果他肯做汉奸，报仍可照常出版，但他决心从事抗日工作，竟自动宣布关门，越不是出身知识阶级的人，越充满民族意识。可惜胜利后，我回到北平，始终再没有得到他的消息。这是使我最为怅念的。《群强报》销路经过一些新的小型报争夺，营业情形，日趋恶劣，及管翼贤主办之《实报》出版，他就更无法支持了。《实报》是北平首先真正实行"大报小型化"的小型报，管翼贤这个人虽然因为他后来投降日伪，极为国人所斥责，但他办报的勤奋，是不应一概抹杀的。《实报》的一切新闻，不特不采用一天或两天前的大报，而且有些新闻，都比大报先一两天刊出。因此，他的销路，在北平曾打破纪录，最高的数字，曾到过七万多份。我所主办的《世界日报》在北平占大报中销路第一位，但最高数字只及《实报》二分之一。当《实报》最畅销时，《群强报》跌到几百份，那时陆哀既老且病，想振作也已无法振作。他将招牌租给别人，每月收回租费五十元，不到一年，租的人不愿继续。他如果收回自办，则每月不特不能再获利两千元，相反的，且须按月亏赔。结果，只好从此停刊。日军侵占北平期间，他十分穷困潦倒，烜赫一时的小型报主人，不久即偃蹇谢世！

《民生报》在南京

在南方，民国初年，南京、上海，没有同北平那样略具雏形，如《京话日报》、《群强报》的小型报，有之，亦为期短促，昙花一现，即告夭折。但非新闻性的小报，则上海最为发达。南方正规的小型报，自民国十六年国民政府定都南京以后，才逐渐兴起。十六年，我在南京创办《民生报》，这不仅是当时第一份小型报，也是国民政府统治下首都最早的一份民营报。《民生报》最初仅日出四开纸一张，以后逐渐增加，到日出四小张。“九一八”后，此类小型报，不断有新的出现。《民生报》在南京的发行数字，比当时首位大报之《中央日报》还多。民国二十三年，以揭发行政院长汪精卫亲信彭学沛贪污案，被汪非法封闭，并将我拘囚了四十多天，以后不但不许《民生报》复刊，且不许我再在南京办报。林语堂所编的英文《中国言论自由斗争史》（即《中国新闻舆论史》——编者注）中，曾指此为当时言论自由被政府摧残最惨烈的一次，且叙述经过，亦极详尽。《民生报》停刊后，与《民生报》同型之《朝报》，乃极流行，销路甚巨。我虽然被禁不能再在南京办报，但第二年九月，我终于出版了在上海打破全国发行数字最高纪录的小型报《立报》。

我始终确认小型报具有无限美丽的远景，尤其在中国，除了小型报，一般有利的条件以外，中国造纸工业不发达，用纸越多，外汇的漏卮越大；工商业在大陆收复后，短期尤不易立趋繁荣，大报所依靠唯一命源的广告费，希望很小；人民购买力薄弱，报价愈低，销数愈可尽量扩展。这三项特殊因素，中国的小型报，比任何国家还更能飞速普遍的发展！

（原载1952年6月28日出版的香港《新闻天地》周刊总第228期第10～15页）

从上海到香港

——想起十年前手创的《立报》(下)

现在，我应该答复第二个问题："《立报》是怎样成功的，在经济上他究竟是赔是赚?"

关于这一问题，总括的说：《立报》在经济上，不但没有亏赔，而且赚得不算少。由开办到赚钱，时间经过很短促，所获盈余，就资本利润的百分比来看，数字很高，这两点都超过了创刊时大家的估计。如果不是日本军阀残暴侵略，"八一三"无情炮火毁灭了和平繁荣的上海，则《立报》成就将不可限量。中国小型报销行标准，虽不敢立即比拟《每日镜报》的四百五十万份，但是中国人口超出英伦三岛好多倍，我敢确信，未来的中国第一位小型报，或许还不应仅以四百五十万份为满足。若干作家，同情《立报》作风，特以怀疑小型报在经济上难于支持，因即揣测，《立报》资本会全部蚀光，这与事实正完全相反。至于《立报》在当时获得相当成功的原因，扼要言之，约可分作两项。

适应人民需要

首先，我愿意郑重指出的，一张报纸，要获得广大民众的欣赏和爱护，最主要条件，即"立场坚定、态度公正"。特别在政治未上轨道的中国，这条件，对读者的吸引力，尤极重大。抗战前两三年，以汪精卫为行政院长，配合其他腐恶势力所领导下的政治作风，群小用事，贿赂公行，当时国内报纸，绝大多数，不屈服于硬的威吓，即屈服于软的收买。若干具有政治背景的，更充分表现，有党派，无是非。因此，广大民众，欢迎立场坚定、态度公正的报纸，乃格外热烈，也格外迫切。《立报》在上海出版，正把握了此主要条件。探索《立报》相当成功的原因，这一点，实应选列第一。

《立报》创刊，可说出于非常偶然的机运。民国二十三年，我在南京经营已历八年的小型《民生报》，为了揭发汪部贪污，触怒汪精卫，被迫停刊。在是年九月一日我被释出狱时，曾由拘押我的南京宪兵司令部，出示五项条件，命令我必须遵守：①《民生报》永远停刊；②不许再在南京用其他名义办报；③不得以本名或其他笔名发表批评政府的文字；④不得在任何公共集会，做批评政府发的演说；⑤以后如离开南京，无论到达任何城市，应向当地最高军警机关，报告行止。这样丧失理性、蛮横狂悖的条件，我除付之一笑外，实在无话可说。在出狱后第三天，与我私交很厚、一位汪精卫的亲信来访，他说："汪先生对你，并非不可谅解，假使你能向他，做一个恳切表示，则不特五项条件，全部取消，你艰难缔造的《民生报》，也可立告恢复。"我问他："所谓恳切表示，意义如何？"他说："那就是你先写一封信，说明以前种种全出误会。信由我代交，我当力劝汪先生约你一谈。然后你在见面时，再说几句请他原谅，及保证今后对他竭诚拥护的话，则一场风波，绝可从此终结。"我毫不考虑，当即全面谢绝了这一建议。他警告我："一个新闻记者，要和一个行政院长碰，结果，无疑是要头破血流的。"我说："我的看法，全不如此，惟其不怕头破血流才配做新闻记者。而且我十分相信这场反贪污的正义斗争最后胜利必属于我。我可以做一辈子新闻记者，汪先生决不能做一辈子行政院长。"在汪聆悉此绥靖谈判完全失败以后，他一方面就暗请那时在北平做行政院驻平政务整理委员会委员长的黄孚，设法压迫我北平《世界日报》（黄曾徇汪意，借口鼓吹反日，妨害邦交，封过《世界日报》三天），一方面则尽量督促南京军警机关，限期要我将《民生报》一切业务，结束完毕。创办《立报》的动议则是我结束了《民生报》，到达上海准备做短期修养。有一天，几位上海同业朋友，偶尔向我谈及《民生报》夭折可惜。有人问，上海能不能产生一张和《民生报》相似的小型报，当大家听取了我的详细解答时，立即决定，在上海集资开办。在我解答这张小型报的一般计划中，我曾特别强调，报馆资本，必须全部出自以新闻为职业的同业朋友，不要与任何党派，发生经济关系，也绝不要接受任何方式的政府津贴，因为只有如此，才可以巩固报纸的基本原则——“立场坚定、态度公正”。否则，即使技术上，报纸办得极其精彩，他的前途，也将是十分黯淡的！

回忆水上饭店

记得那是民国二十三年十月某日的一个正午，亡友吴中一先生，同情我在南京这一场灾难，特于黄浦江边水上饭店，为我设宴，表示欢迎。同席的有八九位上海同业，他们知道汪精卫对我的禁令，不能再在南京办报，于是吴先生以开玩笑的口吻提议：“那么，你为什么不来上海办？”不过他接着就说，上海能不能办办小型报？如办大报，则在申新两大报高压之下，没有百万以上资本，恐怕是不容易和他们斗争的。我当时同意他没有巨资难办大报的意见。我说，像我们这种职业报人的经济力量，在上海，只有创办小型报，或能打开一条成功途径。我除强调这张报必须“立场坚定、态度公正”外，并从编辑、采访、发行、印刷各方面，指出了若干与当时上海一般报纸不同的作法。我的要点，虽然办一张小型报，但所有规模，必须力求完备。重要新闻决不能比大报少，且每天更有几条任何大报没有的特讯。地点必在报馆中心区，有整栋房屋，足以容纳营业、印刷、编辑等部分，俾能精神关注，集中管理。印刷部分，最少应自置两部轮转机，每小时可出报十万份。在报馆每日销数未达到十万份以前，拒登任何广告。我认为，报馆走向成功的三部曲，只有先以全力弄好版面，才可以争取读者，扩展发行。发行扩展，然后各种广告，自能不招而至。不幸多数的报馆创业者，总往往倒果为因，他们先运用各色各样的人事关系，去招揽广告，再运用种种不正当方法，贿赂报贩，减价倾销，而对于一份报纸最基本的问题——言论、编辑、采访、排版，反粗制滥造不肯注意，这种做法，结果必十九归于失败。所以我特别指出，小型报篇幅极少，内容要精，在上海，以一张四开报，与日出八大张，即等于日出十六张四开的申新两报抢销路，一比十六，可想见制胜工作的艰巨。而此四开小型报，其每一方寸地位，应如何加倍宝贵，如果给付价极低、意义恶劣的“五淋白浊”、“花柳杨梅”等下流广告，占去一部分，那对于读者，一定印象极坏。所以我坚决主张，不能日销十万份，不增加张数，也就不刊登广告。我这些话，本只是信口闲谈，但吴先生和同座的各位同业朋友，都非常感兴趣。水上饭店一顿午饭，足足吃了四小时，他们还要我再谈下去，于是大家同到我住的新亚酒店，由空泛的理论，进入具体的行动。就在那天决定集资十万元，由在座诸人，量力分担，如难足额，再增邀其他友好，但必以从事新闻事业者为限。我们并反复要约，绝不招半份官股，绝不请一文津贴，以便出版后对于“立场坚定、态度公正”的最高原则，得以确切信守，不为任何政治关系所影响。

遭遇无数磨折

《立报》就在这许多朋友的热情激励之下，经过一年筹备，到二十四年九月，在上海出版。我们根据当时国内外情形，为了国家和人民利益，《立报》的言论方针是，坚决对外争取国家独立、驱逐敌寇，对内督促政治民主、严惩贪污。出版以后，不到半年，销量就超过了十万份。我虽然受同仁付托，负担全权经营的重责，但登记没有用我名字，也没有用我名字发表文章，所以甘心媚日和纵容贪污的汪精卫，明知《立报》即等于《民生报》的复活，他也就无法下手。不过汪精卫和一切腐恶势力，并没有就此放过《立报》，在短短两年中，我们也不知曾遭遇多少磨折。所幸地区关系，上海究竟和南京不同，而我们又能够十分谨慎应付，事实上，汪精卫权势，也早走下坡，因此，封门捕人的惨祸，没有降临到《立报》头上。《立报》就正以能始终保持其民间报纸立场，坚守方针，对当前一切问题，严正批评。《立报》获得全国广大读者的欢迎，我相信“态度”是许多因素中最重要的一个。

发挥“动”的因素

《立报》获得相当成功的另一个原因，即《立报》全体同仁，无论担任哪一项工作，大家都以极大限度，发挥“动”的精神。换一句话说，每一份子，在工作岗位上，皆能认真奋斗、自强不息。整个版面，都是这种“动”的精神的充分表现。我生平对新闻事业有一重要信条。我认为“成功”这一个名词，如用在新闻事业，其生命的短促，实非任何其他事业所可比拟。其他事业，经过若干时间，达到某项标准，即可以算作成功。新闻事业，则成功的生命，只能以“天”计算。今天这张报，言论正确，内容充实，版面美观，尤其拥有许多别报所无、本报专有的特讯。这张报，确可以评为成功，但这“成功”的有效时期，仅以“今天”为限。倘若明天的报，你言论荒谬，内容芜杂，版面恶劣，而且有许多重要消息，别报刊出，本报独无，则同是一家报，昨天评为成功的，今天就突又变为失败了。因此，《立报》出版之初，我和全体同仁，都以人人要争取“今天”的成功，作为工作标的。绝不能因为昨天这张报或昨天我的工作被评为成功了，今天就可以松一下劲，偷一下懒。我时常以前述《群强报》靠老牌子失败，为我们从事新闻工作者之最大警惕。我说，报纸要“动”不要“静”，也就是说，报纸不仅不能后退，而且不能停滞，唯一出路，只有前进。读者对于一张报纸，我们绝不应使他们任何一天，会起沉闷之感。沉闷是报纸的毒瘤。要读者不沉闷，最好办法，正如游客观水，在“逝者如斯，不舍昼夜”之下，再投进几块巨石，让他波澜壮阔，水花四射，动人心目，否则死水一湾，自将毫无兴趣，望望而去。这一“动”的原则，在《立报》出版两年中，可算任何一人，都已尽到最大最好的努力。

一批新闻斗士

当时馆内各项工作，我们这些发起人（即水上饭店同座，以及其后陆续加入的几位投资者）中的大部分，都曾亲身参加。我更是被同仁约定，非到报馆经济基础确实巩固，销路已超过预定标准，不能离开，即在必要情形下，必须回北平，料理《世界日报》，亦只许以两星期为度。发起人以外，参加工作的，有不少学识卓越、精神奋发的中年及青年记者。尤其是我从北平带来一批新闻专科学校初级班毕业学生，对报馆成功贡献最大。他们虽仅受过两年初级训练，但排字、校对、译电、编短稿及采访新闻，都能胜任愉快（关于我对新闻教育的整套理论，说来话长，此处无法详述）。他们年龄各只十六七岁，新闻斗志非常坚强。我鉴于上海报馆排字部分风气之坏，所以排字工作，全部责由他们担任。新闻学校的字盘组织及排字方法，与一般旧式体系，完全不同。我曾经彻底改造，用字桌代替字架，每一个排字者，拥有一张写字台式之排字桌，他们不须终日企立，更不须往返奔走，其方式正如一个编辑，坐在写字台旁编稿相似。他们排字的效率很高，足比上海其他报馆，提高一倍。但这些担任排字及其他工作的同学，他们总不肯仅以专任某一工作为满足，必于本身工作以外，要求更兼任一种以至二三种。尤其采访工作，最感兴趣。“八一三”淞沪抗战，所有同学，每天几乎全体出动，采访战讯，此于促成《立报》在作战期间，发行数字高逾廿万，破中国自有日报以来之纪录，所关极巨。他们工作稍暇，即加紧自修。由于他们这样勤劳兴奋，也就影响了其他一切工作人员。编辑部在上海考试过两名侍应生，原来任务只是清理残稿，扫地抹灰。不久，这两位侍应生，为新专同学所感动，工作与学习，都向同学看齐，进步极快，成绩极好，后来都被提升做助理编辑。上海沦陷以后，抗战末期，其中一位，曾做到昆明《中央日报》总编辑（旋在昆明因病逝世），另一位则变成亲共文人，最近我曾在共产党报纸上，看到他现正代表北平某报，在朝鲜采访。回忆《立报》过去那一种蓬勃向上的朝气，使《立报》整个版面，每天都充满了“动”的气息。无论言论、新闻、副刊，我们每天总要设法供给读者若干茗谈的资料、辩争的题材。我们立志做到今天有今天的成功。这一张“动”的报纸，功劳最大的，要首推那些青年同学，其次为全体工作同仁，以及全体发起人。虽然我那时也只三十多岁，精力也很饱满，然而总的结算，我对《立报》的贡献，比起他们，实在渺小多了！

“立场坚定、态度公正”，及“整个版面充满了‘动’的精神”，这两点，是《立报》获得相当成功的重要因素，至其余技术上种种设计和措置，那只算细微末节，无关宏旨，也绝非一篇短文，所能记述详尽。在我准备写的一部《记者四十年》回忆录中，关于《立报》，或许能提供更多资料，此惟有俟之异日，现在所记，则只好至此为止了。

资本与轮转机

《立报》资本，照我在新亚饭店计划，总额共十万元（约合当时美金三万元）。本来依当时市价，两部轮转机即足以耗尽全部资本，因为我知道《朝日新闻》门司分社，有两部废置不用的法国马立诺式小型轮转机，稍经修理，即完好可用（《立报》安装此两部轮转机时，我曾请当时上海专制印刷机的明精机器厂技师，参加工作。我劝他们依式仿造，后来居然成功了。这类小型轮转机，在中国，因此有了好几十部）。几经磋商，每部每小时一万二千五百转，可印四开报五万份，两部正好符合我每小时出报十万份的标准。每部成交时，还不到三千元，在中国还真是轮转机从来未有的最低价格。此外，一切支出，也力求经济。因此，我们于陆续收足资本八万元时，报馆收支，已告平衡。其余两万元，即未再收款。平衡时期，约在出版半年以后，发行即超过十万份（《立报》定价每份银元一分、国币一元，可订阅四个月。我们曾提出一个口号，“少抽一根烟，多看一份报”，这于销数扩增，关系很大，但我们的发行利润，因为数字庞大，积少成多，仍很优厚），广告社也就纷来请求，要我们开放一部分地位，刊登广告，我们也就加刊了半张至一张，以免因增加广告而减少了原有资料。广告价格和最高的《新闻报》广告价格标准相同。一年以后，投资者已分到股息红利。上海沦陷，还运用原有印刷设备，承印了许多抗日报纸，及太平洋战争爆发，全部器材，被日伪没收。胜利回沪，最大部分，均幸能如数收复。当我们鉴于战后局势，及种种原因决意结束时，售出所有资产，战前每一万元的投资，连同过去所获利润，大约收回了等于战前币值的三倍。但就经济的意义说，总算未赔有赚。

忆吴中一先生

在八万元投资中，最令我感动，也使我安慰的，即吴中一先生生前的参加与身后的收回。吴先生，常州人，父亲以做裁缝为生，他仅受过初中教育，即行辍学。我因为友人介绍于民国十六年《民生报》创刊时，曾请他在上海替《民生报》打长途电话，这是他做新闻记者的开始。最初他只是做助手，我曾不断到上海，告诉他若干关于新闻方面的技术问题，他了解极快。当时京沪报纸，都以京沪长途电话，为传达新闻的主要工具，申新两报曾企图垄断这一工具，几乎将每晚通话时间，全部占据。他不顾困难，与话局多方交涉，往往通夜睡在话局的长凳上，非等到一个空隙，不打通电话，绝不回家。该局因此也为之说服，特别替《民生报》划出了一个通话时间。从此，我更认识了他的记者天才和特长，后即将上海通讯任务，完全交他主持。他也就不久参加了上海其他报馆工作，极为同业所称许。经过六七年刻苦辛勤，节衣缩食的结果，大约积蓄了三四千元。当他在水上饭店听到办小型报的计划时，他最为兴奋。及决定开办，分配股额，他首先担任，投资五千元。按照同仁经济情形，这确已超过了他的力量。他罄其所有，连太太结婚戒指都换了，全数凑足，如期交清。我曾暗示他这一数目，几近冒险，但他对这张报的信心，似乎比我还坚定。我之所以由筹备以至出版，最初半年间，竭尽全力，不敢松懈，我对他感到一种道义上的责任，实也有不少影响。他于上海沦陷后，从事地下宣传工作，也极努力，不幸于胜利到临前一年，于由上海到重庆途中，在屯溪暴病逝世。身后室无长物，老母孤孀，稚子弱女，均啼饥号寒，无法生存。胜利以后，若干好友，曾为之请恤金，募教育费，得数奇微，令人慨叹！及《立报》资产出售，他的遗族，分得了等于战前币值万余元的资金，这才将一切问题，整个解决。对于一位如此热烈笃实的挚友，他的印象，在我的《立报》回忆中，将是永远最深刻而不会磨灭的！

一个宋朝故事

至关于第三个问题："《香港立报》，在太平洋战争勃发前一月，是否曾作过日本即将突袭英美的警告？当时即有此预见，何以未及早内迁，而竟让在港资产，全部损失？"我的解答，简述如下。

民国三十年十一月，日近卫内阁辞职，东条内阁登台，来栖在美谈判，传说纷纭，全世界都注意到东条内阁，对美国为和为战，是否已面临最后摊牌阶段，非常关切。中国利害关系，尤为重大，自然更难忽视。那时邓友德（现任行政院发言人驻东京办事处主任）先生，在香港办有一本杂志（名称我已忘记），即就此机会，出版了一期太平洋问题专号，向各方面征求文稿，我也替他写了一篇，用的是"丁一"笔名，全文约有两万多字，我和他约定，是杂志与《立报》同时刊登。我记得在那一期专号上，写文章的很多，其中有不少日本问题专家。因从"九一八"起，我们饱受英美对日本绥靖政策的痛苦，尤其在我们抗战最严重时期，还被英国来一次滇缅路封锁，大家对民主国家的国际道义，其信任程度，实在已几乎降达零点。所以东条内阁登台，最大多数看法，一方面认为美国固不会为了中国，和日本翻脸，一方面也感觉日本泥足，陷入中国，从"九一八"算起，已历十年，从"七七"算起，亦将五年，大军远征，愈陷愈深，绝没有胆量，再发动一太平洋大战。他们的结论，不是说日美可能妥协，美国可能牺牲中国，即是说局面将仍旧不死不活拖下去，正如这个专号第一篇某位专家的标题"东条内阁乃近卫内阁之延长”。整个专号，似乎我最大胆，我在那篇文章内，曾坚决指出，日美不可能妥协，美国不可能牺牲中国，而日美战争发动的方式，将一定是：你今晚看晚报，第一条新闻，还在说日本决意和美国妥协，日本愿保障太平洋和平安全，但明早一觉醒来，打开早报，就可能日本已对美宣战，几个初号大字，赫然出现在你的眼前。我还说，这个摊牌的日子，绝不会太远，而且已迫在眼前，可能就在十二月上旬。这篇文章发表后，许多人都十分惊奇，但相信我这看法的，为数极少。我在十一月下旬，到重庆出席国民参政会，十二月七日那天，原和王云五先生，订好飞机票同时返港，但未到飞机场，即从广播中听得太平洋大战爆发，日本已突袭香港了。一切交通，立告断绝，《立报》和我的家眷，全部陷在香港。重庆朋友，都同情我这不幸的遭遇。但他们有时和我开玩笑，你既然预言日美大战，方式和时间，看得那样准确，为什么报馆和家眷不早点搬走呢？我对于这种善意的嘲谑，通常总引用宋人笔记中一段故事，作为解释。在北宋末年，开封有一位士人，常向他太太预言金人将大掠开封，而忧虑届时屠杀，必倍极悲惨。这话被一个隔壁开小店的听了，他们夫妇，向来是佩服这位士人，读书明理，极具卓见的，就立下决心，将小店结束，全家搬走。及金人入汴，这士人全家被杀，他单身逃出，流为乞丐，无意中竟被一商店老板，优渥招待，临走还送他许多衣服盘缠。他莫名其妙，谓素昧平生，何相厚至此。这时老板才告诉他，他所以未罹浩劫，即因为某年某日听到他夫妇隔墙谈话，他深信金人必来，赶快移家来此。由于这几年经营顺利，已薄有资产。不料预言金人必来之人，反而因循坐误，他得有今天，实受士人之赐，区区微赠，只聊足报大恩于万一。由这个故事，可以说明，谈言偶中的人，不一定自己就真能百分之百不受灾难。何况报馆职责与一般业务不同，绝不能因局势危急，即先行停版迁走。《香港立报》在出版时，即未敢多集资本，和上海一样充分设备大举经营，也就早已准备，万一牺牲，损失不致太大。我这种解释，即在十年后的今天，也还是一样。可以答复那位几月以前在报纸上写小说问我的作家。

如何可以不战

前三个月，我到台北去，某先生是太平洋战争爆发时亲身陷在香港的人，他对我那篇文章，也有过深刻印象。他笑着问我："现在对当前世界大势，你是不是又可以做一次神奇预测？"我说："我向来一切推断，都只是凭靠普通新闻记者最普通的常识，十年前我推断日美必战，是从任何方面估计，都无法替他们找出一条不战的道路。现在我看美苏，也是一样。如果只就一些浮面消息，忽冷忽热，半松半紧，就说美苏可以妥协，则当日本突袭英美的前夕，不也曾报纸上天天登着和平绝无问题吗？实则据《近卫手记》所说，早在九月六日御前会议，破裂局势，即已确定。我们今天安知苏联，不已经有过这样类似的决定？不过发动时间还在尽量等待而已。我相信美苏均不想打，但我想不出他们可以不打的办法，问题重心，即在于此！"

（原载1952年7月5日出版的香港《新闻天地》周刊总第229期，第17～20页，编入本书时有删改）

最新排字法

编者按：菲律宾某华侨报排字部施纯渥读到香港《新闻天地》总第129期上成舍我《“小型报”的远景》一文，对于成舍我所述改良排字方法很感兴趣，特别函由《新闻天地》转载成一信，请成氏将这种方法加以说明。此为二人信件往还内容。

成舍我先生：

请原谅我的冒昧，让我先自我介绍一下，我旅居菲岛已十余年，现任职本岛《大中华日报》植字部。按目前本岛字部仍系依照所谓“上海盘”体系，占地既多，工作效率亦殊迟缓，每次想把他略加改良，又因为智力有限，无充分把握，不敢冒险从事。读本期《新闻天地》先生关于《立报》的回忆文章中，曾有过一段关于排字改革的叙述，使我大感兴趣，因此鼓足勇气，提出两个问题向先生求教：第一，现在香港普遍采用的排字体系是哪一种？第二，先生所说，在《立报》所采用的排字桌，有没有蓝本；如果有，能不能惠赐一份？或请指导向什么地方购买。末了，祝你为新闻事业多多努力！

菲律宾排字工人施纯渥书

四十一年七月八日

施纯渥先生：

由《新闻天地》转来的信，业已收到。承询两点，敬答如下：

第一，香港报纸，现在用“上海盘”的最多，虽然香港本地工人，有所谓“香港盘”，实际和“上海盘”差别甚微。老实说，中国自有活字铅印以来，各地除字盘中何者为常用，何者为非常用（俗分繁门、热门、冷门），偶有极小变动外，整个体系是从未彻底改革过。尤其可笑的，这种体系，最初是为了排印圣经，所以“耶”、“稣”两字，都在常用盘，到今天，似乎还有少数印刷所，未将这两字打入“冷门”。由此一点，也可想见这一体系的如何古老了！

第二，《立报》的字盘组织，及排字方法，与旧式体系，完全不同。这种革命的尝试，原由我主办北平新闻专科学校时，供学生实习之用。详细的说明书，未印行出售。北平沦陷，我也未能将任何“蓝本”携出。不过可以奉告你三个特点。一是坐着排，用轻便的排字桌代替庞大的排字架。排字桌的使用，已略如前文所述。二是将单字分为 ABCD 四类，AB 为常用字，共一千二百个，A 为最常用字，计四百个，置于桌面，其余分置于桌之左右及坐者两旁，并特备地位容纳“熟语”，熟语与每一单字联系，如“自由”、“民主”、“总统”、“政府”，各配置于“自”、“民”、“总”、“政”之下，藉便检取。将一般排字工友所采之“存字”办法，使其成为有系统的组织。三是单字次序，与电报号码联系，学习排字时，读字盘，每一单字，须同时熟记该字电码，字盘上单字与电码并列。其作用有二：①电码数字，排列先后，按次递增，可以加强记忆；②报馆接到新闻电讯，无须翻译，即可径发排字房，先排后编，省时不少，尤其夜深上版之前，时间在报馆，最为宝贵。不过这一革命尝试的办法，设备费甚大，且全部工作，系整个的，一切须从头训练，决非现有工场内任何人所可单独采用。这对于先生来函询问的原意，恐怕不能有何种帮助。

照现有旧式排字体系，一个在报馆从事排字工作的技术员，要增进工作效率，除了尽量熟练，并加多熟语的运用，如“菲律宾”、“季里诺”、“杜鲁门”检三字可等于检一字以节省时间外，似乎很难有其他特殊办法。但我愿借此机会，提供一种可资兴奋的消息，我相信双手排字的时代，一定很快就将为排字机所代替。二十年前，我即有这种想法，并曾和朋友们设计过，可惜始终不能以全力促其实现。最近，据我所知，日本对于这种机器的制造，业已相当成功，由中川机械制作所造成的 SCIK 型及 SCIR 型，每分钟已可排四十至六十字，日本“朝日”、“每日”和“读卖”，都已开始试用。虽然我们所用的汉字，比日本多，机器的构造，要特别复杂，但这一问题，是不难解决的。只要我们的文化工程师和机器制造家，赶快努力，迎头赶上，或许一两年内，整个汉文排字机，就能够在中国的报馆出现。近百年来手工排字的许多心酸苦痛，到那时自然消灭，而我过去在《立报》所试行改革的那一套，也就没有再行讨论的价值了！

成舍我

（原载 1952 年 7 月 26 日出版的香港《新闻天地》周刊总第 232 期，第 26 页）

我有过三次值得追忆的"笑"

(《记者四十年》资料之一)

朋友们总劝我写点自传或回忆录之类，我曾经打算过写《记者四十年》这样一本东西，只是始终没有时间来动笔。一方面，实在因为自己想想，值得写的东西太少了。尤其最近读到两位美国老报人故事，更使我写的勇气化为乌有。一位八十八岁主持好几家报馆馆务的柏京士先生（S. Abbert Berkins），他原来准备五十岁就退休的，但延长了三十八年，不久以前，他对庆祝他八十八岁诞辰的贺客说，我不能放弃现在的工作，我也不想放弃。另有一位八十七岁在《旧金山纪事报》当校对长的霍白思先生（William H. Forbes），他从1883年进《纪事报》，总共工作了七十年，校对过七万万字，始终不肯退休。好容易到今年六月，才接受同事们的劝告，离开报馆。这样看来，《记者四十年》比起他们，岂不等于一个"记者小孩"？如果贸然写出一本这样的"小人书"，那么，试问又有何价值？

但朋友们好意，我总是感谢的。为了有些故事，怕日久模糊，以致遗忘起见，我准备"散装"、"零拆"分段杂写，对读者可作茶余酒后的谈助；对自己，于将来真能写书时，也未尝不是一种保存资料的好办法。因为我欠了《中华日报》将近一年的文债，这几天追得更紧，无法躲避，暂先以此篇搪抵，如时间许可，当继续写寄，不过一口气究竟能写多少，我现在也没有把握！

据说，每天大笑几声，可以延年益寿，但处在这个忧患煎迫、灾难重迭的时代，笑已不易，大笑更难，尤其确实发自心坎，并非假笑、苦笑，而是值得永远追忆的真“笑”，人生几十寒暑，恐怕碰到的机会，将是难上加难，少而又少。

现在清算我四十年报人生活，像这样值得追忆的真“笑”，居然非常幸运，已总共有过三次。不过每次都曾付过一笔极其庞大的代价。

张宗昌没有补我一枪

先从第一次说起。

民国十七年以前，各色各样军阀，统治着当时中华民国首都所在地——北京。在这伙军阀下办报，如果你甘心替他们之中，其一掌握北京统治权的军阀做机关报，奴颜婢膝，歌功颂德，那么，毫无问题，你会有大官可做，有津贴可拿。不过，这样的报纸，老百姓是不需要看的。而且军阀们此来彼去，朝起夕倒，你做某一军阀的机关报，某阀倒了，你也一样要跟着流亡。但你若不走这条路，一心一意，要办一张人民的报纸，说人民的话，这样，人民是欢迎你的，只是掌握着统治权的军阀，却会天天将你当敌人看待。封报馆、抓主笔，真是家常便饭。……（若）把民国十七年前，算做中国“新闻自由”的唐虞三代。然而今天追想的唐虞三代，在当年民间报纸和报人，却都已水深火热，无法忍受。大家盼望由国民党领导的国民革命，早日成功，好对这些压迫言论、蹂躏人权的军阀，作个彻底扫荡。

我是在这伙军阀统治之下，由替别人办报，至自己办报，先后曾因触怒军阀的关系，在北京被捕十次以上。……十几次被捕，多则一个月，少仅一两天，即被释放。拘押地点，大多在警察厅内，且照例新闻记者，特别优待，可以看报，可以会客。只有最后一次，形势非常严重，如果不是只差一根头发的距离，我就早在鬼门关内永恒安息了！

一、继林白水后被捕

事情发生在民国十五年八月，由于张（作霖）冯（玉祥）激战结果，冯军败走南口，张作霖统率下之奉军及直鲁联军进入北京。张本身仍在东北，张学良和张宗昌，代他做了北京新主人。老百姓对当时互争雄长的各系军阀，一向最恨奉军，尤其恨以张宗昌为首领的直鲁联军。因此，过去北京城中的民间报纸，总对他们不抱好感，一直到他们做了北京城主人，这种态度，仍没有很多肯立即屈服，作一百八十度转变。张学良、张宗昌认为非以最大决心，枪毙一些主持这种报馆的报人，不足以树立威望，镇压反动。于是在进城不到十天光景，就首先捕杀了《京报》社长邵飘萍先生。接着，又杀了《社会日报》社长林白水先生。当林先生遇害第二天，严重的灾难就降临到我身上。我记得那是八月中一个深夜，天气酷热，我将《世界日报》大样看完，上床不久，房门虚掩，正朦胧间，忽然人声鼎沸，还没有让我起身，大队宪兵，已一拥而入，围在我的床前。他们说："宪兵司令部王（琦）司令请你谈话。"我知道"大事不好"。再看，满院子都站了兵，在这样情势下，当然除跟着"走"以外，别无他法可想。大门外三辆卡车，他们将我推上第二辆，挤在车子的正中，每一只手，有两个兵紧紧抓住。一切布置，都和我在当天《世界晚报》上，根据外勤报告所写的一篇林白水先生遇害经过，完全相同。因为先一天林先生被捕，时间也在深夜，也是大队宪兵，三辆卡车，也是说请他到宪兵司令部谈话。林先生被捕后，卡车一直驶往天桥刑场，仅在前门外宪兵分队，等了十分钟，据说宪兵向王琦请示，应否立即照命令执行。总计从被捕到行刑，前后不过三小时。我在卡车上想，前一段既然和林先生遭遇毫无差别，自然下一段也就不会有不同的演出。我写的那篇林先生遇害经过，有最惨痛而未发表的一段，即当刽子手最后执枪向林先生射击时，他曾轻轻的说："林先生！你是读书人，我不让你太吃苦，就一枪送你升天吧！"果然，从后脑射入，前眼穿出，不待再发第二枪，即已毕命。这是刽子手对死者所施的最大仁政。有些天性特别残忍的行刑兵，故意和死者过不去，往往先就不致命处乱射一阵，使你延长痛苦。我于是默默盘算，是否今夜枪毙我的刽子手，还是昨天那一位？他是否也会把我当作“读书人”，与林先生同等优待？是否也是一颗子弹，从后脑射入，前眼穿出？不料这些问题我正在考虑时，车已进入两扇朱红大门，原来卡车并没有和昨夜一样，直驶刑场，而是开到宪兵司令部。我被挟下车，暂送进附近一间小房，四围都是荷枪实弹的丘八。我完全不知道，我将在这里等候多久，有一点是十分了解的，即虽未直驶刑场，但周围形势，却并没有丝毫征象，显示已转趋和缓。

二、宪兵向我学昆曲

刚到宪兵司令部不久，天已黎明，我从屋内，远远看到那三辆捕我的卡车，仍然停放原处。捕我的宪兵，除一部分在我身旁看守外，其余多躺睡车上。他们都没有换班，似乎正随时待命出发中。我听到屋外一个宪兵，很埋怨地对他的同伴说：“这次咱们真倒霉，忙了一夜，到现在还摸不着床铺。你看前晚林老头那一档，几个钟头就完事，多干脆，为什么这个小伙子，却还不快点送他回老家？”他的意思，我完全明白，只是“为什么”没有快点送我“回老家”，这一点，我不明白，却正和他一样。

不料时间一分一秒过去，我在这间小屋，居然连住四天，第四天恢复了自由。第一天下午，形势已渐趋和缓。三辆大卡车开走了，宪兵换班了，而且看守我的宪兵，只剩下了四个。我在三十岁以前，最喜欢唱昆曲，此时他们不许我看书报，我只好坐在屋内，一面用手打板，一面念念有词，起初他们莫名其妙，后来知道我在“唱戏”，有一年纪最轻的宪兵，定要我教他唱，我竟收留了这样一个学生，直到出狱，教会了他唱一小段《夜奔》。傍晚，报馆已设法将各方营救情形通知我。第二天，有几个朋友，他们竟得到王琦特别允许，到屋内来看我。第三天，我已可随便出屋散步。第四天下午，一位副官来叫我，说王司令等我说话。这个王司令是张宗昌亲信，张宗昌每晚狂赌，照例多由他代管筹码；张宗昌需要女人，也照例多由他代为搜求。所谓宪兵司令，根本他并不管兵的军纪风纪，而只是替张宗昌捉人、杀人、绑票和掳架良家妇女。在那张宗昌极盛时期，他真算红得发紫，无恶不作。当我进到他办公室时，竟出我意外，他一变其骄横凶恶的态度，很客气地向我说："这次很对不住，委屈了你好几天，现在，督办（张宗昌）已有命令，叫我将你送交孙慕老（宝琦，号慕韩），你现在就可以走了。"说完，他即派一名副官，让我回屋收拾随身杂物，陪我乘车，到永康胡同孙正在借来避暑的一个私人花园。副官拿出张宗昌一张大卡片，上面写着："兹送上成舍我一名，请查收。"孙也写了一张回片："兹收到成舍我一名，谢谢。"副官交代完毕。我十分感激，叩谢了孙慕老。于是我回到《世界日报》，结束四天以来我毕生未有的一幕惊险怪剧。在我被捕期间，《世界日报》并没有因此停版。这是奉军到北京后一个特殊做法，即他们只杀人不封报馆。他们说，杀人是执行军法，人杀了，报馆如不自动关门，继任的人也绝不敢再冒险。杀人而不封报馆，不算摧残舆论。因此，在邵飘萍、林白水两先生遇害时，《京报》、《社会日报》，并未被奉军查封。这套"不摧残舆论"大道理，真可算他们的新奇发现。

三、"今晚大帅好日子"

为什么我会自鬼门关边缘，突然生还，而没追从邵、林两先生于地下？其间经过是这样的。在我被宪兵押上大卡车后，我的家和报馆，连夜向各方求援。孙宝琦先生，他得到消息，知道形势严重，刚一天亮，就赶到张宗昌住所。据说，我被捕前，张宗昌原讲过，这家伙，抓到就毙了完事，但这话并没有当面吩咐王琦，照例枪毙像我这类的人，王琦总要得他一句话。捕杀林白水先生，是先已将枪毙命令交给王琦，所以只要宪兵报告王琦抓到了，就立即执行，我则事先没有命令，不料那晚王琦不在赌场，当他赶到张处请示时，恰巧，张那晚正新讨第几十几名一位姨太太，本来天亮才散的赌场，提前两小时，他睡觉了，副官问王有什么急事，王告诉他，要枪毙一个记者。

副官就开玩笑似的，说："王司令，你怎会这样不凑趣，今晚大帅好日子，只要人抓到了，什么时候都可以杀，何必抢在此刻，来惹大帅恶心呢？"我所以能够停留在宪兵司令部，大卡车并没有直接开往天桥刑场，原因即完全在此。孙慕老到达张的住所，张正酣睡，孙告诉张的副官："我在客厅等督办，你现在不必惊动他，他什么时候起床，请你尽先报告，只说我天亮就来了!"副官非常奇怪，不知有什么紧急大事。孙与赵尔巽、王士珍在北方军政界，向被尊称为"三元老"，奉军战胜，原拟拥孙组阁，张宗昌主张尤力，正多方向孙劝驾，副官均悉其事，今孙黎明即来，情形突兀，副官不敢轻视。张甫醒，即立以孙在客厅坐候告张。张大惊，迅起迎晤。张初疑孙来商组阁大计，及孙提出我被捕事，张即频称此小问题何劳慕老枉驾亲临。孙谓事关人命，并非小事。张乃数我三大罪状：一、恶毒反奉；二、和冯玉祥有密切勾结；三、替国民党广大宣传，最近还接受了广州十万元宣传费。孙谓："第一点，如果报纸反奉，是在你们进城以前，则那时冯军统治北京，谁敢明目张胆，不登冯军所发反奉消息，而甘冒危险帮你们讲话？这是北京报纸最普遍现象，也是他们办报者共有的苦痛，我相信《世界日报》绝对没有比其他报纸反奉特别恶毒。至于第二点，他根本和冯不认识，连面都没有见过，谈不到有任何密切勾结。目前最重要的，在第三点，假使他真是最近接受了广东这样大的一笔宣传费，在北京故意和你们捣乱，那么，军事时期，我也不敢替他说情。否则子虚乌有，我就不能不请你从宽处置，立予释放。好在十万元数目不算小，由哪家银行汇的，来龙去脉，极易调查。但据我所知，他所办的《世界日报》、《世界晚报》，都是由他个人辛苦经营，白手起家，从没有任何背景。他本身生活，十分刻苦，恐怕十万元之说，未必可靠。"经如此逐项解释，结果，张表示无论如何，看在慕老份上，决不重办。孙辞出后，即将情形告知我家属和报馆同仁。那时《世界日报》创办未久，《世界晚报》虽营业上已有盈余，但赔补日报，还嫌不够。我虽热烈拥护国民党，却从没要过国民党分文资助。十万元当然绝无其事。而且我那时负债累累，没有存款，只有当票。孙慕老要报馆开出我的债主姓名，债款数目，并捡出最近一些当票，由他再写一封信，送给张宗昌，证明我如此穷困，决非腰缠十万之人。张当晚复孙，谓"本应立予枪决，兹承尊嘱，已改处无期徒刑"。第二天，孙再找他，问改处无期徒刑，是否系查出我确已收受广东来款。张谓尚未查出。孙说，如果成某罪有应得，处死亦不足惜，否则无期徒刑甚至坐一天牢，也未免冤枉好人。张见孙如此一再为我辛苦奔走，知决非普通求情可比，乃允再行考虑。但口头上仍说即派人切实调查。究竟已经查明，抑或根本未查，他并未宣布，只是隔了两天，就这样将我糊涂捉来，糊涂送走。从他写名片将我当礼物似的送交孙慕老这一点看来，显然他意在让我明白，他这面子是卖给孙慕老的。

四、孙慕老拯救了我

孙慕老肯这样以全力救我，在他只是人类同情心的伟大表现。我和他既非亲戚，更非本家。他在那时，认识我还不到两年。他于民国十三年，被曹锟拉任国务总理，但没有多久，因许多问题与曹意见不同，曹的左右，即拼命给他打击。他们想推戴高凌蔚，就由王克敏出面，与他处处作对。王是财政总长，北京最大多数报馆，都由他广给津贴，以反孙为唯一条件。孙名为总理，然财权由王掌握，本身薪水都被王掩扣不发，自然更无钱敷衍报馆。因此，北京报纸，拥王反孙，几乎成了一面倒。不过一般老百姓，是同情孙的。时《世界日报》尚未出版，《世界晚报》也出版不久，晚报在北京销路很好，我们为了反映老百姓意见，对孙曾作百分之百的支持。王克敏本是金佛郎案罪魁，久为社会所切齿，晚报副刊《夜光》由张恨水先生编辑，恨水每天总有几首打油诗痛骂王克敏。这些诗作得很好，为一时所传颂。孙奇怪，为什么《世界晚报》肯如此热烈为他主持公道。他辞去国务总理后，叫他长公子景阳来访我，由他长公子介绍，我才进谒过他几次。初不料两年以后，他竟在这样一幕危急惊险的大灾难中，拯救了我。

在我被捕后的最初十几小时内，北京城中，几乎无人不相信我的命运会与邵、林两先生一样。有些特别关心的朋友，还等在天桥刑场附近，准备对我作最后的辞别，路透社发出第一次电报，说我业已处决，害得国外朋友，还有人打唁电慰问我的家属。以后大家虽知道我生命或可保全，但决不料到第四天，我就能仍回《世界日报》，照常工作。军阀时代的横暴荒谬，无法无天，视人命如儿戏……在当时却业已登峰造极，中外震动。国际联盟，为交回领事裁判权而组成调查法权委员会，各国代表，正于此一期间，来北京开会。他们调查结果，在日内瓦发表了一个报告，曾列举十四件非法杀人捕人的要案，认为中国司法制度并未确立，中国收回领事裁判权尚非其时。在这十四件要案中，邵、林两先生之死和我之捕而未死，都被逐一列举，占了极重要部分。虽然这是帝国主义者有意推宕，然而军阀们造成口实，授人以柄，这种损害国家的罪行，也的确不容宽恕。

五、“督办”拉我喝茶了

经过这一次惊险怪剧以后，我将报馆付托同仁，自己则一度离开北京，等到革命军北伐成功，军阀崩溃，“北京”改成“北平”，才飘然归来。这时，张宗昌已手无寸铁，变成光杆督办（北平人仍依旧习，呼他为张督办），但在国民政府宽大政策下，不久，他竟能由大连回到北平，公开安度其豪奢的寓公生活。我在北平，每天一俟晚报出版，总多半赶到中山公园，步行一周，并在来今雨轩，作短时间的休憩。张宗昌回济南被韩复榘派人刺杀的前几个月，他也常来公园，我的茶座，往往与他的桌子邻近。大约有人指给他知道了，他总是目不转睛望着我。有一次和他同座的一个人，与我十分熟识，就走过来，拉我到他那张桌子坐。他笑着问我：“你认识我么？我就是曾经抓过你而几乎将你枪毙了的张督办！”我自然也就笑了，我说：“那么，张督办！你是不是还想补我一枪呢？”他连忙说：“没有的话，你是好人，那次真对不起！以后请你多帮忙。”于是大家狂笑了一阵，我在笑声中向他告辞，而我这一次“笑”，在我的生命史上，要算出自心坎，最真诚而且也最不会忘记的。不过，我所付出的代价，确是太大了！

汪兆铭好像触了电

话题转入第二次。

对日抗战发动后，民国二十七年，国民政府在汉口召开国民参政会。开会前数日，汪兆铭以议长资格，假汉口某银行大厦，欢宴全体参政员，那天他亲自站在大厅门口，当每一参政员进来时，他总是满面春风，尤其会使你感觉亲切而惊奇的，即你纵与他素少往来，多年不见，但他不特一面和你仍照例握手极紧，一面并可喊出你的大名，“某某兄”，从最普通三五句寒暄客套中，千变万化，打入你心坎，表示你的一切，他无时不在关切着。这本是汪兆铭生前最大的一套政治魔术，虽然许多人早已看破，他却依然永远如此要下去。

我和他不仅素少往来，且有过一段极不愉快的历史。民国二十三年，我所主办的南京《民生报》，因为揭发行政院政务处长彭学沛经手建筑行政院官署，贪污舞弊，汪是行政院长，不料竟认为这是对他的一种重大冒犯。虽然铁证如山，他仍不顾一切，以最大压力，将《民生报》非法封闭，将我非法拘禁了四十天，并永远不许我在南京办报。此在当时，曾为一轰动全国之巨案。我出狱以后，他叫人示意，如果我向他低头，则一切不难和解。那位居间奔走的朋友劝我，新闻记者和行政院长碰，结果总要头破血流的。我曾执拗地答称：“我的看法与你恰恰相反，我相信我和汪碰，最后胜利必属于我。因为我可以做一辈子新闻记者，汪不能做一辈子行政院长。”其后我又在上海创办《立报》，《立报》和我北平《世界日报》，仍然高喊出两个口号，即对外要坚决抵抗强敌，对内应彻底肃清贪污，这从主张妥协及贿赂公行的汪兆铭看来，自然为大逆不道。他想尽种种恶毒计划，要将我“斩草除根”，幸而他自己不久遇刺下台，这些计划，才无法贯彻。但许多人告诉我，他每次和亲信提到我时，仍是切齿痛恨，认为二十三年那一幕，他做的还不够痛快，留下我一条命，他耳根总始终不会清净。

从二十三年到二十七年，已整整过了四年多。汉口招待参政员的盛会，汪兆铭无法将我的名字单独勾去。当我进入某银行大厦时，彭学沛正站在汪的旁边（时彭任参政会副秘书长）。彭见我，非常不安，立即避开，汪却丝毫没有改变他那副满面春风的姿态，而且这次握着我的手，似乎还特别比握别人的紧，并为我破例，暂时不再站在门口，引着我，走向里面一列沙发，请我坐下，用很柔和的声调向我寒暄，这声调虽然离现在十四年了，仿佛还和昨天一样，盘旋在我的耳际。他说："我们大约已好多年不见了，你北平和上海的事业，都已为国家抗战而牺牲。我们很担心你在北平出不来。最近听说，你的《立报》又已在香港出版。香港是英国殖民地，对中国人很不客气，尤其他们处处想博取日本人欢心，在那里办报，大概很苦痛吧？"说到"苦痛"两字，他笑容顿敛，频频擦其两掌，似乎替我着急的样子。他态度表现得如此诚恳，如果在一个不了解汪的个性者看来，一定要感激涕零，但我是十分了解的，不过为着礼貌关系，对他这一套，我自然也得客气一下。我说："承汪先生这样关切，我不胜感激，覆巢之下，焉有完卵？北平、上海沦陷，个人事业的毁灭，那是无法避免，也是无足顾惜的。至于香港办报，诚然痛苦很多，所幸香港虽是殖民地，在相当范围内，还能实行法治，她好像还没有过不依法律手续封报馆、捕记者，从这一点说，是比我过去在国内办报，要有较大的身体安全和言论自由啊！"

汪听了，不待我再说下去，竟像触电似的，马上站起，说："我们改天再细谈吧！"我这时，却十分自然地，笑着向他说："今天汪先生太忙，以后我再专谒汪先生请教，说不定我还要来汉口办报呢！"

席终人散，回到寓所，我将这次对话，告诉一些朋友，大家还帮着我痛快笑了一阵。

"人生何处不相逢"

第三次，也就是比较最近的一次。

去年（指民国四十一年或四十二年）六月二十三日，我在香港，《新闻天地》主持人卜少夫先生约我在丰泽楼吃晚饭，同座有几位日本记者，临入席时，一位六十岁左右老头子，从外面踉跄走进。卜先生给我介绍，这是日本老记者武田南阳，此次代表日东通讯社，参加经济考察团，刚从日本来港。一方面也就向他介绍我。我正在为了"武田南阳"这个名字，似乎触发的一种异样感觉时，他却先拉住我的手，连喊："想不到！想不到！我们竟会在这里见面，我们是老朋友！"他说北平话，非常流利。我才想起，这家伙原本就是"七七"抗战我逃出北平后，他带着日本兵，占据我北平《世界日报》，其后在华北统制文化，炟赫一时的著名浪人武田南阳。

民国二十六年北平沦陷时，我只身空手，变装逃出。我的家本住在报馆，日本人将我报馆封闭，所有资产，无论报馆机器，或私人衣物，全被没收。留在报馆的家眷，被赶出来，等于共产党所谓"扫地出门"。武田南阳做了社长，第一年还冒用《世界日报》名义。一年以后，因为王克敏等在日本人导演下组织新民会，将这张报纸作新民会机关报，也就把报纸名字改作《新民报》，一直到日本投降前一年，武田南阳受另一系日本人排挤，才在再改名《华北新报》时被迫辞职（武田与日阀根本博友善，当时华北文化事业多由其控制）。三十四年八月，日本投降，九月，重庆同业应何应钦先生之邀，我代表重庆《世界日报》，从重庆飞往南京，参加九月九日何氏在京举行的受降典礼。为了先在上海恢复《立报》的关系，迟到十月底，才回北平。《华北新报》一切资产，原即《世界日报》资产。我在上海时，就听见各地接收情形多半紊乱，我曾写信给当时主管接收文化机关的一位负责者，我说："对外抗战，民间报纸，为国家而牺牲，这是份所当然，无足顾惜。今最后胜利既已到临，我们办民间报纸的，自然回到民间去，我仍将以自己的血汗，恢复自己的事业，我不愿要国家一文津贴，或变相的津贴（其时如'大公'及某某等报都各得官价外汇美金二十万元，不少报馆在法币剧烈贬值时，向国家银行贷款，均即变相津贴之一种），我只要收回日本人从我手中夺去的资产，我不要别人的一草一木。但我的一草一木，如果被日本人抢去以后，又被我们自己的政府抢去，则我一息尚存，是必须抗争到底的。"我到北平，《华北新报》资产已由主管机关接收，并无交还原主之意。我下了飞机第一件事，就打听最初抢我报馆的武田南阳，是否仍在北平。当确切查出他的住址以后，我立即派人向他查问没收《世界日报》及交给《华北新报》时前后确切情形。他提出一本没收《世界日报》时的财产清册，一本移交《华北新报》时的财产清册，并另外写了一封证明信，证明现有《华北新报》的资产来源。根据这些证件，我向北平接收文化机关主管人，往返交涉，好不容易收回一部分，勉强拼凑，于三十四年十二月，将《世界日报》、《世界晚报》恢复出版。当时有许多朋友，劝我举发武田为战犯，将他扣留在北平，清算他勾结日军，统治文化，及劫夺《世界日报》的种种罪行。我说："日本投降，我们最高领袖广播，力主宽大。好在他今天并没有能够私人带回报馆任何一件机器，一个铅字，虽然《世界日报》部分，我未能如数收回我的原物，但他在交给《华北新报》时，一切就已与他无关，我们又何必一定同他为难，不给他一条回国自新的道路?"他那时得安然搭着遣俘专轮回去，我这个第一号受害者，并未给以任何困扰，我想，他多少总要认为一种非常的幸运!

丰泽楼的会见，我和他自然都同样感觉意外，他总是摇着我的手喊老朋友，其实此时此地还才第一次见面。也许是他的天良发现吧，态度多少有点局促不安，他一再向我举杯，说以前种种，请你都尽量忘记!我说："中国几百万军民的死亡和不可计算的物质损失，由于和约签订，我们都尽量忘记了，像我和你这点鸡毛蒜皮的过去，还有什么不可忘记的价值？其实，我在民国三十四年回到北平时，就曾想过，中国人有两句古语，'一叶浮萍归大海，人生何处不相逢'，我没有在那时直接找你麻烦，就为了留下今天我们在此相见的地步呵!"我笑了，他更笑了，全座也跟着作了一阵狂笑!

……

（本文原载1953年9月2日至18日台北《中华日报》，后收入成舍我《报学杂著》中。此是1953年台湾《传记文学》第58卷，第5期，第57～62页所载的修订版，收入本书时略有删节）

检讨台湾的“新闻自由”

台湾在原则上是一个拥有新闻自由的地区，但滥用新闻自由的要纠正，新闻自由不够的要加强。

“台湾究竟有没有新闻自由?”虽然不少人曾对这一问题猜疑恍惚，但就我这两年悉心体察的结果，原则上，在自由世界中，台湾为拥有新闻自由地区之一，确属无可否认。不过由于技术上缺乏检讨，以致某些部分，滥用自由，某些部分，自由不够。为澄清这猜疑恍惚的气氛，愿提供我个人一些粗浅简陋的意见。

有没有新闻自由

去年（1953年——编者注）十月，“美国之音”驻台记者，在《自由中国录音广播》节目中访问我，也曾提到“台湾有没有新闻自由”这一课题，我当时的回答也说“有”。我并不同意于某些官方发言人的说法，台湾新闻自由，确已完整无缺。我所谓台湾原则上不可否认其为拥有新闻自由的地区，即因为构成新闻自由的几项基本条件，台湾都已尽心竭力，大体具备。

四个最基本条件

什么是构成新闻自由的基本条件？以标准的新闻自由国家——美国为例，

扼要言之，约有四项：

（1）将言论自由、出版自由，列入基本大法，保障其神圣不可侵犯。美国宪法补充条款第一条（亦称人权法案）：“国会不得制定法律削夺人民言论自由、出版自由（Freedom of Press）。”新闻自由，即包括在言论、出版两项自由以内。而“出版自由”这个词，且有时常被用来专指“新闻自由”。新闻界最欢喜引用杰佛逊总统的那句名言，“我们的自由，要倚靠出版自由”（Our liberty depends upon the freedom of press）。人们都会了解，即在当时，他意中所指的出版自由，也已经不重在广义的出版品，而在狭义的报纸杂志。

（2）在美国，无需请求允许，领取执照，任何报纸杂志，可随时自由出版。甚至不久以前，加利福尼亚州科罗那（Corona）市政府，因征收营业牌照税，将报馆与一般商店，同等看待，竟引起科罗那《独立报》愤怒抗议。他们声明不是反对征税，而是反对牌照，认为牌照这东西，含有许可的意义，施之报馆，即有削夺新闻自由的可能。虽然这一抗议，未能获得加州高级法院的支持，但可见他们对于报纸杂志出版之不应该经过“许可”，其观点是这样的坚强！

（3）只要你自己相信，并不违反法律，任何新闻，任何批评，你都可自由发表，政府不得于发表以前，派员检查或禁止刊登。（唯一的例外，是国家对外作战，政府得受权，为若干紧急措施。）

（4）自从英国的报纸印花税废止以后，在美国，如特别专课报馆以任何捐税，均将被认为违宪。一九三六年，路易斯安那州的新奥尔良，要对每一报馆，按照其发行数字，征收特税，但是美国报业，认为这是英国式报纸印花税的复活，猛烈反对，卒由联邦最高法院判为违宪，始告取消。

与自由中国对照

我们试拿这四项构成“新闻自由”的基本条件，来印证今日台湾报纸杂志所享受的自由实况，是否相同，或不同至何种程度。第一，中华民国宪法

第十一条："人民有言论、讲学、著作及出版之自由。"新闻自由，自然包括在这一条款内。（由）是我们的新闻自由，固与美国，同为宪法所保障。而依照同法第二十四条，"凡公务员违法侵害人民之自由或权利者，除依法律受惩戒外，应负刑事及民事责任。被害人民就其所受损害，并得依法律向国家请求赔偿"。这与不许国会制定剥夺人民自由的法律，虽体制悬殊，其为防止自由之被侵犯，则固严正明确、异曲同工。第二，我们的出版法，虽规定报纸杂志，在首次发行前必须申请登记，但限定各级承办机关，登记手续必须各于"十日内为之"，且登记并不附具任何政治条件，其意义等于报告。这和百数十年前，英国未完全纳入宪政正轨时，借登记以阻止反对党刊物出版，目的迥然不同。只要政府确实依法行事，则我们纵较美国之出版不须登记，稍有逊色，然于新闻自由的原则，固并无重大违反。第三，我们和美国一样，没有事先检查。第四，我们不特也和美国一样，没有歧视报纸的特种课税，依照出版法第二十五条，一般公司商店都应缴纳的营业税，报纸杂志且更进一步特准豁免。这样逐项印证的结果，台湾的新闻自由，即使不能百分之百如美国，无论如何，总可以证实如我所说，无法否认她是一个享有新闻自由的地区。

虽然如此，我前面也已说过，我并不同意某些官方发言人所称，台湾新闻自由，确已完整无缺。从技术上检讨，"滥用自由"和"自由不够"，这两种"过"与"不及"的畸形，在台湾实普遍存在。如不迅作补救，则我们原则上，纵仍为一个新闻自由的国家，但这是残破而不全的自由，最后将且可能使整个新闻自由，变成一具虚有其表、毫无生气的躯壳！

应纠正滥用自由

先谈"滥用自由如何纠正"。在标准的新闻自由国家，政府对任何言论、新闻，既均不能于刊登以前，检查禁止；新闻自由，受到国家如此至高无上的尊崇，则享受新闻自由的报人，当然他们所负职责，也就特别沉重。如果他们竟滥用事先不受检扣的自由，任意刊登违反公益或侵害人权的言论新闻，其抵罪触法，刊登以后，一经发现，法定机关依法检举。这些机关，不特将不会被认为破坏新闻自由，反证明这是尊重新闻自由最严肃而最正常的措置。以美国为例（英国也大体相同），除了煽惑叛乱，鼓吹以非法手段颠覆政府或危害公共安全，这类文字在报纸杂志公开揭载都应受到控诉外，下列这几件事，政府也毫不姑息，必使负责者经由法院审判，各自付出其滥用自由的代价。

（1）毁损个人信誉，触犯毁谤法，除依法处罚外，并应赔偿被害人损失［有时，这种要求赔偿的数字，竟高达百万元以上。去年九月《纽约邮报》编辑人闻斯来（James A. Weensler）与专栏作家温奇（Walter Winchell），互控毁谤，闻索赔一百五十万元，温索赔一百二十五万元，即其一例］。今年六月，美国两家赫斯特系报纸，因刊登专栏作家白格来（Westbrook Pegler）文稿，毁谤某报记者雷诺（Quentin Reynolds）挟妓裸游。报馆和白格来，即共被判罚及赔偿损失十七万五千零一元。又如佛罗里达州法律，禁止报纸在强奸案中，刊布被奸妇女姓名。如被刊布，被奸妇女可控报馆诽谤。今年三月，《圣彼得堡独立报》（*St. Petersburg Independent*）即因刊登一强奸案中被奸妇女姓名，被判罚款七千五百元，又赔偿损失一万元。诸如这类的案件，指不胜屈。英国的诽谤处罚，尤为严重，报馆编辑部，天天都提心吊胆，怕“诽谤”巨雷，随时随地，突然触发。

（2）藐视法庭，也是报纸最易碰到的刑罚。当法院审理任何案件，法律程序尚未终结时，报纸刊布新闻、评论，如有下列三种情形之一，即均足以招致藐视法庭的控诉：①无确实证据，指斥法院腐败，法官偏私；②发表案情，断言某方当胜，某方当败；③其他一切足以影响公正审判之暗示。此种控案，英国多于美国。占英国日报发行第一位，销数已过四百万的《每日镜报》（*Daily Mirror*），一九四九年即因非法刊载哈夫案（Haigh Case）被罚一万镑，编辑人鲍兰（Sylvester Bolan）被判入狱三个月。又去年十一月，《每日素描》（*Daily Sketch*）因非法批评军事法庭不应以徒刑一年判处参加韩战之英兵赖登，被罚五百镑。这次《每日素描》的处罚，法庭曾宣布系因其情有可原，特别从宽。缘英国军事法庭的判决，过去系经上级核准确定后，始行宣布。故法庭宣布判决的那天，也就是判决确定的那天，报纸于刊登该案判决时，发表批评，原不构成藐视法庭的罪行。但自一九五一年《军事法庭上诉法》（*Court Military Appeal Act*）施行后，办法变更，不待最后确定，判词先行宣布。《每日素描》偶然疏忽了这一新的程序，以致案未终结，即加抨击。幸而法庭谅解这一点，否则难免不如镜报一样，编辑人要尝试铁窗风味。

（3）刊登秽亵新闻，及一切诱人淫荡的文字图片，都可被控诉。美国若干州，并特别禁止发表离婚案件中涉及双方秘密的证供。美国邮局，更有一种特权，凡载有秽亵文字或图片的报纸杂志，得一律拒绝递寄。

（4）推销彩票的新闻和意存欺骗的广告，刊登以后，也可随时被法定机关依法检举。

当然，报纸杂志可能遭受控诉的东西，并不以上列各项为限。但无论如何，由于这些举例，我们已深切认识了一项铁则，即在标准的新闻自由国家内，她的报纸杂志，虽然在刊登以前，不受任何方面干涉遏制，但一经刊出，法律上一切刑罚，却丝毫不容逃避。公众利益，固不许报纸危害，个人人权，也必须认真尊重。如果报纸滥用自由、横冲直撞，漫无制裁，则这是混乱，不是自由。换一句话说，这是丧心病狂、昏惑败乱的报纸，不是民主自由、守法合理的报纸。

中华民国宪法，保障了言论出版的自由，也就是保障了新闻自由；而台湾报纸杂志，没有事先检查的制度存在。报纸杂志出版以前，所获得自由尺度之宽，在原则上，自然与其他新闻自由国家，并无差异。现在，我们要检讨一下，是否技术上有如前面所说，报纸杂志曾滥用他的自由？如果有人滥用，我们的法定机关是否会依法检举？横遭诽谤，身受其害的中华民国男女公民，是否会依法诉追？各级法院，对涉及报纸杂志的案件，是否会以严肃公正的精神，毫不徇情，依法审判？假如台湾报纸杂志有因滥用自由，致被政府检举、私人控诉，这并不是台湾新闻界的耻辱，更不是中华民国国家的耻辱。标准的新闻自由国家，如美如英，销数极大的报纸，如《每日镜报》、《每日素描》之类，尚且摩肩叠迹，被检举、被控诉、被处罚，台湾如何独可全部保证彻底根绝，永无违法犯罪的事件发现？有这些违法犯罪事件，美英并不损害其仍为新闻自由的国家；《每日镜报》之类，并不损害其仍为权威的报纸。相反，若报纸杂志，纵尽量滥用自由，只要在某些方面，绝不影响政府的地位，政府就可装聋作哑，放弃依法检举的责任；又若诽谤受害者，认为报纸飞短流长，不足重视，放弃依法控诉的权利；驯至各级法院，对涉及报纸杂志，尤其有关诽谤的案件，若也视作私人口角，尽可劝令和解，即情节重大、罪证明确，亦不过罚金数十百元，并且宣告缓刑，放弃其严肃公正、依法审判的精神。则如此全国上下，敷衍搪塞，是非不明，权责不分，这才是国家与新闻界双方最大的耻辱，并将必然造成迷乱糊涂的局面。

台湾究竟有没有上述各项问题存在？最近七月二十六日台湾报纸所刊登的以下一则中央通讯社稿，我想，一定能帮助大家了解这些问题。

【中央社讯】一项文化消毒运动，正在酝酿展开中。据文化界某人士谈，这项文化运动，可名之为“文化清洁运动”或“除文化三害运动”。该人士首先指出，远在两年以前，文化界人士鉴于出版界少数唯利是图者流，专门编印诲淫诲盗却冒名为文艺的书籍，或出版杂志，专门造谣生事、揭发阴私，曾一度提出肃清文化阵容的口号。自蒋总统手著《民生主义育乐两编补述》出版后，越发增加了文化界人士的决心。在那本巨著中，总统慨叹：“一般国民不是受黄色的害，便是中赤色的毒，国民革命为建国而奋斗已六十年，竟听任这两种毒来残害我国民心理的健康，实在感觉到万分的惭愧！”总统并明白昭示：一面应除恶务尽，一面要加强优美的、表扬民族文化的创作。

该人士继谓：“文化界欣然接受了正确的指示以后，正在不断努力中，却不料多年来为社会所诟病，为一般人士所不齿的‘黑色新闻’，透过部分所谓内幕杂志，不但不稍敛迹，反而变本加厉……公然散布残害国民心理健康的毒素。‘黑色新闻’对于纯洁的青年、广大军民以及海外侨胞已造成若干不良后果……至于借揭发他人隐私，所施敲诈勒索事实，以及由此助长是非混淆的社会风气，更属罪大恶极。其中部分杂志之主张，不但已越出言论范围，且已违背国策，触犯出版法令。因此，文化、教育、新闻、文艺、青年、妇女等团体，一面为响应总统号召，一面痛感当前文化事业的畸形发展，拟即展开文化清洁运动，吁请各界一致奋起，共同扑灭文化三害：‘赤色的毒’、‘黄色的害’与‘黑色的罪’。”

该人士最后并称：“关于‘赤色的毒’，五年来经治安机关努力扑灭，成绩卓著，惟仍不免遗漏。文化界人士正在检举某些影片书刊，治安当局正在采取处理步骤。对于‘黄色的害’，文化界人士正与警察机关合作，检举某些有伤风化的出版物。至于对于‘黑色的罪’，文化界人士愿唤醒部分内幕杂志先行自我检查，从速依照其出版申请登记之旨趣，改正写作态度，严肃取材内容，考量文字道德，自清出版行列。否则，必联合各界一致声讨，协力扑灭。”

如上所说，这样肃清文化界“三害”运动，正是针对滥用新闻自由必须采取的严正措施，凡是真正尊重新闻自由的团体、个人，和合理依法享受新闻自由的报纸杂志，都无疑的将一致拥护此运动。不过，我愿意郑重指出，中央社原稿中所提到的“赤”、“黄”、“黑”三害，在我们的出版法、刑法及其他有关法典中，如何纠正，都已明确规定，有正当法轨可循。我切望大家提高守法精神，对于这种罪行，自今以后毫不姑息，政府依法检举，受害人依法控诉，法院以严肃公正的态度，依法审判。至法律以外的任何行动，在任何情况下，任何方面仍应该慎重避免。

自由不够要加强

现在，让我们再看台湾的新闻自由，哪些是尚嫌不够，确需增强的。

台湾最近三年来，人口及各种生产数字，都逐年增加，只报纸一项，则除供军队阅读的军报以外［最重要者有《精忠报》、《青年战士报》（均在台北）、《建国日报》（在澎湖）三种］，三年前全省共二十五家。到今天，不多不少，仍是二十五家（有数家曾变更报名，但并非增加新报）。这二十五家每日或每期的发行数字，据我从可靠方面，所获民国四十二年度统计，尚不足三十万份。列表如下：

名称	所在地	刊期	篇幅	平均每日销数
中央日报	台北市	日	对开一张半	六一、二七四
新生报（北版）	台北市	日	对开一张半	四二、一〇四
联合报（北版）	台北市	日	对开一张半	二三、九三二
中华日报（北版）	台北市	日	对开一张半	七、九八六
公论报	台北市	日	对开一张半	五、五七〇
征信新闻	台北市	日	对开一张	四、七八〇
国语日报	台北市	日	四开一张	一〇、三八一
华报	台北市	日	四开一张	三、〇〇〇
中国邮报	台北市	日	对开一张	三、三二五
民族晚报	台北市	日	四开一张	一二、四四八
大华晚报	台北市	日	四开一张	一一、三一〇
自立晚报	台北市	日	对开一张	五、〇六二
工人报	台北市	五日	四开一张	八、一一四
民众日报	基隆市	日	对开一张	三、二五四
东方日报	基隆市	日	对开一张	未详
民声日报	台中市	日	对开一张半	八、九三八
新力报	台中市	日	四开一张	未详
新中国报	台中县	日	对开一张	四、三一六
联合报（南版）	嘉义县	日	对开一张半	未详
商工日报	嘉义县	日	对开一张半	未详
中华日报（南版）	台南市	日	对开一张半	二二、三二三
新生报（南版）	高雄市	日	对开一张半	一九、二二九
台东新报	台东县	日	四开一张	三、六八一
更生报	花莲县	日	对开一张	四、九五八
东台日报	花莲县	日	对开一张	五、二〇一

【注一】基隆市《东方日报》、台中市《新力报》、嘉义县《商工日报》，尚无确切资料可据，惟台湾省政府配纸总额二百八十五吨中，配供此三报的，每月共不足两吨。

又嘉义县《联合报》（南版），于四十二年十二月出版，系以《鲲声报》名义变更登记，《鲲声报》原系五日刊，每月配纸仅一令半，新配额未定，销数据传在一万份左右。

【注二】依出版法，凡每日或每隔六日以下发行之出版物为报纸，故五日刊之《工人报》，列在报纸计算。

何以台湾报纸，在最近三年内，不能随人口与其他生产数字同样增加？既不是台湾没有新闻自由，政府压迫报纸，大家视办报为畏途，对办报无兴趣，也不是台湾文化水准特别低，看报的人太少，工商业特别落后，没有人登广告，大家认营业无前途，办报必赔本，不敢冒险投资，轻于尝试。两种原因都不是，唯一没有新报出版的原因，据说，只是三年前行政上一种临时措施，将报馆（杂志仍随时增加，不在此限）、银行、学校，同等冻结，不许私人新办。目前虽有可望解冻的传说，但当局此前所持理由，对禁止增加新报，仍甚为有力。第一，认台湾全省每日销报三十万份，数字很高，已达到饱和点。第二，增加新报，即须增加配纸。一方面本省印报用纸，产量不足，准洋纸进口，须消耗外汇；一方面配纸价格，低于市价，政府须依照差额，补贴造纸公司，增加配纸，即等于增加政府负担。实则这两种理由，在我看来，似都无存在余地（也许两项以外，在三年前，政府作此决定，尚有其他不得已的苦心）。

第一，台湾人口，据说，最近已将达九百万（四十一年十二月调查总数为八百十二万八千三百七十四人），如以报纸日销三十万份计算，即平均每三十个人阅报一份，也就等于每一千人中阅报约三十三份。依据联合国一九五三年统计，全世界报纸销数与人口比例，以英国为最高，每一千人中读报六百十五份；其次是瑞典，每一千人读报四百九十份。瑞典人口七百万，不及台湾，而日报竟多至二百五十种，发行总数超过三百万份。以台湾与瑞典比较，发行总数尚不及其十分之一。论中国文化的悠久，台湾教育的普及，纵不夸大其辞，说我们报纸销数，应该超过瑞典，最低限度，也不宜“以一比十”即算饱和。而且报纸是文化食粮，人民的文化水准愈高，报纸销纳的数量愈大。我们唯恨台湾不能一人一报，九百万人读九百万份报。过去国难时期有人提倡，大家当“捆紧肚皮”，但任何时期也绝无“捆紧脑袋”之理。因此，无论如何，台湾报纸销数，现在绝不能算已够饱和，人民创办新报现在绝不应再行禁止。

其次，限额配纸，各国先例，本只在两种情况下采行：一是对外作战，海运困难，外纸不易进口，本国产量不足，故不得不由政府限制数量，统筹分配（英国在二次大战时，曾严厉限令各报节省篇幅）；二是节省外汇（战后数年，英国仍继续限额配纸，全因节省外汇，自保守党执政，外汇情况转好，配纸即逐年放宽，预计明年春季，配纸办法即可全部取消）。台湾虽因反共抗俄，早处于战争状态，但我们的海口并未被敌封锁，外纸进口，毫无困难。至本省产量，则全年统计共二万五千吨，报馆所用，目前还不足四千吨。台纸公司，尚时在刊登广告招商承销，即令新报与发行数字，再增一倍也绰绰有余，绝无竭蹶不足之虑。第一个原因既不存在，现在如仍要限额配纸，只有第二个节省外汇的原因。但我们根本不需洋纸入口，这原因自然就同样消除。即退一万步言，有需要洋纸的可能，则我们今天专供娱乐的大批影片，以及若干非必需品，政府尚可供给外汇，准许进口，则以少数外汇，供给报馆，购用洋纸，似乎也不算过分浪费。根据以上所说，配额限纸的所有原因，都不存在，政府又何必自寻烦恼，继续此赔钱政策（纸价差额，须由政府补贴造纸公司），禁人民创办新报（禁新办报纸，不禁新办杂志，此理由尤不可解）、禁报纸增加篇幅（七月三十日，台湾省议员刘金约曾质询严家淦主席，不应限制报纸篇幅）？

台湾是世界中享有充分新闻自由的地区之一，原则上本已毫无问题。如果我们今后，对滥用自由的部分加紧纠正，对自由不够的部分赶快加强（禁止人民出版新报，即等于剥夺了人民的新闻自由，亦即宪法上的言论自由、出版自由），则台湾的新闻自由，必更能灿烂广大。我们将迎头赶上，完整无缺，与美国东西对峙，蔚为自由世界标准的新闻自由国家之一，岂不“猗欤盛哉”！这就是我检讨台湾新闻自由后一项最恳切的愿望！

（原载1954年8月4日《香港时报》）

以生命换新闻

从参观演习想起

不久以前，我在自由中国，被邀参观过某地规模较大的一次战斗演习。陆空及装甲部队，实弹放射，各种大炮、火箭炮、汽油弹，配合进攻，应有尽有。这种演习，充分证明了我们军事方面的装备训练都已突飞猛进，其足以使我们鼓舞兴奋自不待说。另有一点，作为一个“退役”记者的我，特别要感到欣慰激励的，则是在被邀参观的来宾中，一群“现役”青年记者，他们为求观察得更正确和更精密起见，往往不顾扩音器警告，当飞机投下一批火箭炮时，总立即跑出“安全线”，想看看是否已完全中的。这种勇敢壮伟的工作精神（虽然演习经过并不在报纸发表），比起三十年前，多数记者不敢到战地采访，情殊势异，其相去真不可以道里计。

三十年前的外勤

三十年前，北洋军阀统治中国，他们争夺政权，不断混战，主要战场，最近恒即在北京近郊，稍远如保定、山海关，亦不过数百华里，火车朝发夕至，但当时北京报纸极少有记者亲到战地采访（报上也有时登出一两篇所谓战地通讯，但大半如非官方代撰，即是闭门自造）。一方面固然是各色军阀厌恶记者，不愿真诚接待，而若干记者，视战场为屠场，不肯冒险，相戒裹足，实为最大原因之一。犹忆某次战役，我就外勤记者中，遴选某君，请赴战地一行，此人竟具函辞职、断然谢绝。在准其辞职以后，他曾列举函中自命得意的语句，示其友好。他这样说："炮火无情，当者立死，以生命换新闻，天下最不合算与最愚蠢之事，孰过于此!"似此得意语句，如果让像我这次在某地所看到，参观战斗演习的那些雄赳赳气昂昂的记者听见，真会要笑掉牙齿。而从国民政府完成北伐时起，这种不敢到战地采访的畏缩观念，也早已根本改变。抗战期间，不知有多少敢以"生命换新闻"的记者，在弹雨枪林中工作。也不知有多少篇动人心弦的战地通讯，曾鼓舞前方流血、后方流汗，增加了整个民族战斗力量。

伟大的战地记者

西方记者因战地采访而殉职成名的，在新闻史上早已指不胜屈。二次大战在爱岛被日本兵打死的安立佩（Ehnie Pyle)，则是最近十年来最伟大的战地特派员。他所写的战地通讯，已成为新闻文学中一种典型作品。杜鲁门总统曾在他殉职以后，致其哀悼，称他是任何战场上为美国士兵最崇敬、最欢迎的记者，只有他的作品，最为美国士兵所需要。韩战期间，战地记者牺牲极大，仅第一年，即死八人、伤九人、失踪十人，但记者们并不因此而即丧失其以"生命换新闻"的勇气。此后数年，韩国战场上记者数目，仍只有增无减。而距今不到一月，上月二十五日，在越南战场上第一个殉职的美国记者贾巴（Robert Capa)（今译作"卡帕"——编者注)，其从容谈笑，置死生于度外，一种只知工作不问危险的气概，更值得我们钦崇景仰。

两架相机一瓶酒

贾巴原是匈牙利人，二次大战时，他是《生活》杂志的摄影记者，追随美军，出入战场，其间且一度挂着三副照相机，一瓶威士忌酒，同美军跳伞部队，跳落德国后方（他也曾到过中国战场）。他工作成绩，非常优秀，有此良好的战时纪录，战事结束，即取得美国国籍。他在纽约经营一所摄影社，本无意再任记者，韩战发生，也没有再上战场。他常和朋友开玩笑，自称已变成一个失业的战地记者，并情愿一直到生命结束，还是继续失业。也许静极思动，有髀肉复生之感，两个月前，《生活》杂志以奠边府陷落，越战转入严重阶段，要求他“东山再起”。出乎《生活》杂志的意外，他竟毫不推却。因战事重心在红河三角洲，他立即起程，飞往河内。原驻河内的西方记者，互相诉苦，说法国军事当局封锁新闻，异常苛酷，大家都无法进行工作。他安慰这班同业：越是没有人公开告诉你新闻，你越可以大展身手，表现卓越天才，猎取特别消息。五月二十五日，天甫微曙，他随同法国机械部队，深入越共潜伏区域。法军沿途搜索，在地雷随处爆发、炮弹横空飞过、冷枪不断狙击的惊险局势下，他安坐一辆吉普车，颈项挂着两架照相机，放着一壶装在保温器里的冰茶，一瓶法国白兰地酒。每当法军采取作战行动时，他立即跳下吉普，拍摄战况。如此至下午二三时，忽传已发现大批敌军。法军正布置应战，一切车辆停止前进。他认为这是一个猎取最好镜头的最好机会，他一个人离开吉普车，徐步沿马路推进。不料二十分钟后，轰然一声，他竟被越共地雷炸毙，殉职地点距吉普车停放处，相隔仅七十五码。

贾巴遗体运回河内，法国越北前线司令柯尼（Rene Cogny）以一枚法国橡叶十字勋章，授给这在越战中第一位殉职的美国记者。柯尼说：“他死得如同一个战士，他应该享有战士的光荣。”他死时才四十岁，他的夫人，早于随同他在西班牙摄取内战战况时，被军车碾毙。他是继安立佩在战场殉职的又一位伟大从军记者。

……

（本文署名“一戈”，原载1954年6月19日台北《联合报》第六版联合副刊《艺文天地》专栏。据台湾著名老报人、老作家林海音在《一生的老师——悼吾师成舍我先生》一文中回忆：“1953年我进入《联合报》任副刊主编，舍我师也特别支持我。他于1954年6月14日起，以‘一戈’为笔名写‘待庐谈报’专栏，数日一次……这个专栏是分题短文，每则不过五六百字，叙述心得，报道新事，观察正确，文笔轻松，内行外行读了，应当都有所获益。”《一生的老师》一文载《报海生涯——成舍我百年诞辰纪念文集》，新华出版社1998年版，第237页。——编者注)

有“才”无“钱”莫办报

谁真有言论自由?

“言论自由”，这在民主国家体制下，已成为天经地义、不可抗拒的原则。不过现代表现“言论自由”的最主要工具——报纸，已和大银行、大公司、大工厂一样，越要办得出色，需要资本越大。没有大资本，决难办成一份大报纸。老百姓的话，无论你如何对国家和社会有利，但若与报馆老板利益冲突，或旨意不合，那么，任凭你喉咙喊破，或是投稿盈筐，也无法经由报纸向大众刊布。所以，尽管民主国家人人有言论自由，但真能充分运用此项自由的人，只是极少数握有言论机构的大老板。一九三一年，我在燕京大学新闻讨论周，曾郑重地提出这个问题。我主张“资本”与“言论”在报馆应两权分立。二十多年来，我不断强调这一主张，只有“资本家赚钱”、“老百姓说话”，相助相成，互不侵犯，然后民主国家报纸，才可以确实代表民意，发挥真正的“言论自由”。当然，在某一角度看来，这等于痴人说梦。但我相信，像英美目前“报业资本化”如此无限度地发展下去，我的主张，早晚有实现的一天。(关于我所提出的资本言论应行分立的理由，说来话长，非此副刊短文所能尽，容异日另文言之。)

卜里敦一幕悲剧

英美报纸，在二十世纪初期，还有小资本创业的可能。但到现今，这可能已绝对成为过去。英国从一九一二年《前锋日报》（*Daily Herald*）创刊以来，五十多年，没有人再能办成一张新的“全国性”日报。（共产党在一九三〇年创办《工人日报》，但这是纯粹的宣传性刊物，就营业而言，现仍销数极少，一直赔钱。）去年十一月，《纪录者周刊》（*Recorder*）主人卜里敦（William J. Brittain），忽破釜沉舟，倾其所有，以二十万镑，在伦敦创刊《纪录者日报》。卜里敦一向被推为英国新闻天才，一九四八年，英国“新闻自由皇家委员会”，向《每日快报》主人毕维朴（Beaverbrook）询问：英国此时，有谁尚能以较少资本，新办一全国性日报并获得成功？毕氏考虑结果，认为只有卜里敦有此希望。不料卜氏竭其才智，辛苦经营，不到半年，乃资本全部蚀光。本年三月，宣布停刊。停刊时，仅销四万七千份。报办得相当好，如此惨败，许多人替他可惜。英国全国性日报，大型如《每日快报》，小型如《每日镜报》，发行数字，都在四百万份左右。而这样一位天才报人，所能争取的读者，竟只及他们每家的百分之一。我真不能不深切感叹，在此“资本第一”的“新闻世界”中，任何报人，都已不能专凭天才，有所作为了。换一句话说：“有才无钱莫办报！”

一套印机六百万

美国办报，自然比英国更需要大资本，而“有才无钱莫办报”的铁则，比英国更牢不可破。不仅像纽约市那样规模宏大、基础稳固的七大报（《时报》、《每日新闻》、《每日镜报》、《世界电讯》、《太阳报邮报》、《美国人报》、《先锋论坛》），没有五千万美元以上资本，不必动念创办。就是每天只销万份左右的地方小报，也竞争剧烈，创业不易。国际印刷公会，八年以前，在十二个城市，创办十二份新报。他们原想凭借工会优越特殊的力量，以较小资本，获得较大成功。但直到现在，这十二份新报，除詹士顿《太阳报》，尚在勉强支持外，其余不是关门大吉，就已原盘出顶，而向工会垫借的四百多万元公款，迄今尚无法归还。其余私人创办新报，几乎毫无例外，资本越小，倒闭越快。二次大战结束以来，唯一新办而有成功可能的报纸，仅有《洛杉矶镜报》。虽然目前仍月赔十万元左右，但销路已超过二十万份，或许在不久的将来，就可收支平衡。它所以有此希望，并非编辑经营特具奇迹，最大因素，是投资创办的老板，乃一美国富豪。尽管现金已赔下好几百万，他依然勇气不衰。如果真能成功，就不啻为我前面所说“大资本才可办报”作一铁证。最近美国报业的资本竞赛比过去更趋尖锐，大家换机器、添设备。《丹佛邮报》以六百万元改换全套印刷，《底特律自由报》也花了三百五十万。这些数字，岂不更说明了“报业资本化”的一切？

（本文署名“一戈”，原载1954年6月27日《联合报》第六版联合副刊《艺文天地》专栏）

“人权保障”与“言论自由”

3月4日，在立法院第15会期第五次公开会议上，向行政院长俞鸿钧①提出的质询。兹将当时质询内容，录成此文送《自由中国》发表。

今天我要向行政院提出两项质询：第一，关于人权保障；第二，关于言论自由。

大陈撤退，与一部分乌烟瘴气的国际局势，虽然只是黎明前的一段黑暗，但无可否认，此时此地，我们算总遭遇了重大挫折。如何来弥补挫折？或更进一步，变挫折为胜利？这在极权国家，通常的途径，是对外越遭遇挫折，对内越加紧压迫。民主国家则不然，且恰与极权国家相反。对外越遭遇挫折，对内越加强民主、加强团结。“人权保障”和“言论自由”，正是民主政治的两大支柱。台湾已订为中华民国“反共抗俄”的复兴基地，中华民国应该是不折不扣的民主国家。而我们最近签订的《中美共同防御条约》第三条②，又有彼此加强自由制度的承诺。当此安危兴亡千钧一发的重大关头，所以我特别提出这有关“人权”、

① 俞鸿钧（1896年1月4日至1960年6月1日），广东新会县人，上海圣约翰大学毕业，国民政府高级官员，北伐时出任上海市财政局代理局长而迈入政坛，于动员戡乱时期受命主持上海央行黄金储备运往台湾。1953年任台湾省省主席，1954年继吴国桢后任行政院院长至1958年。

② 《中美共同防御条约》，签订于1954年12月2日，是台湾和美国之间一个双边军事同盟协定。第三十四条的内容为“缔约国约定为了强化自由的诸制度并促进经济进步及社会福利，而互相协力，并为了达成这些目的个别的及共同的继续努力”。

“言论”两大问题的质询，切望俞院长对此，各予以明确解答。

关于人权保障

先说人权保障。虽然外间对这一问题，有许多骇人听闻的流言，但我绝对相信，政府对人权保障，绝不是从不注意。像施政报告中所列军法司法审判范围再度划分，及切实执行提审法等，都可以亲切看出，政府对人民身体自由，何等重视！尤其最近军法局长包启黄贪污勒索，枉法弄权，政府毫不宽纵，处以极刑，更为一最明显的铁证。但由于包启黄的罪大恶极，从另一方面看，却又正足以说明我们的军法部门，确有严重问题存在。一个操生杀大权的军法局长，任期那样长，经办案件那样多，虽赖政府贤明，在恶贯满盈以后，终于明正典刑，人心大快。不过以前由他经办的案件，政府是否曾因此引起警惕，有所检讨？君主时期，国家杀一坏蛋，像刘瑾、魏忠贤、和珅之类，一定同时就将被这坏蛋毒害的人，平反昭雪。包启黄地位，虽比不上刘瑾、魏忠贤、和珅，至少总是“无法无天、有条（即金条）有理”、贪污弄权的坏蛋之一，则毫无疑问。几年来，被他冤枉毒害的，死者纵不可复生，生者却必须平反。民主国家的刑事被告，在发现法律事实有重大错误以后，虽经判决确定，也会有非常补救的办法。我不知道政府对此有无准备。

我现在举出几件莫名其妙的案子，虽然我不知道是否由包启黄主办，但无论如何，这些案子，都没有经过普通司法机关。假使不由包启黄负责，那又应该由谁负责？是否还有和包启黄一样枉法弄权的人？我不明白真实情形，只有请政府去自行考察。

一、龚德柏案

第一件是国大代表前南京《救国日报》社长龚德柏[1]失踪案。龚德柏这个名字，大家听来，一定不会生疏。他是一个将近七十岁的老报人，许多年来，我们政府的最高国策，是抗日反共，而龚德柏抗日反共的坚决彻底，就他所编著的《征倭论》、《抗日必胜论》、《共匪祸国论》等书，在配合国策的宣传上，都曾经发挥过相当功效。尤其是他在马歇尔来华和谈期间，当时主管宣传机关，曾通知各报，对朱毛指称中共，不能称共匪，但《救国日报》却拒绝了这个命令，并大写文章，说共产党的本质到任何时候都脱不了匪性。这一点，尤为难得。但他于三十八年随政府撤退来台后，三十九年三月八日，突然失踪。从那时算起，再过三天，就整整满了五年。这五年中，他的老婆儿子，都从来没有见过他一面，老婆儿子生存死亡，他也无从知悉。他的老婆急到把头发秃成光顶，一家大小，啼饥号寒。这五年中，他究竟犯的什么罪？关在什么地方？谁都不知道。但似乎谁都知道，这五年中，他没有受审，没有判罪，没有枪毙，却也总没有回家。此外又似乎谁都知道，龚德柏这个人，只在此岛中，雪深不知处。有人说，因为他一生信口骂人，人

---

① 龚德柏（1891 年 8 月 9 日至 1980 年 6 月 13 日），字次筠，湖南省泸溪县武溪镇人，历任《国民外交杂志》主编、《东方日报》中文版总编辑、“中美通讯社”总编辑等职。1923 年执教于法政大学，与成舍我合办《世界晚报》，后兼《世界日报》总编辑；1925 年离开成舍我的“世界报系”，自行创办《大同晚报》，与成舍我竞逐北京报业市场，因经营不善，旋即停刊；1932 年于南京创办《救国晚报》，翌年停刊；1933 年再创办《救国日报》，该报言论极力拥护国民政府、坚决反共，因此受蒋聘为国民政府军事委员会少将参议；1935 年再当选为国民党五全大会湖南省代表。抗日战争爆发后，《救国日报》停刊。1950 年初，龚去台北，蒋介石委其“国大代表”和“光复大陆设计研究委员会委员”。1950 年 3 月 9 日，他应邀到新竹的国防大学演讲，谈的虽然是反共问题，他仍不改本性，针砭国民党的反共政策时也不忘痛骂国民党高层人物。演讲结束之后，他突然不知去向，当天也没有回家，遭受国民党的软禁，此一事件被称之为台湾“第一件软禁案”。龚德柏是被软禁在新竹的一处军事基地，距离他的家只有咫尺之遥。当然初期短时间内纯粹是软禁，总政治部介入后则变成正式监禁，而且狱中待遇非常差，直到成舍我质询后才获得改善。（雷震曾在一篇文章中略为提到这段经过，他说，龚德柏演讲时批评孔祥熙和宋子文做国民政府财政部长时的贪污舞弊，把美金存在美国银行里，数目甚巨，比以色列总理拉宾夫人莉亚把其丈夫在美国当大使时演讲所得美金，存在美国银行的数目多出几百万倍。）因抨击时政，涉及当政者多，数度被捕入狱，故新闻界称其为“龚大炮”。1980 年 6 月 13 日（年 89 岁）病逝。先后著有《日本人谋杀张作霖》、《揭破日本的阴谋》、《中国必胜论》、《日本必亡论》、《龚德柏回忆录》、《汪兆铭降敌卖国秘史》、《愚人愚话》、《也是愚话》、《又是愚话》、《还是愚话》（此四书通称《四愚集》）。译有《西原借款真相》、《日本侵略中国外交秘史》、《日本对华经济侵略之过去与将来》等书。

缘太坏，没有朋友替他奔走，所以尽管失踪了五年，“不审、不判、不杀、不放”，主办这个案件的人，也就觉得很放心，不会引起何种反响。因此，也就无法使我们贤明的政府当局，详悉真相。诚然，他人缘不好，朋友不多，不过，我相信，龚德柏没有人缘，却有人权。龚德柏从无朋友支援，像这样“不审、不判、不杀、不放”，却可以激起天下公愤。龚德柏今年已六十六岁，听说最近身体很坏，且曾几度绝食。如果他是匪谍，政府就早应予以枪毙；如果他不是匪谍，相反，且是一位抗日反共、爱国家、爱民族的老斗士，就早应使其恢复自由。再退一步说，他曾信口骂人，纵于法无罪，却应该遭一点口孽果报。然而五年牢狱之灾，这果报也够惨重了！究竟怎么一回事？请俞院长予以说明。

二、马乘风案

第二件是本院委员马乘风被捕案①。这一案件的经过，本院同仁都知道，政府也不会不知道，他被捕到现在，也已快满三年。依照我们的刑事诉讼法，侦查羁押，固不能超过两个月，如有必要，也只能延长一次。继依照去年8月15日本院通过的《戡乱时期监犯处理条例》第二条：“被告在侦查中羁押满二个月，审判中满五个月尚未侦查终结或判决者，应自本条例施行之日起，两个月内办结之，逾期尚未起诉或判决者视为撤销羁押。”该条例于去年8月23日由总统明令公布。从8月23日起算，到现在也已半年，马乘风无论是尚未起诉，或尚未判决，也早应该有资格享受“视为撤销羁押”的浩荡国恩。老百姓对着立法委员，总常常很喜欢说，里面是老百姓的人权保障者，如果我们自己的身体自由，都得不到合法保障，我们真不知老百姓这类的话，是颂扬还是讽刺，也真不知怎么向我们的选民交代。这究竟又是怎么一回事？请俞院长予以说明。

---

① 马乘风，河南省人，中央军事政治学校毕业，国民参政会第一、二、三、四届参政员，第一届立法委员。1951年马乘风因匪谍案遭逮捕，同时被捕有赵守志、楚鸿烈二人，1955年10月13日才审判定谳：马，无期徒刑；赵，死刑；楚，七年有期徒刑。

三、军法犯究已保释多少？

除这两件平民而牵涉军法的具体案件以外，第三，接着我还要请问俞院长，《戡乱时期监犯处理条例》经总统明令公布，业已半年，施政报告中告诉我们，普通监狱，依照条例，准予释放的人犯，截至去年12月止，为1769名。但军人监狱，被保释的，究竟有多少？报告中未经提及。据说有许多合乎条例的军法人犯，依照条例，呈请保释，却以条例以外的种种原因，一拖再拖，迄无下文。难道立法院所通过、总统所公布的法案，下级机关，竟还可以打折扣？竟还可以不遵行？这究竟又是怎么一回事？请俞院长予以说明。

四、在港若干立委何以不须来台？

最后，我还要提出一点，居住及迁徙的自由本也是宪法赋予人民权利的一种，不过台湾在非常时期，台湾需要出入境证，自有其必不得已的理由。但是我希望这种出入境证的核发，一定要百分之百的公平严正，不能看面子、讲恩怨。我最无法理解的一件事是，立法院每次会期，大家总接到院内纪律委员会的一份报告，报告内容，又是若干困居香港不能来台出席的委员。委员会要求院会，勿以“一会期无故不出席”论将其除名。唯一理由，是他们不来台湾，并非他们不愿来，而是台湾主管机关，不肯签发台湾入境证。立法委员来台出席，是他的权利，也是他的义务，为什么领不到入境证？假使这位委员有附匪嫌疑，那么，核发入境证的主管机关，报告院会，依法将其除名。如果并无附匪嫌疑，如何可以剥夺他们居住本国的权利，阻止他们如期报到的义务，一连几年，不许入境？幸而我们立法院，开会的法定人数，只要五分之一，而在台立法委员，一向均超过法定人数很多；又幸而我们院内的执政党，占绝大多数，少数委员缺席，于开会和议案进行，都不发生困难。假定我们的立法院，和美国参议院一样，第一是条约案需要三分之二的多数票才能通过，第二是本届参议员，政府和反对党相差只有一票，那么，行政机关有如此不可思议的大权，可以随便拒绝立法委员入境，使若干立法委员，不能报到出席，则所谓最高立法权的行使，将成何景象？成何体统？据说，这些被拒入境的委员，他们的言行，到现在还是指天誓日、反共抗俄。当然，我并没有责任，担保他们的言行，但政府必须负起责任，将拒绝他们入境的原因说清楚。究竟是怎么一回事？请俞院长予以说明。

关于言论自由

以上四点，是关于人权保障的。现在，再咨询有关言论自由问题。

台湾报纸杂志，事先都不检查，台湾有极大限度的言论自由，这是无可否认的。虽然有人批评我们的《出版法》，对言论自由束缚太严。因为第一，台湾不许办新报和新杂志；第二，政府可以停止任何报纸杂志的发行到一年之久，情节重大的，还可以延长。换一句话说，就是“封门”。试问人民连报纸和杂志都不许办，还有什么言论自由？一份报纸或杂志，政府认为不满意，就可以封他一年，甚至一年以上，岂不等于宣告报纸杂志的死刑？但是这种对《出版法》的批评，真是黑天冤枉！《出版法》在立法院通过时，小组会和大会，前后开了不下五十次，大家十分谨慎，总怕这份《出版法》，与我们宪法上的言论自由、出版自由原则冲突。现行《出版法》四十五条，全部精神，是保障的意义多，管制的意义少。尤其鉴于过去行政机关，对人民申请办报办杂志，动辄以莫名其妙的因素，长期压搁，作为变相的拒绝某某报某某杂志出版。所以《出版法》第九条特别规定，登记手续，每一机关，必须于十日内办完，不得延搁。我们翻遍了整个《出版法》，实在寻不出有一条文，禁办新报新杂志。也寻不出有一条文，封闭报纸杂志，可以长达一年或一年以上。那么批评《出版法》束缚言论过于严酷，这究竟从何说起？

原来这些束缚言论自由过于严酷的条文，不出于立法院通过、总统公布的《出版法》本身，而只是出于（民国）四十一年十一月二十九日内政部部令公布的《出版法施行细则》。这一份由行政官署制定的施行细则，许多地方，多与母法的立法冲突，痛快地说，简直就是违宪。所谓不许新报新杂志出版，是根据施行细则第二十七条："为计划供应出版品所需之纸张及其他印刷原料，应基于节约原则，调节辖区内新闻纸杂志之数量。"所谓停止报纸杂志的发行，可以长达一年或一年以上，是根据施行细则第十九条所规定的。这都是超越了《出版法》范围，其责任非《出版法》本身所应负担。

一、新办报纸杂志何以不许登记?

因节约纸张书籍印刷原料，就可以禁止新的报纸杂志出版，这真是天下奇闻。那么，同一理由，出版书籍也要纸张，也要印刷原料，何以不为了节约，也调节数量。假使真这样做，禁止新书出版，自由中国的文化岂不全部破产？不这样做，又何以对出版书籍如此其宽而对报纸杂志却如彼其严？假使问题出在"计划供应"四字上，但政府对报纸杂志所需的纸张及印刷原料，并没有免费白送。只有过于纸业公司由政府公营时，各报配纸，官价比黑市便宜一点。然而政府绝无理由，认为这是一种恩惠，凭这点恩惠，就可剥夺自由中国全体人民的出版自由、言论自由、新闻自由，而禁止出版新报、新杂志。且配纸制度，就台湾来说，根本没有必要。这种制度的产生，在西方，只有战时因海上封锁，本国产量不足，外纸不易运到，或平时因本国产量不足、需要数量太大而又有经济危机，必须节省外汇，减少外纸输入，这才有限额配纸的办法。英国配纸，即是最明显的一个例子。然而英国配纸，并不禁办新报及新杂志。而且上述造成配纸制度的那些情形，台湾都不存在。台湾白报纸产量，每年二万五千吨，以目前全省二十七家日报每月共配纸三百四十六吨，全年只有四千一百二十五吨，仅占总产量六分之一。纸业公司，只怕纸造出来销不了，绝不怕产量不够。诚然，战时任何物资，都需要注意调节。有人说，台湾报纸杂志，已经太多，政府限制新报、新杂志出版，并非绝无理由。殊不知报纸杂志，为推行民主政治的必需品，为人民的精神食粮，和一般商品不同。别的商品，怕生产超过需要，不得不限制生产。一国报纸杂志，发行的数字越多，越证明其文化发达。尤其战时，发行越多，越可增加抗敌的宣传力量，增强人民的精神动员。单就报纸一项说，台湾报纸，不特并非太多，相反地，只是太少。现在全世界每日销报二亿一千七百万份，以销数与人口做比例，英国最高，每一千人阅报六百十五份；瑞典人口七百多万，少于台湾，但他有报纸二百五十种，销数三百五十万，每一千人中，阅报四百九十份。台湾人口九百万，多于瑞典，但我们只有日报二十七家，销数三十三万六千七百零六份，每一千人中只阅报三十七份，与瑞典为四九零与三七之比。试问这个数目，是太多还是太少？这真是少得可怜了！而就我们为东亚五千多年文明古国的地位说，简直是少得可耻！为什么内政部却要限制新报出版？政府每年千方百计，鼓励人民食粮增产，为什么对于最重要的精神食粮的增产，却千方百计加以束缚？如果真是本国白报纸产量不够，海上封锁，外国报纸不能进口，限制新报犹有可说。现在明明是白报纸供过于求，在此情形之下，还要以节约为借口，新的报纸既不许出版，原有报纸也限定篇幅，最多只许日出一张半，那岂不等于叫自由中国的男女老少，在台湾每年粮食丰收的情形下，禁止他们生儿育女，要他们束紧裤袋，每天只吃一碗饭一样可笑、一样不合理？

有人说，以前台湾纸业公司是公营，政府可以控制纸价，现在纸业公司已出售民营了。假如解除新报限制，解除篇幅限制，则需要用纸的数量增加。一旦纸业公司要加价，加价以后，不增重报馆负担，就势必由政府补贴，增重政府负担。这实在也不成问题。台湾虽处于战时状态，但海上并未被敌人封锁，一切物资均可随时进口。过去政府要厉行配纸制度，除采用纸业公司产品以外，不能有所选择。现纸业公司既改由民管，如政府取消配纸，则报馆用什么纸最好、最合算，应尽有选择自由。目前加拿大纸，每吨一百二十六美元，由香港转购，也不过每磅港币五角，以官价外汇算，这一价格，远比台纸公司的定价低。假使纸业公司出品，不比外纸贵，即使稍贵，大家为了扶助本国工业，也未尝不可忍痛采用。但若价格超过外纸太远，而品质又不如外纸，则政府亦即绝没有强迫报馆始终牺牲不须选择的理由。且在自由选购下，或许反可促使台纸，改进品质，减低成本。现在台湾有许多日用品，本省工厂已可生产，仍酌准同类产品进口，为什么单独不准报馆购用外纸？如果说为了节省外汇，则照目前报馆月需白报纸三百多吨计算，开放以后，准办新报，准增篇幅，即使增至四百吨，每月也不过美金五万零四百元，或港币四十四万零八百元，再加上杂志用纸，为数亦极有限。自由中国虽应该尽量节省外汇，但咸鱼、奶粉、罐头食品等过去每月进口，外汇总数均在五十万美金左右，难道自由中国全部报馆杂志所需白报纸的重要性，竟连咸鱼、奶粉、罐头食品都比不上？

二、停刊可达一年以上岂非变相封门！

至于依据出版法施行细则第十九条，停止报纸杂志的发行，可长达一年或一年以上，换言之，即等于政府有权可以封闭报馆杂志，这绝对不是《出版法》的立法原意。封闭报纸杂志，这在现代真正的民主国家，除大战期间偶有例外，原则上也已绝迹。民主国家，对于报馆杂志违反法律的处罚，只有对该违法的报纸杂志负责人，依法起诉。起诉后，如果他确实犯罪，那么，罚款坐牢，也并不因其为报业的名流大亨而特予宽徇。像一九四九年，日销四百多万占英国第一位的《每日镜报》①，即因非法刊载哈夫案，负责人鲍兰，被判徒刑三个月，罚款一万镑。这样处罚，并没有人能指责政府摧残言论自由、出版自由、新闻自由。一方面报馆本身，却不因言论或新闻出了毛病而即被封闭，禁止出版。《出版法》第三十七条第四项，对报纸最重处罚，虽有定期停止发行一项，但内政部绝不应因此即可在施行细则内，扩大其定期停止发行的期间至一年，尤其内政部还有权将停刊期间延长至一年以上。所谓“一年以后再延长”，究竟延长至什么时候？三年、五年、十年、百年？

① 1902 年英国《每日镜报》（*Daily Mirror*）由 Alfred Harmsworth（1865 年 7 月 15 日至 1922 年 8 月 14 日）于伦敦所创办，Alfred Harmsworth 就是报业史有名的北岩爵士（Lord Northcliffe）。该报初始是为女性议题所设计的报刊，后来因为亏损，于 1914 年走向“大众化”路线。其以标题醒目、文字通俗、登载大量图片为编辑方针。1915 年出星期日刊《星期书刊》，后来又出版《星期日镜报》、《星期人民报》。该报以报型小而被称为 Tabloid（小报）。后来该报为迎合低层次读者，大量报道凶杀案、皇室名人内幕等低俗新闻，Tabloid（小报）成为这类低俗报纸的代称。

施行细则上并未确定。老实说，这就是无期停刊。《出版法》是“定期”，内政部不特把“定期”的时间延长到一年，而且延长到“无期”，试问施行细则是不是违法？现代的报馆杂志，已全部企业化，如以台北为例，假使像《中央日报》、《新生报》、《中华日报》、《联合报》等，一有过失，行政机关即有权将其停刊一年或一年以上，试问这个报馆，每月几十万或几百万元的支出、几百或几千职工的生活，如何应付？又正因现代报馆杂志企业化，其组织多为股份公司，报馆为法人，其地位与其他任何法人机关相等，报纸出了毛病，负责人应受惩罚，但不影响报馆的存在。正如内政部下错了一项命令，只应处罚下命令的内政部长，绝不能将内政部封闭一年或一年以上，一年或一年以上不许内政部再发命令。英美等民主国家，只处罚报馆负责人，不停止报纸出版，这个理由，是十分显明的。

台湾有极大限度的言论自由，从无人予以否认，而我们《出版法》的立法原则，是保护多于管制，也无人予以否认。只是因为内政部以行政命令，颁布了这项超越《出版法》的《出版法施行细则》，不许办新报、办新杂志，行政机关可以变相的封报馆、封杂志，这才使大家怀疑，台湾是不是有言论自由？不知俞院长对于这一错误，是否将予以有效的补救？

人权保障，言论自由，这两大问题，就是我今天要向俞院长提出的质询。如果说，大陈撤退以后，此时此地，谈人权，谈自由，未免不切需要。我的看法，正如我前面所说，极权国家，对外越遇有挫折，对内越加紧压迫；民主国家，对外越遇有挫折，对内越加强民主……至于有人说：我们的质询，不免暴露了政府的弱点，世界上，哪一个政府没有弱点？问题就只在弱点会不会被暴露？暴露了会不会有补救？像美国这样标准的民主国家，高级官吏贪污违法，各地警察以私怨逮捕记者，秘密拷打，因被检举以致送进监狱的，几于时有其事；法国以《人权宣言》震耀世界，而据最近报载，竟查出有十个人，每人被非法羁押到平均十八个月，未被审判。是不是因为有这些黑暗不幸事件的暴露，所以大家不肯说、不敢说？这才是一个国家的绝症，这才是一个国家的耻辱！

我的话说完了，现在敬待俞院长的答复！

（原载1955年3月4日出版的《自由中国》第12卷第6期。《自由中国》半月刊于1949年11月20日在台北创刊）

《报学杂著》自序

从我十四岁做“职业记者”那时起，已经过四十年继续不断的工作。为了工作，虽然每天平均至少要写一千字，每年三百六十五天，四十年总共写了一千四百多万，但我从没有出版过一本“文集”。而且随写随丢，刊在报上的文稿，不管是否署名，也极少将它剪下保存。民国三十六年，即《世界日报》于被日军劫掠后复刊第三年，北平新闻专科学校同学，从一些残缺不全、辛苦寻回的《世界日报》合订本中，抄选了我写的几十篇文稿，他们亲手排校，想替我编刊一册“文存”，送给我，一方面纪念《世界日报》复刊，一方面作我是年过生日的礼物。这一计划终于在付印前夕，为我劝阻，纸型打好，并未出版。因为我个人深切体验，报章文字，应时第一，无论时事评论，或新闻特写，如非出自政论专家或文学名手，则时过境迁，即很少有重新阅读的价值。尤其为应时而写的任何文稿，由于时间迫促，最容易粗制滥造，不特谈不到传诸久远，往往次日读报，即发现疵病百出。我既非政论专家，对文学又无素养，何必灾“纸”祸“墨”，贻笑大方？

……

“隙驷不留，尺波电谢”，从北平沦陷（解放——编者注，下同）到现在，忽忽又已七年。虽其间一部分岁月，我仍然没与记者生活完全隔绝，但应时文稿，比较少写，所写的大半与“报学”、“报业”有关。去年九月，中央文物供应社要将我这类文稿，选编一册，交该社刊行。搁置经年，迄未动手。且因有几篇研讨“报学”、“报业”的论文，写在共产党侵陷大陆以前，想设法搜寻，一并刊录：如民国二十一年，在燕京大学新闻系讲《中国报纸的将来》；二十三年在上海《报学季刊》载《我对于新闻教育的计划》；二十七年，在汉口《大公报》载《“纸弹”亦可歼敌》；三十三年在重庆新闻学会讲《自由报纸之新体制》。这几篇文稿内容，或许稍具体系，然多方征求，终无所获。现在选刊的十六篇，只是北平沦陷后，近七年中在台港各地所发表。将来倘能觅得上述各文，当于有机会再版，或另编续集时，再行补录。

这十六篇文稿，东鳞西爪，极感芜杂，因定名《报学杂著》。如将十六篇内容，勉为归纳，则大体可分四类：第一类，检讨新闻自由；第二类，为计划大陆报业的重建；第三类涉及报业各方面实际问题；第四类，则为我从事报业的一些回忆。至每一类中，篇目排列，胥依其发表时日为先后，发表最近者在前；排列最后，即发表最早。每篇篇末，注明发表日期，及原发表之报纸或杂志名称。这些体例，虽都欠整齐，然既为“杂著”，其“杂乱无章”我想也许自能幸邀读者的见谅！

虽然这十六篇杂文，不是时事评论，也不是新闻特写，但我所以敢大胆出版，并非我对于谈“报”，自信比评论、特写有把握、有价值。我的希望，只企图将我四十年来横梗心中的一些“报”的问题和感想，坦白提出，恳求海内同业及关心报学报业者，启迪指导。其中谬误幼稚之处，自然很多，倘蒙硕彦宏达，惠予纠正，则此一小册，纵为灾“纸”祸“墨”，然我个人因此获得的收益，已属无法估计，感激不尽了！

中华民国四十四年十月十九日，舍我自记，台北。

（原载成舍我：《报学杂著》，台北中央文物供应社 1956 年版，第 1 页）

办报要“节省篇幅”

过去在大陆办报，我一贯主张，大家应节省篇幅，最要不得的做法，是彼此从篇幅上，夸多斗富。第一，中国不能大量造纸，新闻用纸的百分之九十九，靠外国进口，多消耗一吨纸，即多支出一笔外汇。第二，工商业未臻于高度发达以前，广告数量不会多；广告价格一定低，尤其越靠广告填篇幅，价格越无法提高。不幸几十年来，大家都受上海两大报——《申报》、《新闻报》——的影响，积重难返。抗战以前，《新闻报》有时每天出到八大张。那时三大张以下的日报，在上海几乎无法立足。平津各地第一流报纸，起码也必须两大张。一直到抗战胜利，全国各报，无论是复刊或是新办，都一致受着全世界战后纸荒的压迫及其他因素，这种风气才逐渐转变。连申新两报，也不再集中力量，以争取篇幅之加多了（《申报》限定日出两大张，《新闻报》日出两大张半）。

英美作风不可学

本来，全世界报纸，最欢喜竞争篇幅的，首为英美。欧洲大陆，第一流报纸，通常也只日出两大张，德国则更盛行小型报。日本销路最大的“朝日”、“每日”都效法欧洲大陆。为什么我们在抗战以前，几十年间，竟走上竞争篇幅的途径？这就因为造成此项风气的申新两报，最初投资经营的，都是英美人，而《新闻报》美国老板福开森，一直到民国十七年，才出售股票，脱离关系。他们将英美报纸竞争篇幅的做法，带来中国。如果最初投资经营这两家报纸的，不是英美人，我想无论如何，面对两大克星——纸张不能自造、广告价格低廉——的中国报纸，总不会不尽量打算节省篇幅的。

小型报一字千金

不过尽管在这样积重难返的风气中，数十年来，对节省篇幅一点，我个人仍始终不断地努力。抗战以前，我强调小型报在中国前途无量，并在南京、上海两地，创办此类报纸。小型报篇幅，通常仅为大报一大张之半，如与日出八大张的大报比，即等于大报的十八分之一。因此，小型报内容，必须力求精美，世所谓“一字千金”。我认为惟小型报编者，于发稿时心中实应存此意念，加倍珍惜，切戒浪费。小型报编辑原则，第一，评论每篇最多勿过五百字，针针见血，不堆砌词藻，不模棱两可；第二，通信社稿，必须综合比较，彻底改写；第三，每天要有几条任何大报没有的秘闻特讯，而大报所登一般要闻，小型报却提要钩元、应有尽有；第四，不将宝贵篇幅，应酬要人或朋友。换言之，即无关宏旨的演讲论文，任何请托，均须一律谢绝。虽然这四项原则，在我所办的小型报中，未必都完全做到，但我和从事这一工作的同仁，总竭力以赴，求其实现。

想尽方法省篇幅

胜利以后，我在北平恢复一份战前出版的所谓“大报”。这时世界纸荒十分严重，洋纸奇缺，土纸也供不应求，大家只好痛下决心缩减篇幅。复刊初期，仅出半大张，实际等于一张小型报。除以小型报编辑原则，应用到这份“虚有其表”的大报外，我还挖空心思，打尽算盘，在节省篇幅上想出一些平凡庸俗的办法。第一，将上下左右的报边空白，特别缩小，增加地位，容纳新闻。第二，由新五号字，改用新六号字。第三，行与行间的间隔，由对开铅条改三分、四分以至铅皮，最后并铅皮亦多半省去。第四，少用大字标题。我曾将这样半张报和战前一大张比较，所容纳的字数居然相差不远。而从质的方面说，比起战前适应环境，日出三大张或四大张，对于读者，也许还印象更好。

四十万元一吋纸

竞争篇幅，“多多益善”的观念，由于第二次大战结束后的严重纸荒，不仅在中国获得改进，即在英美，也已逐渐转变。英国战后，纸荒威胁最大，报纸篇幅仍和战时相似，受政府严格限制。这两年虽比较放松，今年年底且或将全部撤销，但一般情势，像战前那样过多的篇幅，事实上已不易恢复。美国用纸，占全世界产量百分之六十，去年全世界报纸一千零八十七万七千吨，供应相抵，纸荒问题，已成过去。去年十二月十三日《纽约时报》竟出版了一百零七大张半（共四百三十面）。小型的《每日新闻》出版了一百三十三张（共五百三十二面），这就增加篇幅来说，真可算一个新纪录。不过白报纸纵能取之不尽用之不竭，纸价却由战前每吨五十美元，增涨到目前一百二十六元。纸贵对美国报业的威胁，比纸荒更感严重。美国许多报馆已陷于无法支持。他们不敢多加报价，求取补偿，最近似乎也水尽山穷，要走到节省篇幅之一途。由《丹佛邮报》（*Denver Post*）开始，它把原有篇幅，每版缩小一吋。接着纽约《先锋论坛》（*Herald Tribune*，即《纽约论坛报》）照样办理。《先锋论坛》，仅此一项，今年可减少支出四十万元。固然为数有限，然采用此项办法的，全美国已风起云涌，多到好几百家。也许在不久的将来，大家还会进一步减少半张、一张或超过一张。因为纸价的支出，依报馆销数多寡，通常恒占总支出之百分之十五至五十五。如以《先锋论坛》为例，省纸一吋，年减支出四十万；则省纸一张，所减支出最少亦必在四百万以上。所以要挽救报馆不景气，即在美国，“节省篇幅”也仍不失为最有效的对策之一！

民国四十三年六月二日台北《联合报》

（原载成舍我：《报学杂著》，台北中央文物供应社 1956 年版，第 89 页。编入本书时，略有删节）

“广告道德”比“新闻道德”更重要

——从大批显要介绍“包医毒癌”谈起

广告权威比言论报道大。不良广告，尤其医药广告，最危害国民身心健康，拒登不良广告正所以提高报纸信誉。英美重视广告道德，并严刑峻法以济道德之穷。

不久以前，偶然到朋友家中闲谈，客厅里已先有一位客人，面容枯槁，举止仓皇。他们的话，似乎业已说完，新客来了，等于催促旧客出门。不过，我很奇怪这位客人临走时，对主人那种千恩万谢、感激涕零的神情。朋友回到客厅，我的好奇心，竟使我向他提出了此一疑问。经过详尽解释以后，我立即感到，这看来好像极其平凡的事件，实际上，对自由中国八百万军民，都应该人人注意不可忽视。而且也是自由中国整个报业当前急待检讨的问题。现在，先简略转述朋友对我的解释，然后，再提供我个人的一些意见。

一个平凡的故事

据朋友告诉我，那位千恩万谢，感激涕零的客人，和他同乡，还有点亲戚关系。从二十多岁起，做公务员，到现在已将近二十年，还只是荐任阶级，一家六口，生活相当艰苦，幸而夫人还可以做点事，补贴家用。不料今年七月起，夫人患病，久久不愈。最近经详细诊断，所患竟为最凶险的子宫癌。

许多亲友，劝赶快开刀，一方面这笔手术费，不易筹措，一方面却还期望能于开刀以外，另有其他治疗的办法。上星期，拿了报纸上一则广告，来找这同乡亲戚，广告是香港一家什么“癌症药疗研究所”在台湾登的。据广告所说，任何癌症，只要服用该所秘制的“癌科万灵丹”，就可肿块全消，限期根除。这对于他们穷苦公务员夫妇，真是一项意想不到的天外福音。无奈“万灵丹”定价很贵，要九十多块港币一盒，刚巧这同乡亲戚，有一兄弟，在香港做生意，因此特来请求，替他在香港拨借一点钱，购买两付。在尚未寄到以前，他又发现了一则“癌症救星在台行医”的广告，所登地址比香港那家癌症研究所大，而且有自由中国当代名人，具名介绍。显贵如五院院长，介绍人中就占了三位。广告里面，对癌症的类别、成长、根源、症状，说得非常详细，并确言症状初期，可以十治十愈。特别有一项警告，叫患者万不可开刀切除，切除必死。由于他崇拜当代名人，更崇拜院长、部长，对于这一广告的信仰，也就比以前对那家香港癌症研究所更为增高。不过，万灵丹已在途中，他自感不便再向拨借港币的同乡亲戚开口，救星虽在台北，无钱仍难得救。几个月来，他为了夫人的病，面容比从前倍加枯槁，神情举止也显得极其仓皇。我看见他的那天，正是他来将这一情形，兴奋而焦急地告诉同乡亲戚，极恐坐失机会，万分痛惜。同乡亲戚听了他这番申述，立即婉言安慰，并毫不迟疑，再给他五百块钱，让他带着夫人，先去找救星一试。他喜出望外，所以当他告辞出门时，向这同乡亲戚千恩万谢，表现他内心无限感激。

以上所说，就是看起来非常平凡，根据广告，因病求医，这一小小故事的经过。为什么我却大惊小怪，竟张皇其词，既说，自由中国八百万军民，对此都不应忽视，又说，它是自由中国全体报业，一个急待检讨的问题？我的理由，认为一切广告，对社会影响最大。培养广告道德，比新闻道德尤为重要，不良广告，特别像这类包医毒癌、出售灵丹的医药广告，在英美民主国家，法所严禁，我们不应容许这类广告，来危害自由中国的国民健康。下面是我对于这些理由的说明。

不许坏广告存在

现代报纸对于社会影响的普遍、重大，这已是人所共知，无待申说。言论报道与广告宣传，虽体制不同，其公诸社会，为亿万男女的读物则一。而且最大多数国家，报纸在广告方面所负的法律责任，并不减于本身的言论报道。我国现行出版法第四条及第三十六条，都有此明确规定。我们既反对一切虚伪欺骗、违反公众利益的言论报道，自然也反对一切虚伪欺骗、违反公众利益的宣传广告。但在我国，则自有报纸以来，大家总有一种错觉，认为广告的责任，只应由登广告的人自行负担，尤其有一种错觉，认为既登广告，不免夸大宣传，虚伪欺骗，正为此项宣传的自然产物。由于这种错觉的流传，积非成是，遂使最大多数报纸，刊登广告，事先绝少作精密的审核，若干虚伪欺骗、违反公众利益的广告，乃在我国报纸，随时出现，司空见惯，不以为异。

有人说，广告为报馆最重要的一项财源，报馆唯恐广告不上门，岂有上门反轰走之理？不知报馆在广告方面所应该树立的信誉，正和言论报道，同等重要。而且营业收益，也定会随着广告信誉而增加。假使某报读者，都信任他们所读报纸的广告，内容忠实，与本身言论报道，并无重大差异。人人不怕因广告受骗，人人愿意照广告购货，则在这一报纸上的广告，效力自将与其他报纸不同。你越严格审慎，不惜轰走一部分主顾，那就越会有更多主顾，希望广告能在你这份报纸上刊出。据广告专家统计，一份报纸，只要有百分之三不道德的广告，则其余百分之九十七广告的效力，都将受其影响，大为减低。所以拒登不道德的广告，即仅就“生意眼”着想，也并不是一件不合算的事。

一切广告要诚实

广告是报纸最重要也最庞大的一项财源，这在英美，尤为显著。英国报纸每年广告收入，近三年来，通常总在四千万镑左右。今年（一九五三年）情形，特别良好，仅上半年六个月中，就收了二千八百八十四万五千一百二十一镑，比去年同期，增加了百分之二十六。美国报纸广告收入，超过英国，最近几年，每年常在二十亿美元以上。但是尽管报纸生命线，系于广告，英美的广告净化运动，却并不因此稍有松懈，相反地，更推行得十分认真。美国远自一九一一年起，广告同业，就有一种共同规律，拒绝登载含有欺骗意味的广告，不仅不应该予以刊登，且应该看作犯罪行为。若干城市，有所谓“国民监察委员会”的组织，提出口号：“一切广告要诚实。”现在这种委员会，全美已有六十多个，包括纽约、波士顿、圣路易在内。英国于一九五一年七月七日至十三日，在伦敦举行国际广告会议（International Advertisement Conference），到会全世界代表二千八百二十四人，为国际间最大一次的广告集会。大会宣言，应唤起全世界共同尽力于“广告道德”的培养。由此种种，可见越是广告发达的国家、越是靠广告为生命的报纸，他们对于广告道德，越加倍注重。这和我们中国一些外行人的想法——“报馆唯恐广告不上门，岂有上门反轰走？”真乃南辕北辙，适得其反。

想起康元制罐厂

于此我还可就记忆所及，列举一项事实，作为报馆重视广告道德的证明。二十年前，上海康元制罐厂负责人，于旅居纽约时，在《纽约时报》刊登一则广告，内容是召请一位美籍“印铁”技师。报馆告诉他，要五天以后，才可刊出。他以为这或许因为广告拥挤，不能随到随登，等候几天，不以为异。到了第三天，忽然我们驻纽约的中国领事馆，打电话请他到馆谈话。原来《纽约时报》派人到领事馆，调查康元制罐厂有多少资本、每年出品若干、营业情况如何。报馆说明理由，是怕广告登出以后，应征的人到了中国，万一康元制罐厂资力，并不足以延聘一位外国技师，以致所订契约，无法履行，则应征的人，可能陷入流落异国、进退失据的困境，届时追本溯源，报馆也负有一种道德责任。所以要先行调查清楚，才敢将广告排登。经领事馆与康元负责人商谈后，由领事馆出函证明，这则广告方在《纽约时报》出现。

广告法处刑加重

英美报纸重视广告道德，其负责认真的程度，并不下于本身编著的言论报道（低级的黄色报纸，自然仍有例外）。且广告同业，社会各方，也都有同样认识。广告净化运动，乃得大量奏效。凡此种种，既如前述。现在，我们再来看英美各国在法律上，对此问题，有何措置。他们取缔一切含有虚伪欺骗和诱惑意味的广告，尤其涉及医药治疗、有关人民健康的，严刑峻法，毫不放松。这种取缔，最近更尽量加强。不久以前，英国第三次修正《医药治疗标准法典》（*Code of Standards in Relation to the Advertising of Media News a and Treatments*），除原已禁止刊登的若干医药广告外，还新加了好多项目，如治疗百日咳、鱼鳞癣、痈疔及减肥的成药广告。用催眠术治病的广告，也一律不许刊登。又，一八八七年之《商品标志法》（*Merchandise Mark Act*），于今年八月也经国会修正，惩处任何商品——特别属于医药部分的商品——其所作不诚实的广告宣传，无论徒刑、罚金，都比修正以前加重。至美国取缔不良广告，各州多订有单行法规，大致与英国相似。他们所以这样做，正因为近代报纸，对社会的影响力太普遍、太庞大。言论报道，尚可因各报立场不同，每一报纸所能影响的，只是他本身一报纸的读者。广告则不然，任何广告，只要他有资力交付广告费，他即可以登遍一城、一省，甚至一国——更甚至整个世界的报纸。而且在任何报纸上，都可以照登原稿，一字不改。其更足令人震惊的，则报纸以外，广告还可以利用电影、广播，以及其他种种方法，从事宣传。广告既有这许多最新工具，供其驱策，在“自由经济”的现行体制下，商品竞争，异常剧烈，每人都要尽先推销自己的商品，自然就难免不择手段，胡吹乱捧，逾越轨范。虽报纸、广告业和社会各方，都在尽力倡导广告净化运动，认为“广告道德”比“新闻道德”更重要，然这种道德上的力量，有时仍需要硬性的法律制裁，以济其穷。如果某一国内，含有毒素的广告，尤其虚伪欺骗的医药广告，听其漫无限制，大量传播，则其对于一国国民的身心健康，危害之大，实将不堪设想。英美等民主国家，一方面强调新闻自由，为神圣不可侵犯，一方面却对不良广告的管制，继续加强，毫不松懈。这一原则，是值得我们赞许的！

包医毒癌在香港

由于近代医药及诊断工具的进步，在中国，许多过去认作“疑难奇症”、“无名肿毒”的，现已常被证明，只是毒癌作祟。各地发现毒癌的病例，愈来愈多。但尽管医药进步，直到今天，却仍然没有绝对可靠的治癌方法和特效药物。无数男女，一过中年，每即提心吊胆，惴惴然惟恐癌症之来临。神经过敏的，偶有肿块，辄自疑癌症出现。而西医遇到癌症，总表示凶多吉少，绝不“包医”。于是近两年来，拥有两百万中国居民的香港，突然添加了一项新兴事业，即包医各种毒癌的中国医师和奇效如神的治癌成药。香港每一报纸的广告版，几乎都会为这一新兴事业，占去绝大篇幅。并曾经为了互相指摘对方广告不可靠，互相宣传只自己一家才真能十癌十愈，而发生诉讼，告到法院。香港这个都市，本来无奇不有，专就医药来说，最可笑的，在那里，一方面有世界驰名的一流卓越西医，有设备完整的一流现代医院；但另一方面，九龙城偏僻山坳里一座“黄大仙庙”，却每天成群结队，甚至人山人海，顶礼膜拜，祷求仙方。在这种情形下，包医毒癌的中医和奇效如神的成药，自然就不怕无人光顾。平心而论，向这类中医请教，虽也前途渺茫，无论如何，总比向大仙求仙方，还要稍胜一筹。为了新兴事业，财源一天比一天畅旺，“王麻子”、“汪麻子”、“旺麻子”，大家各显神通，拼命宣传，竞争越来越剧烈，广告越来越离奇。直到今年四月一日，香港政府重新修订了一种《限制不合法医药广告条例》，这些包医癌病出售灵丹的广告，才从香港各报广告版全部撤退，而此盛极一时的新兴事业，也就烟消云散，一扫而光。根据香港政府《限制不合法医药广告条例》，不仅癌病广告明白禁止，其他许多种医药广告，都遭到同样命运。条例规定："除特别授权外，任何人凡刊印广告，自称能预防或治疗：①任何性病，即梅毒、白浊、软下疳，或其他生殖器与尿道炎病；②色盲、癌、内伤或肺结核、狼疮、糖尿、癫痫、瘫痪等病；③败血症、白喉、水肿、丹毒、胆石、腰石、膀胱石、砂眼疝气；④听神经系统；⑤性行为与生育能力。此等刊印广告之人，即为违反条例，最高处刑为罚款五千元，或入狱一年。"香港政府，并解释此项条例，谓："因上述各项病症，特别如毒癌、肺痨等，必须经由正当途径，由合格医生诊治。如患者仅凭广告，贸然投医，对于生命，实有莫大危险。而香港此类广告，异常普遍，彼等既不宣布药性成分，又非由合格医生负责，政府为全体居民健康计，不得不从严取缔。"一般批评，多认为这条例颁布太晚，或在未颁布前，据说若干癌症患者因误信广告包医神效之说，不投正式医院，趁早割治，或用深度爱克斯光线照射，以致毒性蔓延，毫无希望而丧生的，已不可胜计。假使早两年颁布，这被牺牲于虚伪广告之下的人们，岂不多少总可以得到一些拯救？（据说，也确有两三个被认为癌症患者，曾因就诊中医服用致癌成药而获愈的，但这些患者，都并非毒癌，只是一种良性瘤肿，或皮肤硬块，未经西医严格治疗，即误信为毒癌。而以包医癌症为号召的中医，只要有人上门，必告以毒癌无疑，实则此类瘤肿，有时即不服药，亦可能自然消散。）

不料时仅半年，此被香港"医药广告条例"所消灭的新兴事业，忽转移阵地，俨然有向台湾移植的倾向。近几月来，包治毒癌和出售万灵丹的广告，已不断在台湾各报出现，而且户名越来越多，地位越登越大。有的本人尚留香港，不过香港不能见报的广告，改在台湾刊登，有的则索性大张旗鼓，在台开业。就常理判断，如果广告没有功效，登广告的人无利可赚，那么，登广告是要交广告费的，赔钱生意，谁人肯做？而我在本文最初一段所述故事，那位勤劳辛苦、流离困窘的穷公务员，则正是被这类广告所吸引的顾客，沉痛点说，也就是许多惨酷受害者之一。那位穷公务员，"屋漏更遭连夜雨"，相依为命的太太，突患此凶险恶症，这当然是他们的重大不幸。不过就他同乡亲戚所慷慨给他的帮助来说，倘若他并未被“包医”和“灵丹”等此类广告所诱惑，经济方面，他的夫人似并非不能依循正当途径，进行合理治疗。虽然癌症在此时还没有绝对可以治愈的把握，但初期割除，使用深度爱克斯光线照射，以及其他已经试验有效的各种方法，据最近统计，死亡率已可能减到百分之三十。那就是三个患癌症的病人中，有两个人可能得救。生存希望，显然提高。不幸他竟为广告所欺骗，将夫人生命整个寄托于“包医”和“灵丹”，前途如何，那当然只有上帝知道，而非我们平凡的想法，所能预计了（西方专家，认癌症进度，一分钟比一分钟不同，愈早割除，希望愈大，而中医“专家”唯一禁条，却是“切勿开刀、开刀必死”，这是一个重大显著的歧异）。

需要一套新法律

由于看起来这一极为平凡的事件，竟使我怵目心惊。连带想到，近代广告宣传的威力，所给予人们影响真是何等巨大！英美等民主国家，对一切不良广告，所以制定法律，严加取缔，这从维护公众利益的观点说，实确切有其必要。当然所谓不良广告，决不仅止于医药一项，举凡借广告为媒介，以实施其欺诈诱惑的企图，自都在取缔之列。过去我们读上海报纸，此项广告，五花八门，最为丰富。如厚薪招聘职员的广告，目的在骗取报名费、保证金。寄邮费若干，即免费赠送人体美术书的广告，目的只在推销色情照片。诸如此类，人所共知，但任何方面，均听其自然，从不禁阻。我们今天要树立中兴复国楷模，必须淬励奋发，对于足以戕贼国民身心的一切不良广告，决不能再行忽视。尤其此时此地，为了保护台湾八百万军民的身心健康，荡瑕涤秽，更不容缓。我们应遵循民主国家的轨范，一方面新闻自由当放宽，一方面广告管制必加严，对不良广告，速依立法程序来正式颁布一套严密妥适的法律（若干地方行政机关，以前在大陆上所自行制订的一些限制普通广告、医药广告的零碎规章，因为法律基础太薄弱，而内容又多疏漏，故往往仅成具文，绝少实效。据说，台湾省也订有管理医药广告办法）。同时，我们并切望新闻同业、广告同业，及社会各方对“一切广告要诚实”这一口号，都能响应国际广告会议宣言，切实倡导，大众也确认“广告道德比新闻道德更重要”。那么，如此通力合作，相信我们自由中国广告净化运动的功效，就将决不在其他任何国家之下。

最后，我还有三点说明，愿在此附带提出，借以申述我对有关方面的一些期望，并作本文的结束。

第一，本文目的，只在呼吁各方，重视“广告道德”，厉行“一切广告要诚实”，使自由中国国民，不再受任何不良广告的危害。虽然我撰写本文的动机，是由于几个中医中药广告所引起，但这与整个中国医药的价值无关。我并不藐视中国医药，尤其我更无意参加任何所谓“中西医药优劣短长的辩争”。

第二，我的良心和常识，虽使我不得不反对那些包医毒癌、出售灵丹的广告，但我恳切祈望，中国医药，能在此剿除人类大敌——毒癌——的另一种“世界大战”中，有其特殊贡献。我不否认中国医药可能发掘奇迹，而且我还认为这是中国医药界所应该毅然担起的一项光荣任务。

有人说，你既然不否认中国医药，可能发掘治癌奇迹，安知你所反对的那些治癌广告不就是奇迹的已经发掘？我馨香祷祝，这个假设是事实。那么，我愿敬告那些登广告的中国治癌专家：全世界无数第一流医学权威，直到此时，仍在为了对癌症没有特效的治疗方法与药品，感觉苦恼，他们之中，大部分坐在设备最完美的研究室中，殚精竭虑，劳神极思；全世界不知有多少种医学奖金，在那里等待着治癌特效方法以及特效药品的首先发现者。如果我们自由中国的治癌专家，真如广告所说，不仅有特效方法、有特效药品，而且还可以包医，可以有把握十癌十医，则各位专家尽可赶快向全世界那些研究治癌的机关团体，提出报告，只要各位专家在广告上所说的话，确无虚假，我敢保证，所有全世界的治癌奖金以及下一年度诺贝尔的医学奖金，无疑的，必都将全部落在各位专家的头上。岂仅各位将每人坐获数十百万美元奖赠，而且也是自由中国最高无上的光荣。因单就诺贝尔奖金而论，中国人到现在还从没有得过一次。这岂不比登广告、拉生意，堂皇伟大，名利双收！

第三，我固然了解那些替中医介绍治癌的名流显要，他们在广告上签名，只是由于中国社会几千年的一种传统观念，“荐医不抵命，作保不还钱”，面情难却，别无他意。不过这种观念，在追求真理的新时代，必须彻底废弃。荐医虽尚不抵命，作保已必须还钱，且“我不杀伯仁，伯仁由我而死”，对被广告欺骗丧命的人们，道德上是不能逃避谴责的。进一步，我更痛切感到，自由中国，像这类不分皂白，盲目推荐的风气，现正变本加厉，普遍流行，据说不久以前，就有过这样一次笑话。五十一位名流显要，曾签名盖章，替一本“文艺巨著”，天花乱坠，公开推荐。不料这部巨著，竟芜杂恶劣，连文字也没有一段写通。经某一刊物揭发后，原来那些名流显要，不仅原书从未见过，即那篇由他们签名推荐的荒唐序文，多数亦迄未过目。这真是滑天下之大稽（其中有些是在“君子可欺以其方”的圈套下，被欺骗冒签的，自当别论）。假使我们的名流显要，都这样抱着不负责、不认真的姿态，处理国政，领导社会，那么，中兴复国的大业，试问将如何完成？这又于“广告道德”、“新闻道德”以外，更令人不胜其“昏暮晦冥”之忧了。

民国四十二年十一月二十四日　台北《新生报》

（原载成舍我：《报学杂著》，台北中央文物供应社1956年版，第93页。）

如何办好一张报

(在台北编辑人协会的演讲稿)

(民国)四十二年五月二十三日，应台北编辑人协会之邀，以此为题，作一小时讲演，现略加整理，写成本文，以供关心新闻事业者的参考。

从霍华德先生谈起

两个月前，台北新闻界在记者之家欢迎霍华德先生。我记得有一位同业，曾问霍先生："如何办好一张报?"当时霍先生很幽默也很诚恳地说："这问题我到现今还仍在研究中，如果我有百分之百的把握，那么，我所主管的许多报馆，就不会还有几家没办好，要赔本。"不过他接着说："就我的经验看，办好一张报，编辑人关系最大，请到极有能力、极合理想的编辑人，应该是最主要条件之一。"他怕大家因此忽视了业务人员的地位，最后又补充一句："经理的得人，当然也是不可忽视的!"

霍华德先生为美国历史最早、规模最大，由史克列普斯报团扩为史霍报团(Scripps-Howard)的主持人之一。这报团原由老史克列普斯于一八七八年创办，霍华德先生参加较晚。几十年来，在许多报馆经营中，成功的固多，失败的亦并非没有。如《圣路易纪事报》(*St. Louis Chronicle*)就因为不能战胜同时同地的其他两报(*Post Dispatch* 与 *Globe Democrat*)而于一九〇五年停刊，损失很大。现在属于史霍报团卓著声誉最成功的报纸，是纽约的《世界电讯太阳报》(*World Telegram and Sun*)，它本是三家著名报纸，被收买后合并为一的。一九二七年，史霍报团购进《电讯报》，一九三一年购进《世界报》，一九五〇年更购进《太阳报》。据一九五三年美国新闻年鉴载，《世界电讯太阳报》（晚刊），日销五十四万一千四百八十五份，比《纽约时报》（晨刊）日销五十万三千九百九十九份还多了三万多（《时报星期刊》约达一百一十万份），虽然不及纽约日销约两百二十万份的小型报《每日新闻》（*Daily News*）和九十多万份的赫斯特团《镜报》（*Mirror*）。但就报纸地位说，《纽约时报》和《世界电讯太阳报》在美国却毫无疑问，几乎各占了早晚刊的首席，成为美国最有价值的报纸。

由于成本增高，竞争加剧，美国报纸陷于业务不景气而弄到经济无法维持的，也确乎不少。史霍集团报纸，幸而业务发达的比较多，所以虽然有两三家不景气，仍然不影响整个报团的进展。在美国占第二把交椅的赫斯特报团，当老赫斯特健在时，就曾一度比史霍报团倒霉，而遭遇到最困难的时期，据说大部分幸靠他的老情人电影明星戴维斯帮助，方才度过难关。其实，这种报纸不易办好的情形，全世界都大体相同，所以霍华德先生概乎言之，“到现在，我还没有将一张报办好的把握，一切都仍在精密研究中”。不过他所说“办好一张报，编辑人关系最大”，这句话却是至理名言。特别对我们未来整个的中国新闻事业，将是一项极富意义的启示。

内容第一　编辑至上

编辑人（Editor）这一职位，从狭义的解释，即为一个报馆言论政策及编辑部门的主持者，在我国称“总编辑”。英美报馆的编辑人，且多由社长兼任。事实上，许多报馆，编辑人职权等于社长（霍华德自己，即兼任纽约《世界电讯太阳报》编辑人）。英国报馆的编辑人，有时连广告编拟，都要听其指挥。编辑人是否极有能力、极合理想，的确掌握着报馆最大部分的命运，成败兴亡，几乎系于一身。不过广义的编辑人，则连评论作者、各版编辑，都包括在内。甚至凡是编辑部的工作者，都可称作编辑人，此即我国所译的“记者”，也即本会——编辑人协会——的编辑人。霍华德所指的编辑人，即使是狭义的，但要将一张报纸办好，广义的编辑人——报馆编辑部所有记者，都辞卸不了荣辱与共的责任。为什么编辑人对于一张报纸能否办好，关系如此重大？因为一张报纸办好的因素，固然极多，不过最应首先注意而必须全力以赴的，自以报纸内容、言论版面为第一。有些办报的人，不讲求报纸内容，千方百计，专从广告上打主意，情面而外，甚或更透过一些特殊关系，软讨硬要，非登不可。又有一些办报的人，版面如何，视为不足轻重，所努力的只在如何推销，或托人介绍，或挨户劝购，再或三日一小宴，五日一大宴，一折九扣，优待报贩，向报贩下工夫，请其特别帮忙，打击他报，扶助自己。这两种人，绝无例外，结果都必殊途同归，获得百分之百的惨败。大家不要误会，以为我的意思，认广告发行，办报的人，都不应该注意。我所以说他们必然惨败，是败在不先注意报纸内容。因为内容不弄好，言论、版面一塌糊涂，就发行说，你即逢人哀求，或竟免费奉送，人家也不愿意阅看。至于广告，则更要销路广、效力大，人家才肯刊登。假使这张报根本没有几个人看，登载任何广告，都如石沉大海，则尽管卖人情，讲关系，最多也不过敷衍一次、两次，要人家欢欣踊跃，长期作你的广告顾客，那等于你要人家作你的长期“施主”，当然这是不可能也极可耻的。我常说笑话，假使我办的报，在某一城市中，销路最坏，如果我的儿女结婚，他或她希望有较多亲友参加婚礼，则结婚广告，他们一定希望能在另一家销路最大的报纸上登。而我为他们的广告效力打算，也就不应该不原谅他们这种苦情。由此类推，可见销路不好的报纸，儿女也无法敷衍你，何况别人！

只有你的销路在某一城市占到第一或第二位以后，广告才会竞先恐后，自动上门，甚或为了争取某一效力最大的地位，而需要和排队买最叫座的电影票一样，风雨无阻，唯恐失望。至于如何才可以使销路达到第一或第二位，毫无疑问，就看你的言论，是否比别人精辟、公正；你的新闻是否比别人迅速、确实；你的排版，是否比别人生动、美观；文理不通的话和排印错误的字，你是否能够保证比别人少，或完全没有。换一句话说，即必须一切内容都比同一区域内任何一家别的报纸好，或比任何一家报纸有你独特的优点，然后你才可以安全稳固，取得广大的读众。

因此，一个报纸办好的顺序，是由编辑到发行，由发行到广告。不先搞好内容，即妄想销路大、广告多，那就完全因果颠倒，必将劳而无功。霍华德先生说，有才能的编辑人是报纸办好的主要因素，即正是这个道理。

报告两件小小故事

于此，我附带报告两个小故事。民国二十四年，我和一些朋友在上海创办《立报》，当时大家认为上海这码头，已被《新闻报》、《申报》两家包办，不知有多少新闻人摔过跟头，特别是广告拉不到，没有广告，报纸无法生存。因此，《立报》前途，大家都替我们担心。若干以剥削报馆为业的广告贩子，正准备大敲斧头，让我们去登门求助。不料我们却在各报所登封面整幅的创刊预告中，以最大字体，特别声明，在《立报》发行数字，不能证明已达到十万份前，任何广告都一概拒绝刊登。这个声明，不仅大出那些广告贩子的意料，即一般读者也非常惊奇。这在宣传上，已发生不少作用。及《立报》出版，最初我们集中全部力量于编辑方面，接着就在本外埠精密布置发行网。那时上海报纸销路最多的也不过十万份左右。当我们销到四五万份时，许多工厂商店就多已感到每一角落都有了《立报》的踪迹。他们要求登广告，越是我们拒绝得十分坚决，他们也就越是要求得特别热烈。

广告贩子不再等候我们登门去求助了，他们受顾客委托，自己来和我们恳切情商，要我们增加篇幅，开放广告。所同意给予我们广告的实收价格，也和对待一般新报馆，七折八扣，层层剥削，迥不相同。他们说：《立报》篇幅不多，销路很大，广告地位特别珍贵，广告费应该照上海最高标准计算。我们没有求过人写介绍信，更没运用其他任何特殊的关系，我们的广告这样不招自来，源源不绝。没有多久，《立报》居然不但没栽跟头，反而成了上海一个赚钱的报馆。这可以说，就是根据上述“办报要先注重报纸内容”那一项原则的收获。

另一件与此相反的故事，即当某一报馆某年在某地出版时，他们把大部分力量用在拉广告上，他们很高兴，有不少广告贩子为他们卑辞厚礼所动，愿替他们特别帮忙。临到出版前夕，还收到一则指定地位登在报头旁边“包医花柳”的特等广告，经理部要求编辑部撤销一条新闻，来容纳这则广告。恰巧我正来向这家报馆的朋友们道贺，我笑着和经理部朋友说，第一天报头旁边，就登载这样一条“包医花柳”广告，未免太欠雅观了。那位朋友耸一耸肩说，那有什么法子？这一条广告连登三天，我们可收到将近一百元美金的广告费，报馆资本不雄厚，我们不能不看在钱的面上，有所牺牲。我说，照我的看法，这类广告，恐怕登出以后，到收费时你将连一块美金也收不到，那么，岂不冤枉？他坚决地否认我这一预言。过了半年以后，我碰到这位朋友，偶然想起那笔广告费，我问他已否收到，他很懊丧地告诉我，登广告的医生，已离此他去，介绍人也不负责任，到现在真是一块美金都没收到，已经列入呆账作废了。而因为创刊时报头旁边一连三天刊登这样“包医花柳”的恶劣广告，对于读者，当然印象不会好。这一故事也的确值得我们警惕！

医报能手　药到病除

版面重于一切，编辑人掌握着“办好一张报”的主要关键，我已在前面一再说过。而且这种观念，在美国，由于许多眼看即将倒闭的报馆，因版面及时革新，挽回厄运，而更被证实。霍华德先生推重编辑人最有助于报纸的办好，我还可以再举一个实例做参考。

美国有一位汤纳士先生（William A. Townes），他在过去十年内曾替六个地方性身患重病的报馆负责诊治，起死回生。他在美国新闻界，已被人称作专治病报的良医。在那六个身患重病的报馆中，他通常担任着编辑人工作。他所投药剂，总是调整版面、充实内容、加强社论的权威性。只要病人肯照单服药，结果总没有不药到病除的。他们不特没有一命呜呼，且逐渐强壮，由赔本而变到赚钱。不过最近一次，他接受洛杉矶病报《每日新闻》（*Daily News*）的邀请，却因为病人拒绝服药，而被迫辞职。

《每日新闻》在五六年前，由发行人兼编辑人鲍第（Manchester Boddy）、总经理史密斯（Robert Smith）积极努力，销路曾提高到将近三十万份。一九四八年，当地新出版一家《镜报》（*Mirror*），《每日新闻》内容不如《镜报》，大受打击，销路跌到二十万份以下。于是鲍第感到厌倦，不久以前将全部产权移让给史密斯。史为求不再赔本，一面裁员减政，节省支出，一面提高报价，由七分到一角，增加收入，企图以此方法达到平衡。到今年二月，他震于汤纳士病报名医的盛名，特地请他担任《每日新闻》编辑人。不料汤就任后，所开的一些整顿编辑部药方，因为多数要增加支出，大部分不为史密斯所采纳。经过了七十二天，到本月初，汤看到没有办法，只好告诉史密斯，让他另请高明。汤于退出《每日新闻》以后，说："报馆最主要目的，是出版一张好报纸，但在《每日新闻》情况之下，我是无法将这张报纸办好，只能自认碰壁了。"而史密斯目前的抢救办法，却在打算将晚刊改为早刊，以避免《镜报》的压迫，又看到上次增加报价所受到的不利影响，准备仍将一角报价减回原有的七分。但他自己所开的这个药方，一般人都不认为高明，不易有起死回生的奇效，许多职工，都在做着远走高飞、各自谋生的打算。由此看来，伟大而天才的编辑人，不仅是办好一张报的主要条件，而且能将办不好的报纸，转手办好。"如何办好一张报"，问题至此，总算已得到大部分解答了。

如需秘方　只有苦干

当然这问题的全部解答，仍有待于全世界报人继续而谨慎的研究。于此，我所愿意再补充一些小小的意见。首先让我引用一个笑话作开端。某地曾有过一位江湖郎中，大贴广告，出售消灭臭虫的"祖传秘方"，买他这"秘方"的人，他总是交给一个层层封固的小包，要他回家睡觉前打开。不料一层又一层剥开之后，原来所谓"秘方"，只是两个大字"苦捉"。如何办好一张报，也有所谓"秘方"的话，则最主要的"秘方"，我想恐怕也就只有改"苦捉"为"苦干"而已。此外，我认为办报还应有三种看法。第一，要把办报看作开机器，马达固然重要，小螺丝钉也不能忽视。编辑人纵然绝顶天才，如果配上一些缺乏能力、不大负责的校对，时常将"中央"错成"中共”，“大使”错成“大便”，“伦敦”错成“敦伦”，那么，这张报仍将难以博取读者良好的印象。由编辑方面推而至于其他部门，报差不按时送报，信差不按时取稿，工人不按时出版，其对于报纸的能否办好，当然都影响很大。第二，要把办报看作指挥一支作战的军队。新闻工作，虽被称为自由职业，但为增加工作的效率，一报馆的组织和纪律，却绝对不能松懈。指定的发稿时间，一定不许迟误，指定的采访任务，一定需要达成。印刷部延时出版，一定要追究责任，校对房错字连篇，一定要依章处罚。尤其重要的，即对于参加这支报馆军的每一份子，必须随时随地充分鼓舞他们的战斗精神。一个标题不如人，编辑先生应该感到羞愧，一条新闻不如人，外勤先生应该吃不下饭，人人要争取胜利，但这胜利的有效期限，永远只是一天。今天胜利了，明天仍需要胜利，并不能因为今天努力奋斗，有声有色，明天即可高枕而卧，敷衍了事。第三，要把办报，看作主妇主家，应该节省时，粒米寸布，不许浪费；不应该节省时，子女教育，或急病开刀，几千几万，也毫无吝惜。……不然的话，像我过去管理报馆的一些小事，曾被朋友们笑为琐细刻薄的，如不许全馆有一盏不应开而开的电灯，将全部电灯，按所需时间，分组按设总门，全部总门，集中于总管理处我的座位旁边，指定专人，按时启闭。又如每天利用一部分通信社废稿，将反面作为夜间编辑的稿纸，及严禁印刷部职工撕取卷筒报纸上厕所之类。这在一些大报馆、大报人眼中，虽都卑不足道，但我们总相信凡是可以防止的浪费，就必须加以防止。将办报看作开机器，看作上前线，看作管家务，如果这对于解答“如何办好一张报”，能作为一种参考资料，当然那将是我所十分欣愿的！

（原载1953年5月29日《台湾新生报》第二版，后收入成舍我：《报学杂著》，台北中央文物供应社1956年版，第110页）

为袁昶超《中国报业小史》所作“序”

我最喜欢每天从各种不同的报纸上，寻找新书出版广告，但我最怕写书评，尤其怕被邀替一本新书作序。因为任何人如果对某一本书，他所有关于某一部门的知识，不特不比作者高明丰富，且确实自愧不如，甚至相差太远，那么，试问有何资格，可以为那一本书向读者批评、介绍？更有何把握，他的批评、介绍，可以获得读者的信任？然而这无资格、无把握的事，有时仍不得不厚颜尝试，那就是“友情高于一切”，迫于友情，“佛头着粪”也只好在所不顾了。

《中国报业小史》行将出版，这是戈公振先生《中国报学史》出版后，三十年来，关于中国报史一部内容相当丰富的新书。专业史的撰著，本较普通史困难，尤其是中国报史。第一，前人遗下可资楷模的同类著作太少；第二，资料不易大量搜集，更不易精确考证。戈先生的《中国报学史》，在搜集资料上，曾费过不少气力，但无可讳言，有些地方，正确性还嫌不够。戈先生逝世前数年，一度在北平小住，那时，我在北平主办《世界日报》，他为了搜集一些与北平报业较近的史实，准备写《中国报学史续编》，并想就已出版部分，获得尽量订正的机会，因之，他和我时相过从，不断商讨。可惜，天吝其年，我们无法读到他的续编和订正本。这是关心中国报史者一项最严重的损失。戈先生的《中国报学史》，只写到民国十三年，且“民国成立以后”一章，内容太嫌简略。由民国十三年到现在，又已三十多年。本来，中国报业，兴起较晚，从香港《中外新报》（一八五八）、上海《申报》（一八七二）创刊，距今不足百年，至真正的现代报业，且应自甲午戊戌之际起算。那时革新救亡，新报纷起，论政纪事，规模渐具，综计寿命，更只有六十寒暑。戈先生于中国报纸的起源，如邸报、朝报之类，说得已相当详细。我认为继戈先生而作的报史，顶好将最近六十年间的现代报业，旁征博考，多加阐述；特别于民国十三年以后，其间变化最多，进步最速，一切推演因革的迹象，极值得我们精密研讨。《中国报业小史》虽然并不是专写最近六十年的报业，但所采集此六十年中有关资料，固多半为戈先生《中国报学史》中所未有。这些资料，诚如作者自序所云，难免偶有错误，然大部分均经过著者苦心校订，其极可珍贵，自属毫无疑义。

报史性质，虽属于专业，但因报业隆替，与政治变革、社会演进，关系极为密切，一部专业性的报史，实际也等于一部描写政治社会的普通史。我们读赫汝特（Harold Heed）《英国报业史》（*The March of Journalism*）、穆德（Luthel Mott）（今多译作“莫特”——编者注）《美国报业史》（*American Journalism*），一方面使我们了解英美两国报业发展的经过，一方面也同时认识了两国政治社会的演变。尤其新闻自由（包括言论自由与出版自由）的获得，在这两个典型的民主国家，都曾经过无数伟大报人，流血流汗，艰苦奋斗。“自由”既不是天上的雨雪，可以从空而降，也不同地面的沙石，任你俯拾即是，因此，一部报业史，也就是人类自由奋斗史中的一种。从这一角度看来，研读中国报史，更具有崇高而深远的意义。

我很高兴最近即将有一部新书出版——《中国报业小史》——广告，在报纸出现，我尤其希望，不久将来，更有一部详尽的《中国报业最近六十年史》出版，这一工作，如果能由《中国报业小史》的作者来担任，自更事半功倍，易于实现。

四十六年七月一日　成舍我　台北

（原载袁昶超：《中国报业小史》“成舍我先生序”，香港《新闻天地》出版社 1957 年版。题目为编者所加）

为王新命《新闻圈里四十年》所作“序”

由于时代的演进，一向不为人重视的新闻学，最近几年，忽然变成了热门。台湾有好几所大学，设了新闻系，而且更有了新闻研究所，十几位研究所毕业生，已获得硕士学位。而有关新闻学的书刊也逐渐增多，青年们似乎对新闻学已引起无限兴趣。

新闻事业越发达的国家，民主政治一定货真价实，光辉灿烂。蒲徕士说，报纸在广大地区，普遍流行，人民讨论政治的机会，就自然加多。拉斯基说，得不到正确消息的人们，亦即得不到基本的自由，因为事实都弄不清楚，如何能行使民权，控制政府？新闻事业与民主政治，关系如此密切，如果自由中国的青年，对新闻学感到莫大兴趣，这一现象，是反映近年来自由中国新闻事业的发达，也是反映自由中国民主政治的进步，则无论如何，这现象是可喜的！

在新闻学一切书刊中，我愿意奉劝对新闻学极感兴趣的青年，最好多研读报人的传记，尤其是他们的自传。因为在这些传记中，我们可以发现任何一位卓有成就的报人，其伟业崇望，均绝非来自侥幸，特别当民主政治尚待争取的时期，报人奋斗艰苦更属难以言喻。报纸欲造成领导地位，树立言论权威，无论做老板、当伙计、敲算盘、摇笔杆，披荆斩棘，履危蹈险，当事人的酸甜苦辣，最值得我们敬仰。而研读报人传记，就等于全部学习他们伟大宝贵的经验，比研读一些漫无边际空泛浮滥的新闻理论深信要切实有益。

我们所唯一认为遗憾的，西方报人的传记和自传，眼前值得研读的，最少在五十种以上，关于中国报人，则似乎直至现在还没有一本这类的书籍出版。因此，我听到王新命先生《新闻圈里四十年》即将发刊，感到非常兴奋，这将是对新闻学发生兴趣的青年们，可能读到的第一本中国报人传记。新命先生虽然不是新闻企业家，自己没有创办或主办一份报纸，换一句话说，他不是老板阶级。但他是一位百分之百的职业报人。他在新闻圈里四十年奋斗，所最足以启发新一代报人，为新闻圈永垂楷模的，则是他公正不阿的独立精神。青年们常问我：报人最伟大而崇高的精神是什么？我总这样地答复："富贵不能淫，贫贱不能移，威武不能屈。"这三句话，可以包括无遗，而在孟子这三句话后面，并可改"此之谓大丈夫"为"此之谓标准报人"。新命先生奋斗四十年，冒险犯难，饱经艰苦，就我所知，他确已做到"不淫"、"不移"、"不屈"的地步。这种精神，为报人所需要，尤其在今天的中国报业，其需要更为迫切。如果这一本书，能给新一代报人注入这种精神，则这一本书对于新闻事业和新闻学的贡献，实将无可比拟。

新命先生从清末就进入新闻圈，到今年实已工作了四十七年，但因为这本书原是几年前为报纸副刊所写，当时估计是四十年，现在精查细算，则就字面说，新命先生业已瞒小了七岁。回忆我与新命先生相识，远在民国四年，那时我由安徽到奉天，为奉天《健报》任校对、编副刊，新命先生是《健报》总编辑，我以十七岁青年，做新命先生部下，屈指迄今，也已四十多年。就眼前在自由中国的朋友说，我或许是新命先生最老的朋友，同时，新命先生也或许是我在报业中唯一仅存的上司。新命先生从未做过报馆老板，在业务方面，不需要他提供任何奇谋妙计，《新闻圈里四十年》一书，只是写出他一生做"伙计"的经验。通常在报馆做伙计的，固然与一般营利机关，老板与伙计关系，伙计必须承望颜色顺从意旨，不尽相同，但报馆老板因金钱名利的诱惑，迫使主笔、总编辑，歪曲批评，捏造消息，实乃事所常有，而新命先生总是为了这些问题，不肯违背良心，或力持不屈，或掷笔竟去。至于他自动自发，为了正义与人道，和当时权要、黑暗势力，誓死搏斗的英勇事迹，更属指不胜屈。照他书内容所说，我们可能感觉，新命先生太不通人情，不懂世故，甚至或竟近乎闹别扭、发神经，但这些地方，正是新命先生令人敬爱之处，而新命先生足为青年楷模的报人精神也正在此。

新命先生实际上已在新闻圈里工作了四十七年，直到现在，他还是新闻圈里的一位英勇善斗的战士。美国名报人石墨伟（Meiville Stone）写过一本《记者五十年》（*Fifty Years of A Journalist*），我希望在不久的将来，新命先生也会将这本《新闻圈里四十年》，改正为《新闻圈里五十年》，甚且“六十年”、“七十年”，作为我们中国报业空前的“报瑞”、青年报人的永久导师。

民国四十六年七月六日　成舍我　台北

（原载王新命：《新闻圈里四十年》，台北海天出版社 1957 年版，第 7 页；又见《中央日报》1957 年 8 月 2 日第六版。题目为编者所加）

“狗年”谈“新闻自由”

今年（中华民国四十七年）岁在戊戌，在“掉书袋”的人们说来，也许要变作岁在“著离”（著雍）、“阉茂”。戌属狗，戌年俗称狗年，狗是最富于警觉性的，“人为万物之灵”，因此，遇到狗年，大家似乎都应该特别提高警觉。

“甲午”、“戊戌”、“庚子”、“辛亥”，在中国近代史中，是四个最重大的年号。从甲午到辛亥，虽短短不足二十年，但每一年号，都有其划时代的特殊意义，联贯起来，并有其因果必然关系。试问甲午之战，如中国不创巨痛深、一败涂地，则戊戌维新运动，如何会那样如火如荼、声势浩大？维新运动不失败，庚子拳祸无从发生，辛亥革命也就都将延缓。六十年前的戊戌，是清廷存亡兴败唯一转捩点。当时那拉母子，若均能接纳康有为建议，誓告全国：“绝万几于公论，采万国之良法。协国民之同心，无分种族。一上下之议论，无论藩庶。”则载湉及那拉后，行且与异地同时之明治、维多利亚比肩并美。那拉氏凶暴愚昧，毫无警觉，不特不许载湉采纳变法维新的大计，反信用她自己豢养的那些股肱心腹，也就是她的忠实干部，幽囚载湉，屠杀志士，举一切新政而废弃之，甚且迷信符咒，欲借以扶清灭洋。联军入京，仓皇西窜。腐烂溃决无可补救，卒至辛亥首义，天下响应。三百年的满清，从此宣告死亡。这真符合了一句俗语：“要毁灭一个人，最好先叫他发疯。”我们今天身为中华民国的国民，不是大清帝国的子民，那拉氏的发疯，是应该值得我们感激的！

如上所述，六十年前的戊戌，对清室运命是那样重要。戊戌乃清室存亡兴败大关键。能贯彻维新变法则存，不能则亡。而在康有为、梁启超等所倡导的维新运动中，虽然练兵购舰，开矿筑路，千头万绪，纲目极多，但统观康有为八次上书，他所认作能否贯彻维新变法最大关键，似乎又只集中在广开言路这一点。广开言路的具体方法，则是号召全国出版新报，如果拿六十年后今天的用语来说，即为“尊重新闻自由”。所谓“决万几于公论”、“协国民之同心”、“一上下之议论”，无一不是“尊重新闻自由”的表现。“公车上书”中最激励人心、传诵一时的名句，如云：“伏愿陛下先罪己以励人心，次明耻以激士气，集群材咨问以广圣听，求天下上书以通下情，明定国是，于海内更始。”又云：“否则皇上与诸臣虽欲苟安旦夕，歌舞湖上，求偏安而不可得，求为长安布衣亦不可得。”又云：“沼吴之祸立见，裂晋之事即来，职诚恐不忍见煤山故事也。”如此激昂慷慨，载湉亦不能不为之动容感叹。接着，他就要求清廷以事实证明尊重新闻自由。在禁办新报的压制下，请政府奖励民众广设报馆。第四次上书，有“设报达聪，各省州县乡镇，应普设报馆，以解蔽隔”的建议。康氏之意，如不广设报馆，不尊重新闻自由，则民智不开，上下壅隔，任何新政，都将无从实施。这与三十年后英国拉斯基教授所称，得不到新闻自由的人，等于失去自由，真可算若合符节。谁能说前一辈子中国知识分子，不了解新闻自由的重要？

戊戌新政，起自民国前十四年（一八九八，清光绪二十四年）六月十一日（阴历四月廿三日），清载湉下诏变法，迄九月二十一日（八月初六），那拉氏再下诏垂帘听政，前后共一百零三天。这一期间，清帝确曾下过不少有关新政的诏书，如废科举、建学校之类，其中最重要而影响亦最大的，则莫如开放报禁，准人民自由办报，当时全国虽已有若干官报、民报，但官报只登载谕旨折奏，不许舆论时政、臧否人物，民报则只通商口岸有租界可资庇护的，能享有新闻自由外，自京师以至各省，随时均有报馆被封、主笔被捕的危险。尤其在北京首都所在，事实上几乎不许私人办报。

新政时期下列的两项诏谕，在中国新闻自由史上，实具有重大意义。

（1）在准派康有为督办上海《时务报》一旨中，孙家鼐原奏，有许多主张开放言论的卓见，如云：“今之论治者，皆以贫弱为患矣，臣窃谓贫弱之患犹小，壅蔽之患最深。”又云：“官书局虽有汇报，系遵总理衙门奏定章程，不准议论政事，不准臧否人物……应该开除禁忌……”清帝根据孙奏，下谕：“孙家鼐奏遵议上海《时务报》改为官报一折。报馆之设所以宣国是而通民情，自应亟为倡办，由大学堂一律呈览。各报体例，自应以指陈利害，开扩见闻为主，中外时事，均许据实昌言，不必意存忌讳，用副朝廷明目达聪、勤求治理之至意……”

（2）在准瑞洵奏请遍设报馆实力劝办一折的诏谕中，谓：“报馆之设，原期开风气而扩见闻，该学士所称现商约同至于京城创设报馆……即着瑞洵创办以为之倡，此外官绅士民，并着顺天府五城御史切实劝谕，以期一律举行。”

载湉如此开放言论，倡办新报，尊重新闻自由，无疑地，都是康梁大力苦劝的结果。无如那位那拉氏及其亲信干部，却誓死反对，硬要将清廷拉向腐败灭亡一方面去，除诛杀维新首要谭嗣同等六人，严拿康有为、梁启超外，并大封报馆，滥捕主笔，自京师以至各省，报人被捕者百名以上。下列谕文，即是那拉氏复政后一篇最得意杰作，换一句话说，也就等于奠定了后十三年隆裕下诏退位的命运。

“光绪二十四年十月上谕：莠言乱政，最为生民之害，前经降旨将官报局、《时务报》一律停止。近闻天津、上海、汉口等处，仍复报馆林立，肆口逞说，妄造谣言，惑世诬民，罔知顾忌，亟应设法禁止。着各该督府饬回属认真查禁。其馆中主笔之人，率皆斯文败类，不顾廉耻，即饬地方官严行访拿，从严惩办，以息邪说，而靖人心。”那拉氏此谕和载湉开放言论诸谕，是一项何等黑白分明的对照！本来，戊戌这一年，摆在清廷面前的是两条路：一条是“存”与“兴”，载湉在康梁敦促下所要走的；一条是“亡”与“败”，那拉氏及其守旧干部所要走的。清廷终于选定了后一条，于是庚子和辛亥两大年代，遂无可赦免，接踵而至。真所谓种瓜得瓜，无力回天，非局外人所能以任何方法挽救的！戊是狗年，狗是最富警觉性的，上一个狗年，那拉氏竟在外患内忧、万分急迫的时期，毫无警觉，自召覆亡，相信世之当国者，定能永垂鉴戒！

（原载1958年1月5日出版的《文星》杂志第3期。《文星》月刊于1957年11月5日创刊）

记者节与“感恩节”

这几年来，节日越添越多，各行各业，几乎都有自己的节日，略加列举，即有司法节（1月11日）、农民节（2月4日）、戏剧节（2月15日）、童子军节（3月5日）、妇女节（3月8日）、邮政节（3月20日）、美术节（3月25日），新式的过节纪念文，当然我也不例外。但由于我曾承诺替《文星》凑稿，自从发表《“狗年”谈“新闻自由”》那一篇文章被斥为“亡国主义”的不祥之文以后，我每期总是多方赖债，眼前情形，似已无法再赖，所以也就只好自行破例，硬着头皮，写成这篇短稿，供《文星》主编人补白之用。刚巧我一提笔，就想起一段经过，记者节对我，确有值得纪念的故事。二十五年前，我在南京办《民生报》，因揭发行政院政务处长彭学沛渎职贪污，院长汪兆铭在合法程序失败以后，竟以非法手段将我拘送宪兵司令部四十日。我出狱那天，正是民国二十三年九月一日第一次记者节。汪兆铭为什么要在这一天释放我？是有意点缀节令还是无意偶然巧合？我无从推断。惟就当时各地新闻界被迫害情形，与定“九一”为记者节意义，作一对照，实属南辕北辙、极度矛盾，迄今思之，仍有啼笑皆非之感。

记者节的由来，是民国二十二年八月，国民党江苏省党部，因鉴于在国民政府统治下，各地仍时有封禁报馆、囚杀报人的非法暴行发生，乃呈请中央执行委员会转请国府，通令全国各级政府及军队，尊重言论，保障人权，对新闻从业人员的身体安全，不许非法侵犯。国民政府依此意旨，发布命令，全国新闻界，大感兴奋，杭州市记者公会，即向全国新闻界建议，定明令发布之九月一日为记者节。各地欣表同意，自行集会纪念。但即在命令发布以后，就我记忆所及，自二十二年九月一日，至二十三年九月一日，期间对新闻界最显著的迫害，除我的《民生报》被永久封闭、我自己被囚禁四十天外，还有北平《华北日报》社长刘真如、编辑陈国廉从北平押解南京，被囚月余。上海《时事新报》被禁止邮寄内销（当时租界尚存在，政府不能直接封禁），终于无法维持，发行人张竹平，连同其所经营之《大晚报》、《英文大陆报》、“申时电讯社”，一并出售，由政府某显要接办。至各较小城市封报拘人之事，则不胜枚举。杭州记者公会之所以要求定“九一”为记者节，各地报业之所以赞同定“九一”为记者节，从另一角度，实等于对当时政府作一种深刻的讽刺、幽默的抗议。我于二十三年九月一日被释出狱，各地报业，正第一次举行记者节纪念会。我记得有些报纸，曾指称我能恢复自由，正是政府尊重记者节的表现。假使话真如此，那么就我个人来说，记者节应该是我的感恩节了。

所最使人郁愤而痛惜的，即自从民国二十二年九月一日政府通令全国尊重言论自由，保护报业报人，并由报业要求定“九一”为记者节以来（政府正式核准定“九一”为记者节，在民国三十二年），现在已有二十五年悠长的历史，我们新闻业今日所享受的言论自由和人权保障，究竟已否百分之百达到二十五年前政府通令的原意？尤其在《出版法修正案》最近通过以后，新闻业处境只有比过去更艰难，新闻业心情比过去更沉重。

今年元旦我在《文星》发表的那篇《“狗年”谈“新闻自由”》，用意只在说明开放言论的重要。我曾指出，上一个狗年（六十年前的戊戌），康梁促请清室开放言论的失败，是清廷覆亡最大因素之一。我并没有“未卜先知”的本领，我没预想到，现在这一个狗年，竟为《出版法修正案》，几闹得天翻地覆，中外震动。不过我总相信我们现在所拥护的这个政府，原则上应是毫无疑问，朝着民主自由的正路走，“前事不忘，后事之师”，她决不会重蹈上一个戊戌的覆辙。即使偶然迷失方向，走错了几步，她一定也早晚能发现纠正。因此，我虽然郁愤痛惜经过二十五年悠长时期的记者节，而记者节所以成为记者节的最初意义，还并未百分之百的彻底实现。但假若今天政府忽然感觉，二十五年前政府保障言论自由（那时中国还没有“新闻自由”这个流行的名词）的命令，仍确有尽量贯彻的必要，则《出版法》的废止或再修正，定将成为政府尊重新闻自由当前最起码的步骤之一。我曾提到记者节在我的生命史上，一度是我的“感恩节”。如果政府真能这样做，那么这一次或下一次的记者节，势将成为整个新闻界的感恩节了。我更切望中华民国各种行业的节日，都能本着成为节日的意义，求其实现，不仅徒为形式上的过节，岂不猗欤盛哉！

（原载1958年《文星》杂志总第11期“九一”记者节专辑）

计划改革中之手工排字

(东南亚中文报纸研讨会专题演讲)

感谢国际新闻学会给我这样好的机会，使我能与代表东南亚自由报业的许多领袖共聚一堂，讨论与中文报纸有关的许多问题，特别要我对台湾手工排字，作一报告，我感到很荣幸。

台湾的手工排字，尤其报馆方面，和各地并没有什么特别不同，在民国三十四年台湾光复以后，以前受日本影响的中文排字，多为大陆式排字所代替，这与东南亚某些地区中文报纸的排字，大致相似，似乎不值得多所报告，如果要我在这方面说几句话，那就只好就我主持的世界新闻专科学校所设“报业印刷与实习”的教学，以及附设印刷工厂所实习的各种中文排字改革计划，略加说明，敬请各位报业领袖指教。

依照研讨会日程，下一个节目就是王惕吾先生报告《自动铸字排字法在中文报纸中的应用》。换一句话说也就是报告中文全自动铸排机的运用，在王先生报告以前，我先提供有关手工排字的报告，这对在座各位报业领袖来说，正如听取太空飞行家报告坐火箭上太空以前，先要人报告坐螺旋桨渡过台湾海峡的经过，一个最进步、最新奇，一个太落伍、太平凡，不特不感觉兴趣而且有相形见绌之感。不过既然新闻学会出了这个题目，这题目虽不时髦，我也不能不照题交卷，各位如不感兴趣，请多多原谅。

我虽然做了半个世纪的职业报人，但我对排字并非专家。新闻学会出这个手工排字的题目，也许因为三十年前，我曾对中文排字做过一些改革工作。

这些改革，我在大陆办报和办学校时，都曾按照计划实行，现还在继续推进。或许有人以为台湾这种改革的研究可以有助于中文报纸，那么要我提供一些资料，自属义不容辞。

落伍的手工排字，在各种新式铸排机及照相排字机发明以后，如果尚有值得重视的价值，其主要理由，或如下述。

第一，手工排字，毫无疑问，已将为机器排字所代替。但直到现在，用机器排中文，在设计及应用上，仍缺点很多。在机器排字，尚未完全符合中文报业的要求以前，手工排字不仅无法废止，且急需有所改进。

第二，就现阶段已经创制成功的中文铸排机看，在经济上如果采用，一家中文报纸所负担的设备费及各项成本支出，将要远超过手工排字许多倍。一个日出两大张的中文报，他的排铸设备，有十吨铅、两部自动铸字机、五副铜模，及若干附属器材即可足用。以台湾币值及物价计算，总共不过新台币六十万元，照台湾汇率，仅合美金一万五千元。一旦改用铸排字机（包括凿孔机）至少需要八部，逐日使用，另以两部作准备。为了节省时间，凿孔机可能还要多备二、三部。铸排机以东京机械制造所价格每部美金二万五千元计，十部即须二十五万美金。再加增添之凿孔机及运达台湾之进口关税及运输费用，恐至少约需三十万，即合新台币一千二百万元，其与手工排字的设备费为二十比一。固然现代新闻事业需要大量投资，但东南亚的中文报纸，除了部分资本雄厚，业务发达，有此财力除旧更新外，一般情形，恐难轻易立即做到，只有期望这种机器，将来制造厂商增多，售价减低，最好每个有中文报纸出版的地区，均能自行承造。如此，始有大量普遍采用的可能。

再看机器排字，在中文报馆中，其人工薪资及材料也较手工排字增加很多。以台湾报纸为例，一份日出两大张的中文报，每张四版，每版二十栏，每栏一百二十行，每行九字，全份共约二十五万字，平均每人排五千字。此外拼版、改样、拆版、打杂及铸字等，共约需要雇用技工六十人（台湾若干大报，用人超过此一数字）。每人平均以月薪一千五百元计（各报有高或低于此一标准者，此系依台湾一般印刷技工标准估计），共需九万元。如用机器排字，每一铸排机，凿孔、铸字各需技工一人，十部机器，只需二十人，比手工排字可减少四十人。薪金支出本应比例减少，无如现有之铸排机，其可容纳之字数，仅二千三百七十六字（本可再加一倍，但影响铸孔时间，故只以上数为限）。在使用时，缺字经常发生，又因标题制作及拼版工作，仍须依赖手排，尤其困难的，铸排字机字粒太小，只能使用一种，即通常使用之八点字（六号）。若使用其他较大之字，如九点（新五号）、十点（老五号）、十二点（新四号），即均须另备字架，另用手排。故在此问题未获解决以前，现阶段仍无法不保留手工排字，及连带因供应手工排字而需要之铸字设备。因此，除铸排机所需要之技工二十人外，手工排字将仍须保留四五十人。薪金支出不仅不能比原有纯恃手工排字时减少，而因铸排机技工待遇，尤较手排技工高，结果，全部支出薪金之总数，自然只有加无减。

第三，关于材料消耗部分。铸排机之铜模寿命较手排所需铜模之寿命，最低约缩短三分之一，损耗率甚大，且此种铜模，价格亦高于普通铜模，而台湾当地，无法配制，以及机器之保养修理及添补零件，种种费用，均超过手工排字甚大。

第四，铸排机最大特点，在时间方面，最高能较手排快四倍。报馆排印，时间第一，分秒必争。铸排机有此特点，其他不利因素，本都可视为次要，但在现阶段，则铸排机此一特点，并不能尽量发挥，因构造上之缺陷，铸排机不能免除大量缺字，不能同时铸排一种以上体型之字，更不能铸排各种不同字体之标题。手工排字，不仅难于废除，而在某种情形下，尤其当黎明前最后重要消息之抢排，手排一定比铸排快。因此，此一特点，目前报馆，尚难遽作信赖。

以上四点，只是说明中文机器排字，目前尚在继续发展及改进阶段，手工排字仍有其存在的价值。但随着一切事物演进，机器排字终必代替人工手排，那仅是时间问题。手工排字继续存在一天，中文报纸也就一天不能放弃其时间更快、工作更好、费用更省的愿望，因此，下列三点，是我在台湾继续三十年来计划，改进现有人工手排的一些纲要。

第一，革新训练方法。旧式印刷工厂，训练一个技工，均须学徒三年，报馆亦多如此，大家就以为学习排字，真需要这样长的时间。其实，旧式训练，学徒进厂能许他上字架检字，通常总在一年半以后，有时甚至要等到三年才开始。工厂收容学徒技工（即所谓师父）训练学徒，其主要目的，只在替厂方做杂工，替师父当听差。最初一两年，他的工作，只是扫地抹灰，替师父冲茶，打洗脸水，买香烟、点心，以后才慢慢让他加条、打样，如果本人聪明伶俐，能讨得师父欢心，也许特别开恩，提早上字架。但大部分，三分之二的时间，总消耗在打杂与听差上，根本和排字无关，真正学习排字，只要有两个星期革命性的新式训练，就可以和一般技工同在一副字架工作，当然每小时排出字数的速度必远不如原有技工，但只要肯勤练（排字）苦读（字盘），半年以后，就可以达到一个普通技工每小时所能达到的标准（普通技工，每小时排一千字，熟练技工，可排到一千五百字以上）。

我所说革命性的训练方法原开始于民国二十一年，当时我创办北平新闻专科学校（这个学校目的，是每一个学生能于七年肄业期间，成为手脑并用，全能的新闻人才，包括印刷、业务、采访、编辑），关于排字部分的训练是改编字盘，印成课本。我改编的新字盘分 ABC 三种，每一学生须抄读两星期。在两星期中，A 种抄读十遍，B 种六遍，C 种一遍，每日于抄读足数后，举行测验，任指一字，考问其在某盘第几行第几字。如此周而复始，两星期结业。第三星期第一日，只须再以一小时时间，教其如何执手盘，如何上架取字，因为字盘均已熟读，而部首较易辨识，一旦实行检排，某字在某处，即不陌生，此等学生，大抵第一日，每小时即可排出四十字至六十字，以后逐日增加，到第六个月，百分之九十均可达一千字，成绩最优者，可达一千两百字。教育程度愈高，学习排字愈易，进步也愈快。旧式学徒所以需三年，一方面固系厂方及居于师父地位之技工，不肯认真训练，即使认真也毫无方法；另一方面，此等学徒，所受教育，最多不过小学毕业，程度太低，时间拖长，进度缓慢，当亦为原因之一。

民国二十四年我在上海创刊《立报》，排字工作全部由北平新专初级班毕业学生担任（高级班当时尚未毕业）。他们不但夜间在馆内排字，白天还出馆采访。当二十六年中日战争延及淞沪时，他们在这两方面（排字与采访）都曾充分发挥手脑并用最大的效率。上海沦陷，《立报》在港出版，排字工作仍然继续了这一传统。

民国三十年，太平洋战争爆发，香港沦陷。三十二年，我在桂林恢复了北平新闻专科学校。王云五先生，因香港变起仓猝，商务印书馆所有在港之印刷设备及纸型，均未事先运出。那时重庆各印刷工厂，设备太差，排字部分，缺少足够技工承排大批书籍。我偶和王先生谈及我一向训练学生排字的方法，他很感兴趣，于是王先生代表商务与新专订约，由王先生代新专设备一排字工厂，为商务排字，将纸型送到重庆，在重庆付印。新专从复校开课到桂林沦陷共只八个月，因在战时，不仅免收学费，还要供应膳宿，限于经费，学生只收四十名。但即在这八个月中，除为桂林当地，排了若干书籍杂志外，单替商务就排了十一种书。我在桂林沦陷前两日逃到重庆时，还亲自带了为商务排好的最后一批纸型，面交王先生。

王云五先生对于改革中文排字，一方面也极感兴趣，于桂林新专停办以后，他就为商务印书馆在重庆自办了一个艺徒训练所。他也改革了旧式字盘，不过他是根据注音字母，排列字的先后，废弃部首制。据他所撰《中文字排列之改革》一文中说明，当时艺徒成绩也极为优异。

第二，彻底整理字汇。中文排字，无论用机器、用人工，彻底整理字汇，均为最主要的工作。在五万左右的中文单字中，报纸通用的，不过七千左右。姜别利一百年前编的八十八盘，无论他所分的常用罕用，只是根据当时所印圣经及若干有关传教的书刊，对报纸原不适用。即使适用，历时百年，也已早应改订。过去虽有不少人从事改革，但变化不多，总未脱原来窠臼。民国二十一年，北平新专所改编的字盘，则系依照以下原则：

（1）根据当时五份报纸、十种杂志使用的字，就其使用次数之多寡，逐日统计。继续三个月，再斟酌其他资料，选出七千字，并分为 ABC 三种，编成新字盘。

（2）分七千字为ABC三种，A种最常用一千字，B种常用二千字，C种罕用，共四千字。

（3）将七千字装十五个字盘，ABC三种各五盘。A种每盘纵横各二十格，计二百字，五盘共一千字。B种每盘纵横各二十格，计四百字，五盘共二千字，C种每盘纵二十格，横四十格，计八百字，五盘共四千字。

（4）每字之应属何种，常须因事实需要而随时调整，特别人名、地名，尤其译名如甘迺迪，在平时均最常用，但当甘氏成为美国总统时，即须变为A种，现在自然又早已分别归还了原来地位。故报纸所用字汇必须保持机动。

（5）中文字有许多同意异形者，日本所造铜模，多不知辨别，一律制作，如“灯与燈”、“洒与灑”、“略与畧”、“群与羣”、“算与蒜”及“烟、煙、菸”之类，不胜枚举。其中虽有少数，在中文严格的解释上，容有小的出入，但习惯即已选用一个，而将其他剔除，以减少中文单字之过多繁复。

（6）根据我国交通部所编电码，在字盘上，每字均将电码标明。学生读字盘时，连带将电码读熟。因报馆收到电讯，通常总先将号码译成文字，尤其在中央社未采用“文稿传真”以前，需要翻译之电文常占要闻版三分之一，时间人力，损失甚大，如排字者熟习电码，则电报不需翻译，即可交排字房检排，再打出小样，再送编辑部整理。此一办法，三十年前，《立报》采用，收效甚大。现虽因“文稿传真”中央社电文，台湾报纸，无须翻译，但其他电报之仍需翻译者，似仍不无裨益。又，电码与文字联系，最可帮助记忆，此于学习新字盘之易于熟练，亦为原因之一。

第三，新字架的规划。中文字盘，向有所谓元宝式、统长式，亦有为使排字人不须长时站立，及往返奔走而计划坐排者。元宝式及统长式，每一副字，所用字架，常需三四个，占地甚广，所需铅料亦多，极不经济。新计划的字架，每一副字，只一个字架，由两人同时使用。此一字架，共装字盘十五个，横列三行，纵列五行，由右至左第一列为A盘，第二列为B盘，第三列为C盘。A盘每盘二百格，每格一最常用字，如第一字为“0001，一”，即装同样之“一”一百个。B盘每盘四百格，每格一常用字，如第一字为

“0009，丏”，即装同样之“丏”字五十个。C盘每盘八百格，每格一罕用字，如第一字为“0012，丕”，则装同样之字“丕”字六个。字架四周上下左右各置小盘若干个。此种小盘，作置放标点符号及每种字盘中最须多用或可能多用者，如“一”字，则于字盘内已有之一百个“一”字以外，可再在小盘内加装一倍，以备需要。又此种小盘，可装放“词汇”，即俗所谓栈房字如“蒋总统”、“香港”之类，以免逐字检排。照此计划，字架减少，占地及存铅亦随之递减。而将所有之字，集中于一个字架，排字人可减少往返奔走，时间体力亦均可大量节约。此种字架现称世新式字架。

此外，我也曾另外计划过一种排字桌，桌长一公尺三十公分，宽七十公分，高八十公分。在桌面左右及正前方各装六十公分高之字架三面，并自桌面后伸出。左右两方，各置高一公尺四十公分（与地面平）、宽五十公分之字架两面。所有前述排字架上之字盘，一律缩小改为三十个，ABC各十个，但字数的分类仍与排字架所规定者相同。最常用之A种置于右桌面及右方与桌面相齐之字架，B种置于左桌面及左方与桌面相齐之字架，C种置于桌面正前方及桌面伸出部分桌面以下之字架，标点符号及储用字则分于通常装置抽屉之处，改装字斗，随手取用。如此，则工作者不须起立或移动，可安坐于桌旁检字。

（原载1966年9月20日《小世界》周报）

不许马虎

今天（民国）五十五年元旦，《小世界》第五十三期出版，也正是《小世界》对外发行第二年的开始。检讨过去，展望将来，我们免不了极简单地要向关心的亲爱读众说几句话。在去年第一期《我们的话》中，早经说过，这份周刊太渺小了，没有什么了不起。尤其因为主要目的，是供世界新闻专科学校同学们实习，无论编辑、采访、校对、发行、印刷，都由同学们手脑并用，亲自负责。各科老师，只是从旁辅导。同学们既在“学”的阶段，自然知识能力都薄弱，错误幼稚难免。但在学校的立场，本校创设之初，即以“培养健全新闻人才……建立健全新闻专业之用”，昭告国人，勖勉青年。《小世界》是以学校名义出版的校刊，无论如何，对同学、对读众，总应努力达到一份优良报刊应有的水准。换一句话说，在同学与读众的观感上，多少总应起一点示范作用。因此，我们尽量督励同学，事事认真，处处努力。虽然不能尽如理想，但就工作态度说，我们不容许同学们有任何的不认真、不努力。我们最重要的教条，就是“不许马虎”。

从“不许马虎”这一信条，我们所要求在事实上表现的，第一，无论写评论、新闻，下笔时总应尽量避免以个人好恶夹杂其间。第二，凡标明“本报特讯”字样的，应尽量名副其实；凡任何日报已登载过的消息，绝对避免“炒冷饭”。在过去一年中，我们第一版标明“本报特讯”的新闻，因此有很多确是“独家消息”，争取了读者，给我们不少鼓励。第三，我们的特写和三个副刊，应尽量做到增广知识、裨益身心的地步。第四，我们的印刷、排版，应尽量力求美化。第五，我们的校对要精细，应尽量减少错字。

我们今后，切望在建立“健全新闻事业”原则下，能永久坚守这些发行报刊最起码的标准。并切望不久将来，在报禁解除以后，《小世界》能发展成一份天天出版、“不许马虎”的日报，与读者相见。

（原载1966年1月1日《小世界》周报；又见成露茜总审订、唐志宏主编:《成舍我先生文集（港台篇1951—1988）》，台北世新大学舍我纪念馆暨新闻史研究中心2006年版，第195页。《小世界》周报于1957年创刊，由世界新闻专科学校编印，内部发行；至1965年1月2日改版，始对外公开发行）

从蔡益案谈起

——为发掘罪恶遭遇仇杀的记者应受新闻界最高的崇敬

《新生报》驻台南记者蔡益，于7日上午，在台南市议会采访开会新闻时，突被暴徒李天来以切菜刀向后脑及肩部砍成重伤，虽送医急救，已无生命危险，但迄至昨日，凶手始行捕获。我们对此，愿提供下列意见：

第一，暴徒何故行凶？在凶手尚未讯明以前，一切传说，自然都不能作为依据。但无论暴徒与蔡益间，有何深仇积怨，及仇怨的起源，孰是孰非，此种杀人行凶，直接报仇的暴行，为社会安宁计，必须严加制裁。过去许多凶案，行凶者，或始终不能捕获幸逃法网，或虽经捕获，所受刑罚，往往未能与所施暴行相抵。甚至“杀人者死”这一最简单原则，竟由于法官量刑从宽，常有例外。不久以前，某报一工人，因细故杀死同事数人，尔后竟获免死，即其一例。固然“杀以止杀”，已不为现代刑事政策所采行，但若一味宽大，则以台湾“流氓”、“歹徒”之多，凶杀风气，势惟日弥漫。况当戡乱戒严时期，地方秩序，首须维护。我们并不因蔡益为一新闻记者，而即谓惩凶戢暴，应特别予以强调。我们确信，任何凶案之发生，负责机关都应一律重视。蔡益凶手姓名，既早查悉，何至延搁多日，始行归案，缉凶工作有无松懈？这是我们不能不深感困惑的。

第二，新闻记者，以发掘罪恶为其重要天职之一。然犯罪刑恶之人，不自悔其行为不当，而为仇恨记者之发掘。于是匪徒司空见惯，但此一歪风，在西方，今幸能相当（遏）止者，即法律对此等暴徒的惩罚，决不宽纵。自由中国，政治、社会之步入清明，正赖有无数“威武不能屈”的记者，一秉至公，发掘罪恶。假使蔡益的遭遇凶杀，是为了揭发罪恶，那我们不仅切望他所服务的报馆，应该特予褒奖。为了尊重神圣的“新闻自由”，我全国新闻界，都应向蔡氏致崇高的敬意。

第三，我们固然相信新闻记者对本身职业道德，都应有其适当的修养，但我们也不讳言，极少数害群之马，在今日新闻界中，也无人能保证其业已绝迹。假使因本人行为不检，而引至私人仇怨的报复，法律上对暴徒故仍应科以刑责。然此种记者，则无法获得社会的崇敬。我们当然相信台南凶案，绝不属于此一类型。然我们每一位新闻从业员都应深自警惕，人人以可能蹈入此一类型之陷阱为戒。这与前述为发掘罪恶而招致的仇杀，社会评价那真将如“泰山鸿毛”，无可比拟了！

（原载1966年6月11日《小世界》周报；又见成露茜总审订、唐志宏主编：《成舍我先生文集（港台篇1951—1988）》，台北世新大学舍我纪念馆暨新闻史研究中心2006年版，第295页）

《林白水传》序

林慰君女士为其尊人所作白水先生传付印之前，要我写几句话。我虽多年来极少写所谓“序跋”之类的文字，但慰君女士完成这一阐扬先德的新著，多少受我不断敦促与鼓励的影响，则在出版前夕，她一再以“写几句话”相托，我当然深感荣宠，义不容辞。

白水先生是四十三年前，即民国十五年八月六日，在北平军阀统治下，为最凶残也最昏恶的张宗昌所杀害。人非圣贤，无论世间对白水先生，纵有任何评议，终无法否认，他是中国新闻自由斗争史上，以身殉报，罕有的报业烈士之一。

我从民国七年起，与白水先生同在当时的北京，从事新闻工作。我比他小二十四岁，行辈较晚，彼此思想基础，生活环境不同，故平时极少往返，甚至等于不相识。不料这等于不相识的人，他的惨烈成仁，却在我这四十三年来，留下永远最深刻的印象。除了他是报业先烈，应受到所有报人崇敬外，尤其在他遇害后不到二十四小时，我也被王琦以同样方式，奉张宗昌命，抓进宪兵司令部，其未追随白水先生于地下，真是相间不能容发。这一史实，也就自然增加了记忆中我和白水先生的特别关联。

民国十五年八月六日凌晨，天刚亮，我在《世界日报》宿舍中，就一再被电话唤醒，都是与白水先生有关的朋友，报告他遇害消息。但六日各早报，并无是项新闻刊载，《世界日报》亦不例外。于是我决定将这一不幸消息，以第一条大字标题，加黑边，刊登在下午出版的《世界晚报》上。我曾访问了很多知道遇害情形及可能知道内幕的人士，他们大致多认定：张宗昌亲信潘复，想做国务总理，白水先生的《社会日报》，则全力痛斥潘复庸劣，在最后一篇白水先生亲自撰写的文章中，说潘复自命为张效帅（即张宗昌字效坤）的智囊，实则只是肾囊而已。潘以此文示张，张遂令其爪牙宪兵司令王琦，深夜往捕，并命“就地正法”，旋以薛大可等跪地哭救，张始允暂留一命，但潘暗嗾王，不待张赦令到达，先予枪杀，令到已毕命十数分钟。这些经过，慰君女士在白水先生传中，也有约略相同的叙述。不过当时北京各报，除简短报告遇害外，其余只字未提。《世界晚报》也只能以黑边头条，致其同情的哀悼。在我访问的那些人士中，京师警察厅侦缉处长侯德山（等于现在的刑警队长）告诉我：“当白水先生解往天桥刑场时，行刑兵对白水先生说：‘林先生，你是读书人，我不让你吃苦，一枪就请你马上升天吧！’”因为行刑兵对一般人犯，总欢喜浑身乱射，让死者增加最后挣扎的苦痛。有些家属，甚至须事前贿托行刑兵，始可享受一枪毕命的优待。白水先生家属，并未贿托，而行刑兵竟自动不忍使读书人增加苦痛，在兽性发扬的军阀统治下，还能保留如此一线善良的人性，白水先生虽为万恶军阀所痛恨，但仍为下级小兵所敬重，就这一点说，白水先生地下有知，也值得安慰了！在距白水先生殉报成仁不到二十四小时，当夜王琦奉张宗昌命，以同样方式，到《世界日报》捕我。坐在武装士兵夹持的大卡车中，我曾不期而然，想起侯德山告诉我的话，或许行刑兵给予白水先生的优待，也可同样给我。张宗昌击败冯玉祥，进入北京，首先捕杀的，为京报社长邵飘萍先生，次为白水先生，再次为我。虽然白水先生的遇害，有潘复从中拨弄，但主要原因，仍由于我们的报纸，过去均同情国民党及国民军，而痛骂张作霖、张宗昌，他们要报复，才下此毒手。幸我以北洋军阀所崇奉之元老孙宝琦先生，及时竭力营救，得于被捕三日后，免死释放。经过漫长的四十三年，我在今天，尚苟活幸存，得读慰君女士所作白水先生传，这真是民国十五年八月六日深夜，我坐在大卡车上所万想不到的！

在白水先生传中，有三点，是四十三年前许多北京新闻同业，包括我在内，所不会深知的。第一，白水先生并不如我们所想，仅是当时乌烟瘴气军阀统治下，一份政治性报纸的主持者。从青年时期进入新闻界起，他就准备彻头彻尾，做一个代表人民说话的前进报人。他办的第一份报，是《杭州白话报》，出版的那年应是民国前十一年，即光绪二十七年。他所写的发刊词，如译成（的）现代语句。他曾一再强调报纸属于人民大众，报纸应大众化，报纸应使用大众语言，即白话，而不应咬文嚼字，专供士大夫阶级阅读。这些看法，即在今天，也仍是正确而前进的。我们算计年龄，民前十一年，他尚只二十六岁。《杭州白话报》被迫停刊后，他在上海，又先后或与朋友合办，或独立创办了一连串报纸，如《俄事警闻》、《警钟日报》、《中国白话报》及《和平日报》等。这大概是民国前八年至六年间的事。这一段光荣灿烂的历史，在未读慰君女士此传以前，大家虽也有些传闻，但多半是模糊惝恍的。第二，白水先生又并不如我们所想，仅是当时乌烟瘴气军阀统治下一位政论家，而在慰君女士记述中，他早年实是一位勇敢爱国、百折不挠的革命志士。他与蔡元培、章炳麟先生等，同时参加革命，他办过好几所鼓吹革命的学校，黄花岗烈士林觉民、方声涛等，都曾是他所办学校的毕业生。他自己并曾与万福华、刘光汉，亲自参与刺杀清吏王之春的工作。民国七年，我离开上海《民国日报》到北京，一面进入北京大学读书，一面受聘担任北京《益世报》总编辑。时北京报纸共约五十余种，其销路较广，受人重视的，除日本人所办《顺天时报》外，仅有《北京日报》、《晨报》、《益世报》、《公言报》等六七家。有人神秘的告诉我，《北京日报》主持人朱淇，《公言报》主持人林白水，他们均曾在满清时期，做过激烈的革命党，但真正知道他们过去事迹的，似乎仍很少。朱淇我曾见过，他已是一位白发萧然、木讷恂谨的老人。《北京日报》的销路仅次于《顺天时报》，消息最多最杂，评论不痛不痒，没有政治色彩，且专以评戏评花（妓女）见长。而白水先生的《公言报》，则政治气氛最浓，言论锋厉，当者披靡。二人作风虽不同，但无论如何，白水先生早岁参加革命的丰功伟绩，在未经慰君女士阐扬以前，是极可能会被湮没的。第三，根据慰君女士的记述："我们家里佣人最多时，整整有十个。厨房里有两个厨子，一个大厨子，一个帮厨。门房有一个看门的，两个听差——一个管收拾父亲的客厅、书房、客房等等，一个管研墨、上街买东西、扫院子等等。女佣人经常三个，一个管伺候母亲，另外一个管打杂、洗衣服、做针线等等，还有一个专看着我。此外还有一个车夫，一个花匠和一个护院的……”这样一付家庭重担，在当时北京绝大多数报纸未进入营业化时，白水先生靠着办报来支持，当然是极其艰苦的。当时新闻界同仁，有些只羡慕白水先生的生活享受，我们现在同时也读到慰君女士另一段话：“说起来或听起来，我们的生活，很富有似的，其实不然，父亲的生活，经常是在穷困中，他的债务，永远还不清……”以上三点，都是四十三年前，大家对白水先生所不能清楚认识的。由于慰君女士的揭发，可以证明白水先生，在他的生命史中，一方面曾是一个卓越报人，革命青年；另一方面，他又极其浓厚地拥有中国文人的传统气习。白水先生的潜德幽光，得此传而为天下后世所共晓，慰君女士的孝思，真可慰白水先生在天之灵了。

慰君女士的记述，就为先人作传的严格程式说，容有可以研讨之处。但叙事忠实，行文流畅，尤其在追忆父女亲情时，刻画真切，天性毕露。慰君女士原是名女作家，从这本传记可以看出她卓越的文学天才。

民国二十二年至二十五年间，慰君女士曾执教于我所创办的北平新闻专科学校。大陆沦陷（解放——编者注），女士侨居美国，担任讲席；三年前，随其夫王渤生先生来台。在留台一年中，每次晤见，谈及白水先生时，我总劝其作传，女士谓在美已写好一部分。我以白水先生殉报成仁，距今已四十三年，不特许多人早已不知有白水先生，即从事报业及尚在大专学校攻读新闻的青年，对白水先生，印象也极模糊，甚至连姓名都弄不清楚。我认为追忆白水先生生平事迹，实已不容再缓。慰君女士返美未久，即以本书原稿见寄，我原拟搜集若干白水先生在其所办报刊中发表之文字，及就慰君女士原稿，分别考证，并加注年月，以为补充。人事栗六（栗六：“忙碌”之意，又作“栗陆”、“历碌”——编者注），迄无暇晷。旋慰君女士应《传记文学》之请，先为发表。兹复另印专册，慰君女士嘱写小文，用述所感，以报慰君女士。

（原载林慰君：《林白水传》，台北传记文学出版社 1969 年版，第 1 页；又见 1969 年 11 月 1 日出版的台湾《传记文学》第 15 卷第 5 期）

最高贵的校庆献礼

一方面扩大增强全校的“读书风气”，一方面应读书不忘救国，救国不忘读书。

“世新”的校训，是“德智兼修，手脑并用”；“世新”办学的最高原则，是“学校为学生而办，学生为读书而来”。如果一个大众传播的从业员，修“智”而不修“德”，则将敲诈勒索，颠倒是非；用“脑”而不用“手”，则将主观过强，不求实证。至于学校为学生而办，即学校每一文钱都应用于土地、建筑、师资、设备，尽量不许有一文钱奢侈、浪费，更绝对不许有一文钱进入个人私囊。学生为读书而来，即注册入学，目的在进德修业、敦品励学，听课必认真、考试不舞弊，绝不许搪塞敷衍，以混文凭了事。上述校训与办学原则，学校对每一位同学，均曾随时随地详加解说。已毕业离校的五千校友，及现仍在校的四千同学，都无不熟记深知，汇为全校共同一致信念与守则。

但我们不容讳言，尽管学校如此大力倡导，“世新”也已拥有不少用功读书的同学，但读书风气却并未普遍发扬，尽如期望。因此，同学（们）今后仍应尽量互助互勉、奋发努力，增强读书风气，切实做到“学生为读书而来”。当然，在国家多难、千钧一发之时，青年人也不应一味读死书，由于国家急迫的需要，五四时代“读书不忘救国，救国不忘读书”的名言，仍不失为自由中国今日在校青年的指针。尤其，姑息逆流已弥漫整个世界，“世新”同学一方面固应以“增强读书风气”作为庆贺我们创校十五年校庆的最高贵献礼，一方面更应高呼“读书不忘救国，救国不忘读书!”

（本文署名“百忧”，原载1971年10月15日《小世界》；又见成露茜总审订、唐志宏主编：《成舍我先生文集（港台篇1951—1988）》，台北世新大学舍我纪念馆暨新闻史研究中心2006年版，第451页）

由记者节想到所谓“报禁”

——何时能另有一更重大节日的来临?

四十年前的今天，执政的国民党中央政府，在一名新闻记者被某地方当局非法枪杀以后，为了防止再有类似事件发生，特颁明令，保障全国新闻从业员的人身安全。民国三十二年，全国记者感谢政府这一明智的措施，吁请政府将颁此明令的九月一日定为记者节。到现在，我们纪念这一节日，已是第三十周年了!

我们非常欣喜，四十年来，在执政的国民党中央政府统治下，各地新闻从业人员，已确实获得人身安全的保障。不特以前北洋军阀任意杀害名报人邵飘萍、林白水的惨案早经绝迹，即非法逮捕事件，也极少发生。今日全国新闻从业人员之欢欣鼓舞，共庆佳节，实属大公至当，理所必然。

但在感念政府为我们制造此一佳节之余，我们不能不同时想到，爱护民主自由的中华民国人民，尤其爱护民主自由的中华民国新闻从业人员，是否更会有一好运，亲见我们拥戴的中华民国政府，继三十二年九月一日以后，能另颁一意义更为重大的明令，为我们新闻从业人员，再制造一个最可纪念的佳节。

那就是：何月何日政府能明令宣布，对迁台以来行之多年于法无据的所谓“报禁”，毅然废止?报纸是民主国家主要橱窗之一，在我正一再向世界昭示，中华民国决永远站在民主阵营的一方，如中华民国境内，竟仍有所谓“报禁”，无论持何理由，似总难使人了解。此外，由于最近一年来，各种重要法令，其已有悖于今日环境者，多已及时废止或修改，而自《大清报律》演变至今日的《出版法》，其存废或修正，是否值得考虑，似亦应为当前重要课题之一。

假使此时此地，政府顺应“革新”、“求新”的潮流，所谓“报禁”宣布解除，我们相信此一未来的辉煌明令，其将为全国新闻从业人员所热烈拥护，必不下于四十年前保障记者个人的安全。在明令颁布的那天，我全国新闻从业人员，必将另订一个节日——新闻节，以颂扬政府的明智，岂不猗欤盛哉！

（本文署名“百忧”，原载1973年9月1日《小世界》周报）

我如何创办“世新”

今天，是“私立世界新闻专科学校”创校二十周年纪念日。学校纪念创校，等于个人纪念自己的出生，除了血亲近戚欢聚祝福外，值不得铺张宣扬。尤其国难方殷，节约第一。因此，我们决定，“世新”本届校庆，只在校内举行一个小小的纪念会，欢迎回校校友，与在校师生全体同仁共度庆典。政府首长，各界领袖，均不敢轻易惊动。当然，我们庆贺自己的成长，同时也绝难遗忘并当永远感激国家和社会各方二十年来所给予我们的支助——没有这种支助，一个私立学校，是无法生存壮大的！

回忆“世新”创校的最初几年，每天我迎着早晨的太阳，由所在的信义路鹿水街，坐三轮车来沟子口，就走了一个多小时。那时公共汽车非常少，没有计程车，罗斯福路四段，仍在所谓比万里长城还难修的情况下，没有完成，满地泥泞。北新公路，尚未兴修，到处高低不平。沟子口没有电话通市区，有时每天要上下午各跑一次。如此直到罗斯福路四段及北新公路完成，才慢慢增加了公路车，接着又有了自动电话及计程车，以迄木栅乡之改为木栅区，成了大台北市的一部分，沟子口与台北的交通才进入现代化，而我每天到校也就节省了不少时间。

我于（民国）四十一年前卸了香港《自由人》半周刊的工作，移家台湾。以前我在大陆创办了好几份报纸，三十八年二月二十五日，当共产党没收我办的北平《世界日报》时，京沪一带人心已很动摇，许多人纷纷向共产党靠拢。共产党进入北平，把所有报馆都封了。只有《世界日报》仍勒令继续出版。那时我正在上海，前后接到好多北平到上海的电报，尤其还提到几个以前在《世界日报》工作及在“北平新专”毕业学生的名字。他们已在共方，官居高位，都向我问候。某一天竟一连有两通电报，催我回去，说《世界日报》仍可继续办下去。我只是觉得好笑，想这样骗我，我怎会上当。那时，在上海一些亲共的新闻界朋友都说：你的报纸大家都知道是独立的，没有受过国民党任何补助，怎么不回去办呢？我说，我不须回去，我要反共，纵使有无法计算的巨额财富，我也愿意牺牲。《新民报》的陈铭德夫妇还说，共产党不许国民党党报存在，难道私人办报在接受共产党管制下不反对共产党，也不许存在？我说：你相信他们，你就回去好了。

共产党封闭《世界日报》还特别发了一个广播（其他报社被封，从不发广播），共产党说：“《世界日报》一向伪装独立，实际上是国民党 CC，是帮凶。该报一向号召人民拥护国民党的反革命内战，军事管制委员会为了剥夺反革命份子的言论出版自由，而保障人民言论出版自由，对如此帮凶的反革命报纸，不得不下令封闭。”此一共产党广播，同年二月廿七日上海各大报馆均予刊登。我看后，立即写了一篇回答共产党的广播，托中央社播出。我说：“中共可封闭我北平的《世界日报》，但无法封闭我反共到底的决心，天地之大，我可以到任何地方，再办报，再反共。”我又说：“我在大陆的报纸，虽然被中共摧毁，但无法摧毁我毕生献身新闻事业发挥正义抵抗暴力的意志。”广播发出后，上海各报，我分别托请朋友，也多于三月一日刊出，有的朋友都劝我：现在共产党势力这样大，何必跟他针锋相对，而变成仇敌？我只好谢谢他们的关切。其后，邵力子等代表李宗仁，到北平议和，回到南京，邵告诉我：共产党的确准备让你的报继续存在，你不回来，而且又发了那篇骂他们的广播，看来，你是无法再回北平了。我笑着说，那就等着跟政府军打回去。

大陆全部沦陷（解放——编者注）以后，我为贯彻“天地之大，随时随地均可以办报反共”的誓言，就与当时同时在香港旅居的王云五、左舜生、程沧波、刘百闵诸先生，发起出版《自由人》。香港虽没有“报禁”，但仓猝之间，要办一张日报，财力、人力均不容易，我们所以决定将《自由人》作为半周刊，每逢星期三、六出版。……许多写反共文章的朋友，多不敢用真实姓名，我们相约，《自由人》刊出的反共文章，一定“行不更名，坐不改姓”，堂堂正正，签署自己的名字。大家即推我主持社务，并担任总编辑。如此出版两年，有相当销路，也产生了相当影响，但因为同仁多数离港赴台，我也于四十一年，定居台湾，《自由人》交留港同仁负责，惟终以种种困难，不久即停刊结束。

我到台湾以后，即准备在台恢复《世界日报》，惟此时台湾已有了所谓的“报禁”，为节省纸张油墨，不许有新报出版。如果要办，只有购买现有一家营业不佳、计划出顶的报纸，改变登记，更换报名。也有不少热心朋友，为我介绍。但我认为办报，尤其此时办报，主要为反共，而非如我过去为开创自己的新闻事业，这是一件何等光明正大的事！既然国家不需要我办报，又何必鬼鬼祟祟去顶替别人的招牌？我婉谢了这些朋友的好意。四十一年到四十四年，这几年中，我就断绝了办报念头，一面教书，一面写点评论或专栏之类的文章。

四十二年四月十八日，我在《新生报》写了一篇《需要一万名新闻干部回大陆》的专论，强调新闻教育的重要。许多新闻界、教育界的朋友，看了多劝我，既然你相信办一个新闻学校，训练反共新闻干部，倡导新闻自由，比仅仅办一张反共报纸，功效更大，那么，你何不索性办一所新闻学校？我对于这一建议，再三研考。我最顾虑的是那时我已快近六十岁。所谓十年树木，百年树人，虽然我无法等待百年，但要看到一所学校，稍具规模，起码得有廿年以上的努力，我能否再活廿年？鼓励我的朋友，尤其程沧波先生，他这样说，马相伯先生在满清末年，创办震旦大学及复旦大学，都是在他六十岁左右。他还能眼见他的学生于右任及其他高足，勋业彪炳，事业成功。那么，安知你不能有他那样的运命？即使万一中途不幸，只要这个学校有了好的开始，许多朋友也会帮你继续办下去。世界新闻学校，就是在如此热情鼓励下，开始筹办的。

有了校址，立了案，但最大也最先的另一件事，还是如何筹措经费。虽然，我在大陆，创办了几份报纸，业务发达，薄有资产，但经过日寇、共产党两度摧毁没收，早已全部丢光。此时创办学校，即使初步只是一所高、初级职业学校，除了地皮，至少也仍需二三百万才可动手。许多朋友专家学者，热心支持，并同意参加发起，他们却大半均一介书生，赤手空拳，在新闻界、教育界服务。此外几位公务员，也都毕生廉洁，家无余财。谈到经费，大家都深深感到力不从心。记得四十四年我们召开第一次发起人会议，由已故于右任先生主席，我提出创校计划及经费预算，最低限度，开学前必须筹足两百万元，以后经常费尚不在内。朋友中有人半开玩笑说，你办了几十年报，没有一个报不办得有声有色，尤其业务方面，均年有巨额盈余，相信你办学校，也不会没有办法。虽然那时私立学校，还没有所谓“财团法人”，更没有私立学校法。但我即曾经郑重指出，办报纸与办学校，虽然同是极为重要的文化事业，其基本出发点却恰巧相反。近代报纸，是自由经济下大规模营利事业之一，赚钱越多，越显得报纸办的成功。学校则不然，不能以营利为目的。公立学校，固然全部支出均由中央或地方政府负担，政府支付的经费越多，办的越好。私立学校，则全靠私人捐助，捐助目的，只是兴学，不是谋利；捐来的钱越多，学校才能办的越好。换一句话说，就是办私立学校，要赔钱越多，才越算办的成功。经一再研商结果，决定分别寻找所熟识而有钱的朋友，举行劝募。

我非常感激这些参加发起的朋友，他们都尽了最大的努力。若干工商界人士接受了我和这些朋友的请求，由几百元至几万元，有一位竟捐了十万元。在开学前好不容易共募到将近三十万元，再加上我私人告贷，及将丽水街住宅向第一银行押借，勉强简陋地盖好了校舍、实习工厂，及购置了一些教学上必需的设备。在这艰难建校的募款期间，使我跑路最多的，有两件事，至今还记忆如新。第一件，是某位经营凤梨而发财的富翁，他答应我们发起人某君，捐一万元。某君叫我带收据到他的公司领取。跑了好几次，他不肯见我，最后派女秘书代见，说他顶多只能捐两千元，并拿出两叠十元一张的钞票，要我签收。我带来收据是一万元，我们又不是叫化子，如果我收下这两千元，不但对不住我自己，也损伤了要我来的朋友的自尊心。于是毅然谢绝，空手而归。第二件，是我接到发起人中另一位朋友的电话，要我去拜访一位煤矿老板，说他答应捐五千元。他的公司离我家很远，那时没有计程车，三轮车也多半破旧不堪。我先以电话约定，坐了三轮车去。不料快到他的公司附近，三轮车一个轮子飞了，把我摔在地上，还好没受重伤，我站起来拍拍腿，勉强走到这位老板的三楼。我发觉腿有点痛，而且约好的老板，居然说临时有要事请我明天再来。我说：我明天不能来，可能要进医院了！幸好检查结果，只是扭伤了筋，不必住院。这位老板还是不错，没有多久，他竟派人把答应的五千元，不折不扣，送到我家里。

“世新”就是从这样艰苦的妊孕中，筹备一年多，于二十年前的今天，在我们学校现有这一块基地上，正式诞生。由于这一年多筹备的经验，我深切认定，要使“世新”办下去，不中途夭折，并期望其逐年壮大，必须放弃以前那套等待工商界不断捐助，赔钱越多、学校越成功的想法，因为我们这一伙书生，尤其是我，这一次费尽力气，只募到三十万元。以后更无把握，能靠募款将学校办下去。我们既不能以办学为营利事业、改募捐为“募股”，劝人投资办学店，我们就只有咬紧牙关，以工商界私人营利精打细算的精神来办此涓滴归公、非营利的私立学校。因此，我决定仍采用我民国十三年以二百元创办《世界晚报》，再办《世界日报》的愚笨作法，就这脆弱渺小的一点基础，开始长期苦斗。

过去二十年中，最初几年，可真是苦不堪言。高、初级各一班，第一学期总共只剩六十余人。所幸学生少，教职员工友连我总共不到十人，每月全部开销仅万余元。有时将我在他校兼课所赚得钟点费、稿费及其他薪俸，带到学校，抵补开支。我应该特别感激的，我的朋友，无论是参加发起与否，只要我登门恳求，他们都肯慨然承诺，来“世新”担任教课，像这样一所设备简陋的学校，我们竟先后拥有大众公认的第一流师资，如程沧波、阮毅成、端木恺、蒋匀田、陶百川、蒋复璁、胡秋原、沈云龙、陈纪滢、于衡、王蓝等许多专家学人，都曾来校正式上课，王云五、胡适诸先生来校专题演讲。

云五先生，在他健康良好时，每年必来一二次。尤其使我永远怀念的，故立委邵镜人先生，在得了不治的癌症之后，不听劝阻，带着高烧，仍来校讲课。他们给“世新”这样大力鼓励，使向慕新闻事业的青年人，对“世新”有了信心。

二十年来，我经常告诉同学，“‘世新’是全体同学的‘世新’”，目前已有八十几位校友回校服务。切望不久的将来，有更多优秀卓越的校友，回校担任教师、重要行政工作，或经由董事会推选、参加董事会，或出任校长。我以五十九岁的半老人，创建本校，经过二十年无情岁月的煎熬，今已成为七十九岁急待退休的老翁。这由二十年累积储存的三亿以上校产，也就是“世新”全体同学的共同产业，将一文不少，移交董事会，并由全体同学来协助维护。让我趁精力尚未完全衰退以前，能再多读一些书，多写一些东西。在欢度二十周年校庆的今日，如果有人问，什么是我最大的愿望，我将毫不迟疑的回答，只有这，才是我最大的愿望。

（原载1976年10月15日台湾《联合报》；又见成露茜总审订、唐志宏主编：《成舍我先生文集（港台篇1951—1988）》，台北世新大学舍我纪念馆暨新闻史研究中心2006年版，第523页）

我所接触的季鸾先生

（台北）《传记文学》“每月人物专题座谈会”六十六年六月号专题人物，选定故《大公报》总编辑张季鸾先生。台北《传记文学》主持人刘绍唐先生、主讲人程沧波先生都邀我出席参加，适因我另有他约，无法分身。会后，刘、程两先生要我尽其所知，补题书面，义不容辞。特写此短文，以应两先生之命。

张季鸾先生及其主持的《大公报》，从“九一八”以迄抗战胜利，其对国家、民族的贡献，早已家喻户晓，世所周知。陈纪滢先生所著《报人张季鸾》及《一代宗师哀荣余墨》记述甚详。陈先生下列这一段话，对季鸾先生尤为推崇：

《大公报》言论立场、时事分析，跟那份爱国思想所升华的动人感情，真是绝无仅有，历久弥新。我常常这样想，当年季鸾先生那枝笔所以感人，不仅是反映了他的学识与修养，却也显示了他的真挚、勇敢、正义与远见的品德。他那娓娓动人的分析，大气磅礴的主张，真知灼见的观察，跟处理问题的犀利，不但是言论界空前的巨人，就是求之现在，恕我孤陋，我还不知道哪位先生堪与匹配。

也许有人怀疑陈先生这一段话，是陈先生曾任职《大公报》，受知于季鸾先生，情感深切，或不免颂扬逾分。但我们再看那时国民政府的褒扬令：“张炽章学识渊通，志行高洁……以南董之直笔，作社会之导师，凡所论列，洞中窍要，抗战以来，尤能淬励奋发，宣扬主义，增进世界同情，博得国际称誉……”以及蒋委员长亲临陪都各界公祭大会，所赙赠挽词：“天下慕正声，千秋不朽；崇朝绝永诀，四海同悲。”则陈先生的话，显似至公至当，无可猜疑。有关季鸾先生的生平行谊，陈先生既已详实评述，以与季鸾先生并无深厚私交的我，自不易有所补益。以下谨略述我与季鸾先生有关数事以供《传记文学》补白。

我首次会见季鸾先生，远在民国五年，我主编上海《民国日报》副刊时，因偶至《中华新报》，于吴稚晖先生座次，与其相遇。但那时我还是一个不满二十岁的报纸小卒，彼此既未深谈，自无印象可言。七年我由沪北上，就读国立北京大学，同时任北京《益世报》总编辑，季鸾先生正主持北京《中华新报》，以同业关系，偶有往还。季鸾先生与吴达诠、胡政之等十五年九月接办《大公报》，我在北平创刊《世界晚报》及《世界日报》业已两年。是年七月我被张宗昌拘捕，情势险恶，几继邵飘萍、林白水后，为“以身殉报”的第三人。获释以后，我不久即离平赴沪，十六年国府定都南京，我于国民政府成立之日，在首都创刊《民生报》。北伐完成，我回平继续主持“世界”日、晚两报。此时《大公报》已以各种不同因素声誉大起，而因平津毗邻，在朋友宴会或公共场所，我与季鸾先生屡有会晤。“九一八”后接触更多，二十一年，《大公报》购置新轮转机，其原有轮转机，因工厂狭隘，必须迁出，新机始可装置。《大公报》总经理胡政之先生，乃就商于我，愿廉价转让。时北平各报，尚无使用轮转机者，销路最多的《世界日报》和《晨报》，也只用十几部对开凸版机印刷，对于胡先生的提议，我深感兴趣。于是我到天津数次，虽然谈判对象是政之先生，但多半时间，季鸾先生也在座，而议价结果，由一万银元减到八千银元，这两千元的减让，季鸾先生帮忙很大。季鸾先生还笑着说，《大公报》是靠这部机器起家的，盼望你今后，更能报运昌隆。的确，《世界日报》在改用这部轮转机以后，出报时间提早，销路加速上涨。这部机器是德国名厂出品，新的价格（当然比旧的已有许多改良进步）当时最少约须五万银元。由于使用时间已在十年以上（《大公报》

购入时已是旧品），过去《大公报》曾经常发生故障。我是一向欢喜收买破铜烂铁的，由于我的办报，多是匹马单枪，无本起家，一切不能不精打细算。另一原因，则我总觉得，四十年前的报纸，尤其北平，尚未完全进入企业化时代，大家仍停滞于文人办报阶段，以巨资购置新机，自非一般文人所能负荷。我十三年创办《世界晚报》，资本仅二百元，最初系委托印刷厂代印，其后虽业务发达，月有盈余，但仍无法大量扩充设备。不特五万银元之新型轮转机，无力问津，即自己印刷之原有对开凸版机，也多系旧品翻新，陆续购入。此次《大公报》旧机运到以后，经过彻底整修，效能与新机已相差不远，从抗战时日寇没收《世界日报》旋改称《新民报》，以迄我胜利后收回，恢复出版，先后约二十余年，故障很少。共产党窃据北平，《世界日报》再被没收，并改名《光明日报》，他们是否还使用这部高龄旧机，我无从知悉。我一面怀念这部“老兵”老机器的命运，一面不能不感念四十多年前“老兵”季鸾先生所曾给我的好意与关顾（先生曾以“老兵”作笔名）。

抗战期间，我的报纸和资产都被日寇没收。但我仍先后在香港复刊《立报》，重庆复刊《世界日报》，而《大公报》自天津沦陷后，也曾在此两地出版，与季鸾先生不断接触，《大公报》的第二代干部如金诚夫、曹谷冰、许君远诸君往还尤多。季鸾先生常嘱我为《大公报》写稿，我的《“纸弹”亦可歼敌》及《民主国家不应有记者法》两长文，即均系在《大公报》发表。国民参政会成立，我与季鸾先生同被政府邀聘。犹记季鸾先生逝世前数月，三十年四月一日参政会第二届第一次大会在重庆复兴关开会时，某次因会场为某一小问题，正反两方，争辩不休，许多人溜出会场，我与季鸾先生，适在会场外一较僻静处相遇，因天南地北畅谈了约将一小时，这是我们相识以来，无他人在旁，较深刻也最长久的一次对谈。从当前国共纠纷、军事形势，谈到抗战胜利后我们将怎样办报。我问他健康情形，他说，当然不好，但总还可以撑一个时期。他笑着说，你年纪还轻，身体好，肯吃苦，希望胜利以后，我们能以言论的力量，劝告各方，精诚团结，认真建设一个新国家。他最后还说，希望我们将来有机会能一起合作。可见他对新闻事业、国家前途，还有一番大抱负。他绝没想到短短的几个月后，他竟以五十七岁的中寿，于九月六日溘然病逝。

以上是我与季鸾先生所曾接触而现尚记忆如新的几件事。至《大公报》与季鸾先生何以在当时能有此惊人成就，以及大陆沦陷，王芸生等何以不顾一切，挟《大公报》以叛投共产党。我对这些问题，有和一般人不同的看法，他日有暇，容再补写。

（原载1977年6月1日出版的台北《传记文学》第30卷第6期，第38页）

我所期望的桂文亚

——为《墨香》出版说几句话

是“世新”“同学”也是“世新”“老师”的桂文亚女士，民国五十九年毕业于“世界新闻专科学校”五年制编辑采访科。毕业不久就受聘《联合报》，担任过文教记者、副刊编辑，争取到不少独家文教特讯，也撰写过不少篇描摹深刻、资料丰富的学人专访。六十三年，“世新”聘她回校讲授五年制一、二年级国文，她竭尽心力，教学认真，极为学弟学妹所敬爱。若干年来，无论写稿讲学，她无不诚挚辛勤、敬业尽职。《联合报》主持人王惕吾先生和我，每谈及“报”、“校”青年同仁，对她都深为器重。

文亚就读“世新”时，即勤于写作。“世新”校刊《小世界》，每届年终，统计同学文艺投稿获得刊登者，其篇数字数，常以文亚为最多。她在二十岁毕业那一年，这些作品，某书局就曾为其出版，题为《载冰集》。以后她刊载在《联合报》及其他报章杂志的文稿，先后共出书五册，依次为《书寄北风谣》、《烟尘小札》、《心灵的果园》、《她们在做什么》、《橄榄的滋味》。今年五月，她因健康关系，一度实施手术，于康复后出院不久，持剪报稿两册，来校访晤。据告，这是一些自信份量较重也较喜爱而尚未汇集付印的学人、作家访问记共十一篇。被访问者，分为姚克、白先勇、陈之藩、张系国、余光中、金耀基、丛甦、高阳、洪智惠（欧阳子）、杨选堂（杨子）、潘垒。她说，由于手术后需要一较长时期修养。又因为她的“另一半”，将在某地工作，须随同出国，不特“世新”的课难继续；《联合报》方面，已获准停薪留职。这十一篇旧稿，已答应交一书局出版，并定名为《墨香》，将是她作品的第七册。她从未要求我为她的作品写过“序”，现在她破例第一次要求，也希望我破例第一次允许，以使她旅居国外，当春秋佳日或风雨如晦时，想起“世新”“翠古”风物及聆听“老校长”讲话神情时，就可以拿起序文，反复诵读，恍如回到台北，重温故梦，聊慰海天万里，契阔孺慕之思。我虽一向最怕也最不敢为人写“序”，在这一师友风义、盛情策励之下，也就无可推辞，欣然承诺。

文亚年不满三十，而编印成书的作品，连本书已有七种，其散见报刊尚未蒐集付刊的，当更数倍于此，虽未必篇篇精彩，可坠地作金玉声。但无论如何，其具有文学天才，勇于创作，为自由中国优秀青年女作家之一，则已无可质疑。

民国五十四年，文亚以初中毕业生考入世新五年制专科，那时她才十五岁。台湾各大专学校，例有为期一或两天的所谓“新生训练”。写“自传”，为训练项目之一。这些五一新生，所写的三百多篇自传，大半均简略潦草，通常每篇不满三百字。但也有十几篇写得比较认真，其中最使我欣赏的一篇，署名为桂文亚，以下是这篇自传的原文：

首先我想应该先介绍我自己——桂文亚——一个小家庭中的老大。我所谓小家庭，是指家里只有四个人，父亲、母亲、我和那在初三的宝贝妹妹。使我引以自豪的，不但是有一个美满的小康家庭，更主要的，我有一个伟大的爸爸，因为他是一个爱国的模范陆军上校啊！

我今年十五岁，出生日期，是个有趣的日子，民国三十八年十二月三十一日。我那受苦的妈妈，这年过的一定很不妙吧！躺在产房的病床上，真惨！爸爸妈妈，都是受过良好教育的人，所以从小就重视我们读书做人的基础。爸爸比较古板点，六七岁时，就教我们背古文古诗词，“之”、“乎”、“者”、“也”，嘴不停口，这也是我今天为什么对国文这样感兴趣和投考这所学校最大的原因。

景美国民学校是我的母校。初中，我很幸运地考上了全省唯一省办初中的五省中新联分部。更使我高兴的，在我穿着向往已久的绿色校服和毕业证书上盖着“北一女”的大印以后，现在我又考上了这所我一向愿读的世界新专。

我是一个个性非常强的人，做任何一件事从不愿假手他人，一定自己从头到尾，彻底做完。就因为个性太强，也就有很多人以为我是一个固执的“老古董”。我有很多好朋友，她们不但功课好，品德好，而且每个人都有我应该向她学习的地方，这就是我所以选择她们做我好朋友的原因。我常觉得，学问品德固然都要好，但品德尤甚于学问。我每交一个朋友，最注重的，就是她有没有好的德性。我是一个较“好动”的人，同学常以“乐观”、“活泼”及“平易近人”来批评我，但愿我确能如此。至于特长，我也说不上。大概在学校里，体育是我最喜爱的，无论田径赛、打篮球、排球、羽毛球，还有溜冰、跳绳，我都经常参加。我也常参加演讲及作文比赛、乐队、相声，也是我所欢喜的。我认为课外活动，可以增进自己的技能及经验，但爸妈却要我努力用功，说我太“出风头”，天知道这是怎么一回事！今天的“自传”，拉拉杂杂就到此为止。因为没有太充裕的时间，不能好好的打一个腹稿，及在修辞上做工夫。最后，我有一个愿望——但愿将来能做一个出色的记者，对国家社会有所贡献。

上面所抄，就文章论，比文亚现在作品，当然差的太远。但胸襟爽朗，态度活泼，行文流畅，出自一位十五岁初中刚毕业的少女，则确实难能可贵。尤其在敷衍了事草率交卷的三百多篇中，令人有卓越不群之感。从此“桂文亚”这一名字，我经常向导师或老师们提起，要大家多予鼓励。我曾多次约谈，知道她欢喜读书，许多名家小说及文艺书刊，滚瓜烂熟。我也曾告诉她一些读书做人应该注意的事项。自入校以迄毕业，此五年中，每年她都有惊人的进步，对文学兴趣愈浓，读书愈多，写作愈勤。校刊《小世界》，几乎每期均刊出她的作品。

“世新”各科，重视实习。编采科为配合采访学的教授，同学须经常赴校外各机关、社会各阶层调查访问，在校刊《小世界》新闻版发表，与在副刊版发表之文艺写作，同为全校同学实际演练之公开园地。我和采访学老师，不断警告同学，新闻采访，必坚守新闻道德，任何新闻必力求公正确实，询问要人、学者，应尽量了解被访者资历背景及其特长；提出问题，必先对此问题要点有适当研究，切勿假充内行，冒昧发文，贻人笑柄。尤其重要的，决不可为自己或报馆的某些因素，歪曲窜改对方的谈话。文亚受了五年训练，毕业未久，即进《联合报》，担任文教记者。她写的许多学人访问记，常能实践在校时所受戒勉，像本书辑刊的十一篇，均一望可知。每篇中的“人”与“事”，无不事先多方查考，事后精心撰写，一字一句，绝不轻率敷衍。不仅访问学人如此，即偶尔写一短文，为了减免错误，每不惜四处探询。今年春初，文亚受某书局委托，为该局出版《刘半农文选》，搜集一些有关刘先生的生前资料。因知道我与刘先生于民国初年，即在上海相识，其后又曾为我主编《世界日报》副刊，特与我约定，要问我一些问题。我以为只是随便闲谈，不料她在一个晚上竟和一位对传记很有研究的秦先生，带了许多年前若干报纸、杂志、书籍，涉及我与刘先生关系的记载，向我求证。这些资料，大半是我没有见过的，当然有些是辗转误传甚至凭空虚构的。但由此也可看出，文亚求“真”的精神及其写作的不苟，称得上是一位恪守采访戒条、尊重新闻道德的标准记者。

四十多年前，我创办“北平新闻专科学校”，虽只办四年，“七七”抗战即爆发，北平沦陷，学校及《世界日报》均被日寇没收。然在这四年中，使我记忆最深的是那时最优秀的同学，都是女生。每一学期的前四名均为女生包办，她们热爱新闻事业，擅长文艺写作，毕业以后，分发在《世界日报》服务，编采成绩，均为卓越。现在台湾主持纯文艺出版社名女作家林海音，即是四位女同学之一。（台北）“世界新专”创办于民国四十五年，毕业同学，到今年暑期，已高达一万二千余人。其他以写作见长，而在各报社担任文教记者的几位为五专女校友，她们又多半从五专一年级起，即喜爱文学。

其努力上进、崭露头角的历程，大抵与文亚类似。我常和老师及同学说，新专女作家、女记者，风水是如此绵延不绝的兴旺，真值得大家欣慰。文学与报纸，都是改造社会、振奋人心的最大动力。在此社会腐恶、人心萎靡最危急时期，我切望一切有志于文学与新闻写作的青年男女，都能挺起胸膛，冒险犯难，对伸张正义、转移世运的大业，尽一己责任。不仅勿使文学、新闻，专供人类的消闲陶醉，并且助长社会罪恶、人心陷溺。相反地，我们应将这两大武器，变成世界复兴、起衰救亡的核子弹。掌握这些武器的人，应有富贵不淫、贫贱不移、威武不屈的决心与毅力。从文亚民国五十四年进入“世新”时所写自传，“但愿将来能做一个出色的记者，对国家社会有所贡献”，她十五岁时的宏愿，我相信文亚是不会落空的！

拉杂写来，不自觉其冗琐。以此为《墨香》催生，与文亚话别，并为文亚此行祝福！

（原载1978年9月出版的《墨香》文集；又见成露茜总审订、唐志宏主编：《成舍我先生文集（港台篇1951—1988）》，台北世新大学舍我纪念馆暨新闻史研究中心2006年版，第529页）

正气凛然大节无亏的老友卜少夫

以我与少夫五十年以上老友，在他七十大寿于中华民国六十七年九月一日发函向朋友们要求写点足资纪念的文字以后，竟搁置了两年又十一个月零四天，才动笔交卷，不但第一本《卜少夫这个人》出版前没有赶上，就连第二本，依收稿先后，也许会排在最后一篇，而且还劳动了少夫多次电话和写信催逼，我一再爽约失信。虽然我可以借着八十四岁一天仍做十四小时苦工的事实，请求原谅，无论如何，仍是应向少夫谢罪抱歉的！

我所以未能依着五十年最早定交的年次，抢先交稿，排入第一册前十篇，甚至第二册付印，仍落在最后，固然应自怪命中注定，一生劳碌，很难有时间静下来，写篇不是敷衍搪塞的应酬文稿。另一最大理由，尤其在我读完第一册八十九篇文章、十五首诗词以后，更觉得“卜少夫这个人”已经在解剖台上，被许多位确实良朋好友，穷搜力索，解剖得淋漓尽致。我纵有千言万语，也不能有所超越，崔颢在前，自应搁笔。惟在少夫一再催促，为了使若干年后，有人考证，卜少夫的老友中，还有成某，也就不能不鼓起勇气，冒着狗尾续貂及滥竽充数的讥嘲，勉强交卷。

少夫在六十七年九月一日写给朋友们的征文函中，他说：“你是我的好朋友，我特别写这封信，请你写一篇《关于卜少夫》，直率地、毫无顾忌地、无保留地、没有半点虚伪客套地、痛痛快快地写出你印象中、心目中的卜少夫，这对我将是一面镜子，让我从这面镜子里看到我自己，别人也可以从这面镜子里看到卜少夫的另一面。”他又说：“通常朋友间如有一方死亡，另一方会写文悼念、追思。这样做，对生者好像有了交代，但，对死者几乎等于毫无意义。因为死者当不能再读这些文章，也无从领情。所以我要求朋友们与其等我死后来写，不如在我生前来写，不论是骂我或捧我，好让我在以后的岁月中有些自知之明。”上面少夫这两段话，我想任何人看了，都会感到这是何等爽朗、洒脱、坦诚、伟大的胸怀。这两段话，正是一面极进步的X光镜子，彻底显露了“卜少夫这个人”。当然像毕生精研伦理的沧波先生，他说：“照今天世局的混乱、是非的颠倒，哪有甚么镜子可照，又哪里来的镜子?”这是另一种超凡入圣的看法，仍在尘俗中打滚的我们，自不易有此突破!

在朋友们送给少夫这许多面镜子中，我深深感到邱楠和刘绍唐两面镜子所反映的少夫，也就是少夫所嘱要对他毫无虚伪客套的批评，最为真实。邱楠说：“非常时期求非常之才，不可责以谨愿小节，少夫兄可能开创，也能谨守反共原则大节不变。举世滔滔，试问有几人能够站在思想斗争的第一线，维持一本反共的新闻性周刊三十余年而不坠?评估人物要从整体着眼，所以我在一篇重要时论中称他小德出入而大节凛然，这八个字可以说尽他在我心目中的形象。不是他那种才具，也应付不了港九那种复杂而艰危的环境。”刘绍唐说：“在海外办反共刊物，本来就不吃香，左派说你拿了国民党津贴，右派也未必看得起你。《新闻天地》创刊以来，虽不断有批评时政与人物的文章，但在基本立场上，绝对支持国民政府，这是卜二哥了不起的地方。三十年来，在海外不论受甚么威胁、受甚么委屈、受甚么窝囊气，立场丝毫不变。”

除了引述他们两位的话以外，我实在对“卜少夫这个人”不能有更确切公正的批评。我和少夫虽相识在半个世纪以前，也曾两度短期共事。他和徐天白女士在香港的婚礼，我曾躬与其盛，并荣幸的嘱为证婚，但平日往返并不太多。尤其少夫私生活方式，我天性鲁钝，无法追随。惟我对他的了解，则与上述邱、刘两君，若合符节。在我这五十年的回忆中，可以作为邱、刘二君大文印证的，则有下述两件事。

(1) 民国十六年到二十三年，我在南京办《民生报》，二十年左右，少夫在南京《新民报》及《扶轮日报》工作，因此相识。《民生报》被汪精卫非法封闭，我在被囚四十天获释以后，竟公然宣布永远不许我在南京办报。二十四年，我在上海创刊《立报》，"七七"抗战，京沪沦陷，我将《立报》移香港出版。立报有三个副刊，适少夫亦来香港，我就邀他主编曾由张恨水主编的一个副刊《花果山》，而另一个副刊《言林》，则由笔名"茅盾"的沈雁冰主编。有人转告，沈因我邀少夫入《立报》，深感不满，谓少夫系国民党特务。我不信沈会如此肤浅，但笑告此人，如果沈先生说卜某是国民党特务，则安知无人说沈先生是共产党特务？好在此时全国团结，对日作战，只要认定日本是我们最大的仇敌，则谁是谁的特务，在我看来，都无关紧要。沈在当时虽名气很大，编辑技术却远不及少夫。不久，少夫赴前线任战地记者，沈亦离港他去。少夫的《花果山》编辑工作，由他的夫人徐女士接替。这是我与少夫首次共事。少夫虽豪放不羁，但敬业尽职，任战地记者，尤能不辞艰危，发挥"纸弹歼敌"的最大功效。对国家民族忠诚爱护，尤能坚持原则，不受诱惑。此次与我共事的时间很短促，然已使我对他有如此较深的了解。

（2）由于少夫交游广阔，不拘小节，一般不深知者，多视为"浪漫文人"、"政客记者"，前文所述曾被人诬为"特务"，当少夫解除战地记者工作后，在重庆与我晤见。时与我交谊最厚的龚德柏先生在军委会供职，龚为反日巨头，"七七"前即首著《征倭论》，抗战军兴，又著《抗日必胜论》。因龚在南京，创办《救国日报》，与少夫亦相识，少夫请我转告龚先生，拟日内前往访谈。不料龚竟拍案惊呼："他是汉奸，他敢来看我！"我诘其有何根据，龚说："他在日本鬼混过，认识日本人，卢沟桥事变前，还常和日本人在南京、上海往来。"我笑着说："你指他为汉奸的证据，是否仅此数点？如是，我问你，你是否也在日本混过，也认识日本人，事变前，你也在京沪会见过日本人？如果你认少夫是汉奸，你自己是否也有嫌疑？"至此，龚先生始收敛其疾恶如仇的怒容说："那么，你告诉他，他有工夫，随时均可以来。"他们以后见面的情形如何，我未再问，但从少夫三十四年在重庆创办

《新闻天地》时，龚先生曾为《新闻天地》写过《邵飘萍之死》及参加座谈“战后如何处置日本”的推测，龚先生若回忆前此责斥少夫为汉奸的那几句话，他自己也必会哑然失笑了！

以少夫的光明坦诚、爱国敬业，无论如何，不应有任何理由，将最恶劣之“特务”、“汉奸”等名词与他的大名联系。但流言蜚语，往往会来自意外，我举出以上两件故事，正可与邱楠、刘绍唐两先生所说，少夫这几十年来所遭遇的困难委屈与所受的窝囊气，互相印证。但归根结底，这对少夫的抗日反共、大节凛然、人格完整，有何损害？

少夫一生从事新闻事业，其所主办的《新闻天地》，创刊于中华民国三十四年一月二十日，到现在已超过了三十六年。在我国的期刊史中，除《东方杂志》外，生命之长，似可首屈一指，但《东方杂志》在抗战时期，曾停止出版，与《新闻天地》在历时三十六年中，未曾有一期中断，应有差异。少夫在“新天”十周年纪念《十年的艰辛岁月》一文中，曾回忆创刊时艰苦及简陋情况：

> 两路口川东师范附近的一家上海粥店的二楼（中二路一七零号），是我们当时的社址。建筑是重庆流行的竹片捆绑房子，身重的人在楼上行动，摇摇欲坠；楼下粥锅面锅上蒸的热气，直穿楼板缝，飞腾脚下，我们只有赤膊挥汗工作。

昔人所说“创业艰难”，任何一项事业，尤其在“文人办报时期”的我国新闻事业，没有像先进国家那样有大资本家投资，一份刊物的开始，几乎十之八九都有如“新天”上述的艰苦。民国十三年，我在北平创办《世界晚报》，最初阶段，托人代印，只要迟付一天印刷费，工厂即拒绝排稿，若你加以责问，印刷厂老板即会叫工人躺在地上打滚叫肚子饿。“新天”创办时，因为有十一位当时新闻界的青年才俊参加发起，少夫所遭遇的艰辛，似乎还比我孤军奋战的情形好。少夫就在艰辛奋斗、始终不懈的情况下，使“新天”继续成长。大陆沦陷（解放——编者注），“新天”迁香港出版，许多人不断怀疑，少夫是否会为中共统战及银弹所诱惑，而改采若干“浪漫文人”、“政客记者”所惯采的“中间路线”？今“新天”已进入第三十七年，从迁港之日起，“新天”反共旗帜之鲜明，从未有丝毫折扣，尤其最近中共加强统战，“新天”态度只有更加坚决。这是一份刊物应有的“报格”，也是一位报人应有的“人格”，谨引申邱楠先生的话，以此“正气凛然、大节无亏”八字，祝少夫老友健康愉快，万寿无疆。

少夫谨注：舍我先生做过我两度老板，上海、香港的《立报》，我这个伙计，至今还受他宠爱，确是不容易。两度追随也从他学习到不少，受益匪浅。最值得怀念的是民国三十四年九月五日我们同机从重庆白市驿飞南京，当晚与陈训悆、李荆荪四人在夫子庙一家饭店进餐，我递了一支烟给舍我先生——八年烟禁，他开戒了。

（原载刘绍唐主编：《卜少夫这个人·续集》，台北远景出版事业公司1982年版，第217页）

如何塑造一个独立记者的典型

——从《沧波文存》中可获得三项珍贵启示

读完《沧波文存》，我深切体念到，从沧波先生有关记者工作的若干撰著中，如果依其启示，可以塑造一位独立记者崇高的楷模。

首先，我要指出，沧波先生在《寂寞的记者》一文中说："记者是思想界的前锋，中国的记者，要引天下国家为己任。在全世界混乱的思想界中，当然会引起反击，至少受到无比的冷落与寂寞。但是要做大事，是不能怕寂寞的。明儒黄梨洲先生曾论侯方域说：'夫人而不能耐寂寞，真是无所不为矣。'寂寞的记者，应耐忍寂寞，遣散寂寞。为国家为世界向前努力奋斗。"这和若干记者写评论则揣摩风气、随声附和，采新闻则追逐权要、争取私利，人格风度之相去，自属无可比拟。

沧波先生在另一篇文章《新闻记者与天下国家》中说："新闻记者在东方是有骨气有作为的士，'士可杀不可辱'，这是东方的士风，代表士风的新闻记者，要明辨是非，扶持正义，为天下国家辟邪说、阻乱源。新闻记者的荣誉，是力抗强暴，拨乱反正。反之，新闻记者的耻辱，莫过于但见现实的利害，对现实的利害，屈膝低头，把是非邪正，一脚踢开。……"这一段话，真可作每一记者的座右铭。

其次，新闻记者和律师、会计师不同，除了纳粹德国，及极少数独裁国家，必须领有政府登记证，始能从事记者工作外，民主国家，只要你自己有才能、有兴趣，就可以出任记者。而且这工作可能一做下去，就是几十年，甚至终身。一位怀抱崇高理想的记者，本人和读他作品的人，便多半会自许或被期许为一终身记者。有关此一问题，沧波先生就是一最好范例，他在上海圣约翰大学读书时，民国十二三年即开始向各报投稿，深受各报欢迎。尤其由陈布雷先生任总编辑的《商报》，极为推重。在沧波先生《重诉生平——为陈布雷先生逝世三周年作》一文中，他说："第一次与布雷先生见面，布雷先生盛称我的作品，给我极大鼓励。我在幼时，做过多年策论、史论，那与报馆评论、专论，性质十分相近。兼以那时在大学中所读的功课，多半为政治与历史。经过布雷先生鼓励后，我经常替《商报》写文章，等于我在私塾里做窗课。"其后，他与布雷先生成了莫逆之交。沧波先生对记者工作，有才能、有兴趣，更有抱负。民国十九年，他受聘担任南京《中央日报》社长，历时十年。他不仅主管社务，该报评论亦大半由其撰写，使该报成为全国当时最权威报纸之一。二十九年秋，他改任检察院秘书长。沧波先生在上述《重诉生平》一文中，继续说，即在离开《中央日报》不久的当年记者节："布雷先生特写一封长信给我，为我离开报馆而惋惜，为当时战时首都少一个新闻从业员而叹息。""布雷先生从政二十年，比较他从事记者的时间要超过一倍，但在他二十年从政中，我仍从旁窥见他的内心，实时时不忘重理旧业。抗战胜利后，他时时总想回到上海去做记者。三十六年间我辞去江苏监察使专办《新闻报》，政府明令发表之日，他由南京特寄书向我道贺，并致其欣羡。书中说：'兄今真为独立与自由的记者矣……'他始终期望我为一独立自由之记者，真是我生平最深的知己。"由沧波先生上面这些话看来，不仅沧波先生愿以新闻记者为终身事业，布雷先生也期望沧波和自己都能终身做一个独立自由的记者。布雷先生早年逝世，固无法偿此宿愿，但沧波先生除了已实际从事新闻事业二十多年外，自民国十二三年向各报投稿起，以迄现在，他始终未与新闻事业脱离关系。专栏作家、特约撰述，无论写稿或探访，虽然不是在某一新闻机构专任，但其工作性质与效能，与专业记者并无重大差异。沧波先生为应报纸杂志的请求，从未停止其评论写作，且主持新闻评议会，对言论报道之督励与改进，贡献至巨。沧波先生之必为一个终身独立自由的记者，绝无疑义，布雷先生地下有知当亦深为欣慰！

最后，在《沧波文存》中，我们还发现最重要的一项启示，即在参加某一刊物工作时，无论报纸、杂志，应注意能否符合你的抱负。这一刊物的主管，是否要明辨是非、扶持正义，为天下国家辟邪说、阻乱源。尽管记者是一项职业，辛劳有限度，报酬有标准，但如果上述两问题的答复是肯定的，则所谓辛劳与报酬，即将自然使你不再作任何计较。否则即日酬万金，亦可掉头不顾。沧波先生在《重诉生平》一文中，也曾提及他与布雷先生见面后，更加紧努力为《商报》写作的情形。他说："以后我经常每星期六下午，去《商报》看布雷先生，他常请我到饭店弄堂宁波小馆去小酌，座客不过三四人。民国十三年冬天，齐卢战争未终，京沪路中断，寒假中，我留在上海，我天天晚上去《商报》写杂评。《商报》当时经济奇窘，两大间编辑室勉强生了一个火炉，但是我们在其中，几包花生米其乐无穷。……我与《商报》馆，有三四年历史关系，各种文章，写过篇数不少，从没有支过一文稿费。但当时我从梵王渡到租界，几视望平街和我的老家一样，可想见布雷先生当时对青年们吸引力之大。"为《商报》写作三四年，从未支过一文稿费，这与六十年后的今天，先看稿费，后写文章，及稿费高低依知名度决定，青年投稿多半掷于字纸篓中的一般情况，真判若天渊，无可比拟。而布雷先生之能容纳青年展其抱负，与沧波之能因展其抱负而不辞辛劳、不计报酬，这一范例是值得我们钦佩的！

沧波先生之工作不辞辛劳，写作不计报酬，使我同时也想起另外两项亲身目睹的实例。其一是抗战时期，沧波先生参加重庆《世界日报》复刊工作时，他被公推担任总主笔，那时重庆的物质条件，非常艰苦，尤其电力部分，每天停电时间几占三分之二，即使不停亦微弱几等于无。印机多用人摇，电灯等于鬼火。更其不幸的，我们购作社址的一座旅馆，在重庆市区七星岗，出版不及两周，此一地区的下水道，突然堵塞，屋内水深达一公尺，虽编辑部在二楼，但每晚沧波先生由检察院公毕，来社撰写或审阅他人撰写的评论时，坐的是硬板木椅，所赖以照明的，是一盏油灯，而窗外污水的腥臭，时时扑鼻而来，但沧波先生从未因此一环境，而有所推辞，使某日《世界日报》无评论。另一次，是大陆沦陷后，四十年三月，王云五、左舜生、沧波先生，我们十几位住在香港的朋友，出版《自由人》三日刊，相约各以真实姓名，写反共文章，不但没有稿费薪金，其须大家分担出版费用，阮毅成先生所推崇"掷地作金石声"的《自由人》发刊词，即系沧波先生执笔。沧波先生这种不辞辛劳、不计报酬的精神，从他学生时代以至今天，真可算贯彻始终，数十年如一日。

记者应有抱负，应尽可能以其为终身职业，在可以发挥抱负的条件下，应不辞辛劳，不计报酬，塑造一位独立自由记者的形象，这三项是缺一不可的。我在世界新闻专科学校每年毕业典礼中，经常以下面一段话，告诉毕业同学：

你们毕业以后如果进入报馆，你们手中的一支笔，正和战士肩上的一管枪相同。如果新闻记者的笔，不用来维护正义，奖善惩恶，相反的却要求贿赂、受人豢养，颠倒黑白，混淆是非，则这一类的记者，其罪恶与战士不用枪保卫国家、歼灭敌人，而只是威吓善良、抢劫强暴，或报仇泄愤，同该受全国唾弃、最高刑罚。

此外，我也常常说：新闻记者要红包，争特权，其为害社会，戕贼人心，影响之大，实百倍于贪官污吏、恶霸土豪。

我们的校训，是"德智兼修，手脑并用"。我们的目的，是要在民主自由的中华民国，培养"品德第一的最优秀新闻人才"。我们的校名，是"新闻"，但实际上我们的范围，已包括了整个大众传播。我们毕业的同学所用工具，将不仅是一支笔；所服务的机构，将不仅是报馆，举凡广播、电视、电影、戏剧、图书、印刷以及观光旅游，它们能否发挥最大功效，都无一不与我们的民主政治，血肉相连。我切望我们的同学，将来在握有任何一项传播工具时，都应能和记者紧握着正义的笔，同样坚持："富贵不能淫，贫贱不能移，威武不能屈。"

世界新闻专科学校的毕业同学，到今年六月十九日毕业典礼止，已共达一万九千四百三十五人，但在读了《沧波文存》以后，深感我说的话，过于简单，希望每一位准备从事记者工作的青年人，多熟读《沧波文存》，相信沧波先生许多正确周详的启示，定会引导你走向光明正大的记者之路。

（原载台北《传记文学》第43卷第1期，即1983年7月号，第75页）

报禁开放与新闻教育

报禁开放消息传出后，老报人成舍我的意向与意见，一直受人瞩目，3月29日，舍老出席本会会员大会，提出相当剀切的看法。

三十多年来实施报禁，其中有两个理由；一方面是目前有三十一家报馆，固然有些报能赚钱，但也有很多家报馆赔钱，政府为了不让更多人赔本，所以不开放报禁；另一方面是以节约纸张为理由，以避免浪费新闻纸。

这两个理由到目前都已经不成立了，以赔钱而言，办报属于一种事业的经营，经管任何事业都有风险，当然是有人赚钱，有人赔钱，如果说政府因为怕有人经营失败而限制，有很多事业都有人失败，以文化事业的出版界为例，有许多人开出版社赔本，但政府并没有给予限制，这是一样的道理。就纸张言，以往我们从国外进口报纸，怕损失外汇，这层考虑现在已经不存在，而国内的中兴纸厂最近宣布，一天可以出产二百三十五吨的新闻纸，另外还有一部机器没有开动，所以现在纸张也不成问题。

开放报禁契合时需

行政院俞院长最近宣布，将开放报纸限制，这是一个很契合时代需要的决策。但是在宣布后新闻局很慎重地邀请专家学者一再讨论，新闻局之所以如此慎重，所持的理由是：恐怕竞争太过激烈，引发报业的恶性竞争，大家为了达到促销的目的，而出诽谤、黄色、甚或破坏国家安全的言论。因此政府不得不考虑如何来预防。另外有关报纸字体的大小、价值等，政府也都认为需要研究。这当然是政府顾念办报人的德意，但其实是一种过分的顾虑。

根据我的看法，想办报的人固然很多，但真正会办的人不会很多，即使有人未经详细考虑就贸然办报，在一再赔钱的情况下，他也会自动关门，所以真正会增加的报馆数目不会太多。

过去在民国刚成立的时候，北京的国会内，三人一党，五人一派，每个党派都办报，但又都没有经费，常常四五家报纸在一个印刷所内，共用一部印刷机器；只有少数比较有钱的报社，设有记者探访，真正发新闻及写社论；其他一般的报纸，只付很少的印刷费用，甚至拿别人的版印刷之后就出报，这样也算是机关报，也能够发表言论，但是这一类的报纸，往往是三两个月就关门，所以台湾有很多人为政治因素而办报，固然有一两家可长期生存，甚至规模也颇大，可是多数还是不能长久维持。

另外台湾还有一些资本家想办报，当然对这些人而言，十几二十亿的资本并不成问题，但是办报对人才的需求，以及言论立场的顾忌，在种种困难的考虑下，也许资本家也不会轻易尝试。

因此我认为，新闻局对于开放报禁后，可能会产生不可收拾局面的顾虑是多余的；即使发生，我们还是有各种法令来约束、制裁。而像字体、价格等技术性的小问题，将来都可以自然而然的视情况而解决。政府并不需要另外再制定一套法令来防止流弊，否则只是徒然增加问题的产生而已。关于开放报禁，我想在目前自由民主的潮流下，是不会有问题的。

传播教育必须加强

报禁开放后，传播教育也必须连带加强，我想有关传播教育大概有两点值得注意：

第一，如何提高教学的水准？目前传播教育的水准，一直无法和传播事业相配合；尤其教育部所订定的许多科目，有些是不必要的，有些则又缺乏。以美国而言，报馆里多数的记者，都有硕士以上的学历，因此教育程度不足，实在很难当一名合格的记者。

第二点，如何培养新闻记者健全的人格？过去密苏里新闻学院的威廉博士曾经说过：一名从事新闻工作的人，学识、技术和人格都很重要，而人格尤其重要。一名人格低落的新闻记者，对传播事业所造成的负面影响，实在太大。蒋公对新闻事业也十分重视，当初马星野①先生从密苏里学院毕业后回国，回答蒋公的问话，说自己将献身于新闻事业。蒋公则说：要献身新闻事业，要先献身于新闻教育。因此在蒋公的眼中，新闻教育与新闻事业实具有同等重要的地位。

人格教育尤其重要

人格教育在新闻教育中尤其重要。我在给“世新”毕业同学的纪念册上写：新闻记者拿红包，罪恶甚于贪官污吏。新闻教育应配合新闻事业。密苏里新闻教育之成功，就在于有一份发行很广的学校报纸。传播教育，在编辑采访而言，就应该有一份自己的报纸，广播电视就要有一个实习电台、电视，如此新闻教育才能够落实，即使不能自己设立，也应当和传播单位配合。

（原载1987年8月15日出版的《传播教育会讯》）

① 马星野（1909—1991），原名允伟，读小学时改名伟，笔名星野。14岁考入浙江省立十中，为时任教师朱自清所赏识。1926年，以同等学力考入厦门大学，次年又考入南京中央党务（后改政治）学校。毕业后留校任同学会总干事，不久随教务长罗家伦至清华大学任校长室秘书，曾与陶希圣等编辑《政治与民众》刊物。1931年被派往美国密苏里大学新闻学院深造；毕业后在华盛顿国会图书馆作半年研究，于1934年5月返国。同年秋，应中央政治学校之聘，在该校讲授《新闻学概论》、《新闻事业经营与管理》等课；次年负责筹建新闻系，出任系主任。抗战时期，随学校迁往重庆，在系内添设新闻专修科和专修班；1942年，兼任国民常中央宣传部新闻事业处处长。抗战胜利后回到南京，初任中央宣传部特派员，旋任中央日报社社长。1947年被选为新闻界国民大会代表。次年出席联合国首次世界新闻自由会议。1949年淮海战役后，随中央日报社迁台湾，继续任社长。1952年，调任“中央设计委员会”副主任委员，旋任第四组主任。1959年9月，任驻巴拿马国大使。1964年，回台北接任“中央通讯社”社长，后改任董事长。1972年当选台湾“中国新闻学会”理事长。曾获美国密苏里大学新闻学院“杰出新闻事业终身服务最高荣誉奖”。1985年6月被聘为“总统府国策顾问”。1991年3月11日病逝于台北。著有《新闻学概论》、《新闻事业史》等。

对铸秋先生我最追忆的两件事

铸秋、沧波与我相识在五十年前，旅台期间，过从尤密。我长于铸秋、沧波五年，而沧波则仅长于铸秋两月。沧波文章优越，举国敬仰，尤长于墓碑、吊挽，索求者不绝于门。我与铸秋常戏称，我三人中，沧波最善于文，我二人应预告子女，身后祭吊之文，首须求自沧波。我二人亦常面约沧波，但均视为好友间戏谑之谈，不意转瞬，铸秋竟先我与沧波而去。沧波已应铸秋长女之请，撰写唁词。我则追念五十余年中，铸秋最令我毕生感念不忘者两事。

其一，民国四十五年，我在极艰困中，创办世界新闻学校，时学院、专科，均不易新设，仅获准开办职业学校，四十七年始升格改办专科。当时我最努力者，为如何提高师资。我明知职校及三、五专，均不易要求专家学者、资深之大学教授，降级任教。但我第一位与铸秋谈及，不料他竟首先承诺，愿教职校及专科英文。他说，教语文最好从中小学教起，当时他公私业务均极忙，但前后三年，从未请过一次假，虽然继续受我邀请的，除铸秋、沧波外，尚有胡秋原、陶百川、陈纪滢、蒋匀田、沈云龙、王蓝各好友，他们均曾怜念我办学苦心，攘臂相助，但铸秋之首先允许，尤可感激。

其二，在我主办“世新”三十一年中，常有不少土地纠纷等琐事涉讼，铸秋以名律师地位，此种小案，从不接办，但在“世新”遇到此种讼事，他总尽量破格代理。不过他经常劝我，他笑说，做律师的，在一般人看来，总一定劝人打“官司”，如事情重大，当然非打不可，但有些好朋友遭遇关系不大的争执，我总愿意劝大家宁可吃点亏和解了事，因为打官司，经过三审、上诉、再诉、复审、抗告，一拖再拖，甚至可拖过十年以上，而仍未能获得解决。即使解决，亦未必真能公平。且可能为了拖延，损失之大，比较最初忍气吞声，吃点小亏和解了事，超过许多倍。尤其一个讼案，尽管没有任何非法枉法的不正当事故，法律本身是否确能百分之百的公正，见仁见智亦大有疑问。这一番至理名言，我虽然在业务方面，有时仍无法完全接受，但出之于名律师之口，确是值得敬佩的。

（原载1988年出版的《端木铸秋先生逝世周年纪念专辑》，又见成露茜总审订、唐志宏主编：《成舍我先生文集（港台篇1951—1988）》，台北世新大学舍我纪念馆暨新闻史研究中心2006年版，第559页）

何以要创办《台湾立报》

（《台湾立报》发刊词）

何以在此时，要创办《台湾立报》？就我来说，我应作以下答复。

我今年已九十一岁，正应迅速退休，颐养晚年，静待最后一天的来临。不特时间极短的中国新闻史，没有九十一岁的人创办新报，即在世界新闻史中，似乎也没有任何国家的高龄老人，敢如此糊涂冒险。我所以大胆尝试，原因有二。

第一，世界新闻专科学校，从民国四十五年创办，我们毕业校友已超过二万三千人，在校同学，每年约六千人。我们的校训是“德智兼修、手脑并用”。我们最重视实习，实习设备，有对外播音之广播电台，有可以印刷书刊的印刷厂，但最重要的日报，因受报禁限制而无法出版。虽有一份新闻局核准的校刊《小世界》，因系周刊，无法满足报业行政科、编辑采访科、印刷摄影科等三千名同学的需要。学生只有于最后一年，应届毕业时，承蒙全台湾日晚报的爱护与支持，准本校指派此等应届毕业生，分往实习。惟时间限定一个月。且各报编采人员每日工作均极繁忙，亦不易有机会对此等实习学生讲解指导。所幸三十年来，全国日晚报已几乎没有一报，没有本校毕业生，因考试获得编采工作，对实习的学弟妹，多愿尽量以工作余暇，亲切照料。惟无论如何，其功效仍无法与有实习日报的美国密苏里大学新闻学院相比拟。报禁执行三十余年，政府终能尊重人民言论、出版，尤其新闻自由，于今年 1 月，宣布开放。对此天大喜讯，即使我正年老病危，命在旦夕，我也不应放弃机会。因此，即于报禁开放的第十二天，“世界新专”获新闻局核准，创刊《台湾立报》。今后本校毕业校友及在校同学，均可有充分时间，实验其所学理论及技术，使《台湾立报》确能无党无派、不偏不倚，真正为人民说话，使《台湾立报》能正确报道政治及社会方面、人民应该知道的新闻。

第二，中共于民国三十八年1月占领北平，在封闭所有北平日晚报后，2月25日封闭我民国十三年起先后创办的《世界晚报》、《世界日报》。27日上海各报刊登“中共北平市军事管制委员会”广播，指我戴着无党无派的假面具，实则为国民党CC分子，对人民解放事业极端仇视（见附件一）。时我正在上海，对中共上述广播，发表声明，痛加驳斥，并郑重指出，“余深信天地之大，中共能摧毁余北平之《世界日报》，然无法摧毁余毕生献身新闻事业，发挥正义，抵抗暴力之素志”（见附件二）。3月1日，上海《申报》、《新闻报》等及全国反共各报，均一致刊登。南京沦陷（解放——编者注），我在香港，即与王云五、左舜生诸先生，合力创办《自由人》三日刊，由我主编。四十二年移家台北。原拟在台北恢复《世界日报》。不幸其时政府已开始报禁，除已有各报外，不许创办新报。4月12日，我在《新生报》发表《需要一万名新闻干部回大陆》一文，认为大陆无民营报纸，从事新闻事业者，均为中共忠贞干部，一旦反攻大陆，必须有笃信民主自由之新闻干部，接任新闻工作。我自民国二十年起，即在北平创办一“私立北平新闻专科学校”，《世界日报》被中共封闭，“新专”自然亦同一命运。经两年筹划奔走，获准在台北设立“世界新闻职业学校”，旋准改专科学校。五十四年，与铭传商专、实践家专同获准筹备学院。“世界新专”准筹备为“世界新闻学院”，但迄今历时二十三年，三校均尚未准以学院招生。“世新”毕业校友已逾二万三千人，超过原拟训练之目标两倍以上。但此系办学而非办报。大陆及香港中共或亲共刊物，常有短文嘲谑，问我以前所说中共不能摧毁我办报素志，现我究在何处献身新闻事业发挥正义、抵抗暴力。报禁开放，《台湾立报》能在台北创刊，使我四十年前之誓言终得实现。我可以确告过去嘲谑我的中共报刊，我毕生献身新闻事业的素志，中共确无法再行摧毁。

《台湾立报》，今日创刊，我虽不敢确保这张报必将办得光辉灿烂，十分精彩，但我定可确保，这张报一定能发挥正义、抵抗暴力，为老百姓说话；不但不会依附任何党派，并将永远不致如英美等国家报抵，尽管不是党派的政治工具，但却是资本家的发财工具。“世界新闻专科学校”是财团法人，“世新”的《台湾立报》，当然也就是财团法人，英美报纸往往为投资者或大幅广告登户所操纵，相信《台湾立报》，永远不会发生此弊害。

《立报》的永远立场和基本原则，除连日已在各报刊出广告宣布外，兹再郑重刊布如下：

本报为“私立世界新闻专科学校”所创办，目的在使约三万毕业校友及在校同学，有一确实“无党无派”、“不偏不倚”之日报，实施其所学新闻理论与技术。证明中华民国的报纸，言论能独立，新闻有自由。

《立报》基本立场，将百分之百为“抢救国家生存”及“维护大多数人民福利”。任何政党或个人，其言行合于此主旨者，本报无不拥护，其凡违反此主旨者，无不谴责。

《立报》为确实做到“为老百姓说话”及“读者有其报”两最高原则，兹特订定：

1. 首创设立“言论督导委员会”，由订阅本报者，选出公正之专家学者及各业领袖若干人为委员，定期或临时开会，督导本报，实施上述两基本立场，如有违反，严予纠正。总编辑及主笔之任免，均须报经“督导会”同意。

2. 本报特辟“人民论坛”，欢迎读者投书，凡有关国家生存人民福利之言论，无不刊载，实施为人民说话，且“人民论坛”与本报社评同刊一版，以示尊重。

（原载1988年7月13日《台湾立报》。《台湾立报》于1988年7月12日创刊）